高校社科文库
University Social Science Series

教育部高等学校
社会科学发展研究中心

汇集高校哲学社会科学优秀原创学术成果
搭建高校哲学社会科学学术著作出版平台
探索高校哲学社会科学专著出版的新模式
扩大高校哲学社会科学学科科研成果的影响力

民族主义与近代中国民族理论

张淑娟/著

Nationalism and Theory on Ethnology in Modern China

光明日报出版社

图书在版编目（CIP）数据

民族主义与近代中国民族理论 ／ 张淑娟著 . – – 北京：光明日报出版社，2010.12
（2024.6 重印）

（高校社科文库）

ISBN 978 – 7 – 5112 – 0992 – 4

Ⅰ.①民… Ⅱ.①张… Ⅲ.①民族主义—研究—中国—近代
②民族学—研究—中国—近代 Ⅳ.①

D092.5 ②C955.2

中国版本图书馆 CIP 数据核字（2010）第 256372 号

民族主义与近代中国民族理论

MINZU ZHUYI YU JINDAI ZHONGGUO MINZU LILUN

著　　者：张淑娟	
责任编辑：刘书永　宋　悦	责任校对：罗　中　梁玉龙
封面设计：小宝工作室	责任印制：曹　净

出版发行：光明日报出版社

地　　址：北京市西城区永安路 106 号，100050

电　　话：010-63169890（咨询），010-63131930（邮购）

传　　真：010-63131930

网　　址：http：// book. gmw. cn

E － mail：gmrbcbs@ gmw. cn

法律顾问：北京市兰台律师事务所龚柳方律师

印　　刷：三河市华东印刷有限公司

装　　订：三河市华东印刷有限公司

本书如有破损、缺页、装订错误，请与本社联系调换，电话：010-63131930

开　　本：165mm×230mm

字　　数：305 千字　　　　　　印　　张：17

版　　次：2011 年 2 月第 1 版　　印　　次：2024 年 6 月第 2 次印刷

书　　号：ISBN 978 – 7 – 5112 – 0992 – 4 – 01

定　　价：78.00 元

序

王希恩

本书的作者是我的学生。她的博士论文要出版，请我为她写序，本想推辞，但又考虑此书稿是经我指导的，写几句话好像也应该。

作为观念形态的民族主义本身就是一种民族理论，而且是最早的民族理论。回想一下，在思想发展史上，谁最关心、最早关心"什么是民族"，"民族的特征有哪些"，人类其他共同体与民族的关系如何等等这些民族理论最基本的含义，都是民族主义思想家。当下"民族理论"当然不能等同于民族主义，但却有着掰不开的关系。民族主义是世界思想史的重要构成，同时又对世界各种思想赋予强烈的影响，对近代以来的各种民族理论更是如此。本书中说，"从学术发展史的角度来看，民族理论的基础是由民族主义对民族现象、民族问题与民族过程的阐述奠定的。"可谓中的之语。也正是从这一见解出发，本书将"民族主义与中国近代民族理论"作为论题，给读者奉献了这样一部著作，可谓难能可贵。

对民族主义如何理解，或者说什么是民族主义，其实，只需把握它的两个基本点：其一，民族主义总是赋予"民族"至高无上的地位，将其神圣化；其二，民族主义总是将"民族"与政治单位尤其是国家结合起来，"一个国家一个民族"由此成为民族主义的核心原则。这两个基本点，也是民族主义理论的基本特征，我们观察一种理论或思潮是否是民族主义，以这两个基本点来衡量，不会出现大的问题。同理，用这两个基本点观察中国近代以来的思想发展，民族主义性质就显得特别突出。甚至可以说，各种流派、各种学说只要是涉及近代中国政治现实的，无不浸染民族主义的色彩。所以，本书力图论述民族主义与近代民族理论的关系，严格来讲是一个庞大的课题：因为它需要将分散在各种学说中的民族主义成分（也当然的属于民族理论）抽取出来，赋予一种体系，讲出它们的关系。这样难度的课题对于一个积累不多的青年学者而言，着实太难了。基于这种考虑，作为指导教师，我原本希望她将题目中的"民族理论"与现实民族理论的规范内容对应起来，这样做无疑会缩小范围，减少难度。但作者最终在书中呈现的是另一种"框架"，全书各章的题目是：民族主义思想的传入及其对中国民族理论的影响；民族自强与振兴的理论；争取民族解放和民族独立的基本策略；关于民族形成理论及中华民族内涵的确立；关于民族国家构建的理论；"大同"与"融合"的理论设想等几个方面。

显然，除了第一章之外，作者是将中国近代史上突显的民族主义理论建树和讨论，作为民族理论的主要内容进行论述。这样做，有悖我的要求，也不符合作为教科书或"正宗"民族理论的范畴，但我还是以欣喜的心情同意了这样的安排，因为它更符合中国近代民族主义思想和当时中国民族理论的实际。民族理论作为一门学科或学问是新中国建立以后发展起来的，这门学问只能从历史和现实的实际出发来反映自己的理论体系和内容，而不能颠倒来做。

尽管我肯定了这本书的内容和安排，但我还是要说，就这个体系的应有要求来说，有待填充的内容还很多，尤其是近年来随着大量材料的发掘和出现，近代中国民族主义和民族理论这篇文章可就要越做越大了。当然做大这篇文章不能指望作者一个人，而是有志于这一目标的一大批人。这一前景是可以期望的，因为我已看到了他们孜孜以求的身影。

2010 年 9 月 15 日于北京

CONTENTS 目 录

序 ／1

绪 论 ／1
　一、选题缘由及选题意义 ／1
　　（一）选题缘由 ／1
　　（二）选题意义 ／2
　二、国内外研究现状 ／3
　三、创新点 ／8
　四、研究方法 ／9

第一章　民族主义思想的传入及其对近代中国民族理论的影响 ／10
　一、民族主义思想传入中国的历史背景 ／11
　　（一）"文明国家"国际政治体系的形成 ／11
　　（二）西方国际政治体系中的中国及其传统民族观念的嬗变 ／27
　二、西方民族主义思想的传入 ／34
　　（一）西方民族主义思想传入中国的主要途径 ／34
　　（二）传入的基本内容 ／38
　　（三）中国近代民族主义理论生成的基本过程 ／40

三、民族主义理论对中国民族理论的影响　　/ 49

　　（一）民族主义理论是近代中国民族理论的源头　　/ 50

　　（二）民族主义理论是近代中国民族理论的核心　　/ 61

第二章　民族自强与振兴的理论　　/ 68

一、在个人与国家之间　　/ 68

二、维新派为"保国"对国人素质的强调　　/ 71

　　（一）严复"鼓民力、开民智、新民德"的思想　　/ 72

　　（二）梁启超的"新民"思想　　/ 75

三、革命派实现"振兴中华"的方法　　/ 82

　　（一）蔡锷的"军国民"思想　　/ 82

　　（二）孙中山"恢复民族地位"的思想　　/ 86

四、南京国民政府"民族复兴"的思想　　/ 91

　　（一）加强"三民主义"宣传　　/ 91

　　（二）新生活运动　　/ 92

　　（三）国民精神总动员　　/ 95

五、国家社会党"民族至上,国家至上"的主张　　/ 96

六、战国策派"国命整合"的思路　　/ 102

七、优生学家"优生救国"的思想　　/ 105

八、中国共产党"自力更生,艰苦奋斗"的精神　　/ 108

小　结　　/ 111

第三章　争取民族解放和维护民族独立的基本策略　　/ 112

一、对他民族认知的演变　　/ 112

　　（一）"他者"理论　　/ 112

　　（二）对他民族感知的演变　　/ 115

　　（三）对帝国主义及其本质的认识　　/ 123

二、革命派与南京国民政府争取民族解放的方式　　/ 125

　　（一）争取民族解放和维护民族独立的思路　　/ 126

　　（二）废除不平等条约的思想历程　　/ 130

三、学术界维护民族独立的独特方式　　/ 139

　　（一）史学界的民族形成观　　/ 139

（二）对边疆历史与边疆行政的研究 ／142

四、中国共产党争取民族解放和维护民族独立的基本策略 ／145

（一）中国共产党反帝策略的演变 ／147

（二）维护民族独立与争取民族解放的策略：

统一战线思想及应用 ／152

小 结 ／157

第四章 关于民族形成理论及"中华民族"内涵的确立 ／159

一、"民族"形成理论的历史演变 ／160

（一）西方经典"民族"形成理论的中国化 ／160

（二）马克思主义经典作家"民族"形成理论的中国化 ／169

二、"中华民族"符号的提出与内涵的确立 ／176

（一）"黄帝"的建构 ／176

（二）"中华民族"符号的提出与内涵的确立 ／178

（三）中国共产党对"中华民族"符号的接纳 ／185

小 结 ／190

第五章 关于民族国家构建的理论 ／192

一、对民族国家形成时间及扩展过程的诸多观点 ／192

二、民族国家的整合作用 ／195

三、维新派民族国家构建的思路 ／199

（一）对少数（满族）民族的态度 ／200

（二）维新派民族建国思想 ／202

四、革命派民族国家构建的思路 ／210

（一）对少数民族（满族）态度的演变 ／211

（二）"五族共和"论 ／215

（三）民族同化论 ／217

五、南京国民政府民族国家构建的理论与实践 ／219

六、中国共产党民族国家构建的思路 ／228

（一）中国共产党民族国家利益观念的明晰 ／228

（二）中国共产党民族国家构建理论的确立过程 ／231

小 结 ／236

第六章 "大同"与"融合"的理论设想 / 237

一、从民族主义到世界主义——近代中国资产阶级知识分子的
大同思想 / 239

（一）康有为的《大同书》 / 239

（二）梁启超的大同畅想 / 241

（三）孙中山的大同世界 / 244

二、马克思主义经典作家对民族"融合"的论断 / 248

小 结 / 251

结 语 / 253

参考文献 / 255

后 记 / 260

绪 论

一、选题缘由及选题意义

（一）选题缘由

英国著名马克思主义史学家霍布斯鲍姆在《民族与民族主义》一书的导论中经过一番玄想之后写下这样一段文字："若想一窥近两个世纪以降的地球历史，则非从'民族'（nation）以及衍生自民族的种种概念入手不可。"① 中国作为这个星球的组成部分，在两百年历史中留下极为复杂的发展轨迹，如果能从民族及其衍生自民族的概念入手对近代中国的历史演进进行讨论和分析将很有学术价值。

清末民国时期是中国国家转型时期，也是近代中国民族理论的生成时期。近代中国历史发展的特殊国际环境与清王朝自身统治的特殊性，使这一时期民族理论呈现出以民族主义理论为主导的特征，其他相关问题的讨论也主要围绕这一主题展开。在清朝末期随着民族主义思想的传入，其对民族现象、民族问题和民族过程的认识和阐述涤荡着中国传统民族观念，民族国家观念逐步形成，现代民族符号"中华民族"得以提出，对民族、种族、国民、民族国家问题的讨论渐次展开，中国历史地理发展沿革得到考察，中国边疆政治受到重视，新史学蓬勃发展……思想界为维护国家独立和统一从理论上付出了巨大努力，文化精英努力对社会中普遍存在的民族主义情感进行解释、概括和构建。与此同时，各种政治力量也根据各自的政治需要不同程度地参与甚至直接主导了上述问题的讨论，将民族主义意识形态化，使其成为获取政治资源的有力工

---

① 霍布斯鲍姆著、李金梅译：《民族与民族主义》，上海人民出版社 2000 年版，第 1 页。

具。这一切为近代中国民族理论的形成提供了丰富的理论和实践资源。

从晚清帝国到中华民国的建立，进而到中华人民共和国的成立，是中国从传统帝国转变为主权民族国家的过程。在这段特殊的历史时期，列强成为一种或隐或现的力量左右着中国的政局，成为中国政治运作的一个重要参数，但是中国最终还是建立起一个多民族主权国家，保持了领土与多民族结构的基本稳定。在此过程中，"中国"概念被多次解释和构建，少数民族的身份受到关注，并相应地出现各种政治安排。这个历史演进过程伴随着对民族、种族、民族国家及相关问题认识的逐步深入，近代中国民族理论在此过程中也得到充实和发展。

目前学术界关于这个历史时段民族主义理论及相关问题的研究，主要是从思想史的角度展开，大致有：民族主义思潮的通论性研究；某一类型的民族主义思潮或其中一个时段具体民族问题的研究；某一思想家民族思想的研究等几个方面。多角度的研究向世人展示了百年中国历史演进背后深刻的思考和不倦的探求，成为今天我们重新认识这段历史的重要基础。但是，目前还没有学者将民族主义理论与近代中国民族理论结合起来，以完整呈现近代中国民族理论产生和发展的全貌，这正是拙作之缘起。本书以西方民族主义理论对近代中国民族理论的影响为切入点，通过对民族主义的逻辑展开过程的叙述呈现了近代中国民族理论的基本内容。

胡适曾经指出："民族主义有三个方面：最浅的是排外；其次是拥护本国固有的文化；最高又最艰难的是努力建设一个民族的国家。因为最后一步是最艰难的，所以一切民族主义运动往往最容易先走上前面的两步。"（《独立评论》，第150期）本书仅从努力建设一个民族的国家这个"最艰难"的方面，对直接涉及到民族主义"反抗"和"建设"两个方面的政治力量和学术团体的民族思想进行分析，在清末选择维新派和革命派，在民国时期则以国民党、共产党为主，兼论其他党派知识分子和非党派知识分子，其他党派主要涉及国家社会党，非党派知识分子将《禹贡》半月刊、《边政公论》及《战国策》作者群作为考察重点。

（二）选题意义

（1）本书结合清末民国时期中国所处的国内外环境对近代中国民族理论进行系统研究，从政治文化和历史经验的转变中获得对近代中国民族理论较为完整的认识，进而从近代国际政治体系中民族国家竞争性生存的逻辑出发，从民族国家扩散和增生的视角，把握近代中国各种力量在民族国家构建中的理论连续性及政治制度安排的继承性。

（2）近代中国民族主义有两个密切相关的目标，即民族独立和民族建设，两者相辅相成，共同构筑起民族国家的基本框架。但是将两者结合起来进行研究却是近代中国民族理论研究的薄弱环节，本书尝试将两者结合起来进行动态研究，从而揭示近代中国民族理论的复杂性。

（3）通过对清末民国时期以民族主义为主导的民族理论的研究，可以洞察当前中国时而出现的狭隘民族主义情绪的根源所在。清末民国时期特殊的历史状况使得无论是对民族主义本身的理解和构建，还是对民族现象、民族问题、民族过程及相关概念的解读，内容都极不稳定，充满实用主义色彩，缺少符合现代性要求的健康内容，在很大程度上被各种政治斗争所左右。只有从源头上找到中国民族主义"先天不足"的历史原因，才能从理论上弥补这种遗憾，进而从实践上为当今中国民族主义情感填充稳定、健康、具有活力的政治内容，使其具有开放精神和世界胸怀。

（4）结合历史背景，对清末民国时期的民族理论进行具体探讨，重新整理这些珍贵的历史遗产，在历史的演进中把握概念、理论与社会变迁之间微妙的关联，深入了解民族理论发展背后的历史动力，进而推进当前民族理论研究的发展。

二、国内外研究现状

民族理论包含极为丰富的内容，清末民国时期特殊的历史状况使民族主义理论成为民族理论的主导性内容。关于近代中国民族主义，学术界特别是从事近代思想史研究的学者研究成果较多，较有代表性的有：

首先，对"中国近代民族主义思潮"进行通论性的研究，这方面的著作主要有罗福惠的《中国民族主义思潮论稿》，作者主要探讨了中国民族主义思想的历史源头、过程、传统及其意义，重点研究了近现代中国民族主义思想的嬗变及其发展。作者把研究的逻辑起点设定在中国民族共同体的"奠基始定"时期，将中国境内的史前人类作为研究的起点，认为中国民族共同体确立于秦汉时期，在明清时期最终形成。作者认为到 19 世纪下半叶，民族主义诉求在全社会达成共识，20 世纪初期帝国主义的入侵进一步导致民族主义思潮发展。民族主义在近代中国经过了以维新派与革命派的理论斗争，得到发展并趋于成熟，到 20～40 年代更为稳健，同时随着政党政治的发展，又表现为国共两党民族观的分流，最终中国共产党民族观占了上风。这部著作是目前为止，学术界对近代中国民族主义溯源论述最长的著作，但是主要关注政治意义上的民族主义。《觉醒与迷误——中国近代民族主义思潮研究》是唐文权教授的力作，作者从思想变迁的角度对中国民族主义从传统民族主义向近代民族主义过渡的整个过程进行了梳理，还特别论述了近代经济民族主义的勃兴以及文化民族主义的律动。作者用极具文学色彩的比喻宏观上勾勒了波澜壮阔的历史画卷。胡涤非的博士论文《近代中国政治变迁中的民族主义》将近代中国民族主义置于政治变迁的框架中，讨论了两者之间的互动关系，作者认为在晚清时期中国的民族主义已经呈现出多元化的趋势，主要有种族民族主义、文化民族主义和政治民族主义，晚清政府的覆灭就是在民族主义的催化之下发生的。民族主义在辛亥革命后发生了结构性的变化，种族民族主义逐渐弱化，而政治民族主义和文化民族主义之间却有着激烈的论争，最终政治民族主义占据了主导地位，国民党建立了南京政府。经历了从民族主义的边缘走向中心的过程，国民党逐渐扩大了自己的民众基础，与大众的民族主义情绪相融合，在形式上完成了国家的统一。执政之后的国民党仍然把民族主义作为重要的意识形态资源，但此时却成为"基础狭窄的民族主义"。在特殊的历史条件下，国共两党虽然实现合作，但他们根本对立的意识形态就决定了两党民族主义必然产生分流。作者将民族主义划分为几种类型进行讨论，这样便于研究的展开，但是各类民族主义者在社会结构中所处的位置不同，他们各自倡导的民族主义承担的历史使命也就不同，很难绝对地判断哪种民族主义占据何种地位，政治民族主义、经济民族主义和文化民族主义三者在某种意义上本身就是一个整体。

其次，对某一类型民族主义思潮或其中一个时段内具体民族问题进行研究。杨思信的博士论文《文化民族主义与近代中国》将近代中国文化民族主义作为研究对象，作者从传统民族主义的蜕变谈起，将近代文化民族主义分为初兴、发展和高涨几个主要阶段，作者认为文化民族主义的高涨在 20 年代，对"五四运动"之后文化民族主义的发展——本位文化派和新儒学派只进行简单论述。同时，作者就文化民族主义与其他社会思想之间的论战进行专题讨论："国粹"与"欧化"、中国人种优劣、"废止汉字"、是否保存中医、文学论争、"科玄论战"等等。王春霞将革命派 1894 年"驱除鞑虏"到 1910 年"废灭鞑虏清朝"斗争目标的转变作为论文讨论的对象，分别从"排满"的理论来源、汉族为中心的国史的构建、理论上的修正、行动中的排满几个方面，对革命派"排满"的理论与实践进行了系统梳理。高翠莲的博士论文《清末民国时期中华民族自觉进程研究》对清末民国时期"中华民族"这个现代民族符号从族体形态和各种社会力量主观构建两个层面进行讨论，文章以探索中华民族从自在到自觉进程为纵线，将清末民国时期的中华民族自觉进程划分为中华民族自觉的起步、中华民族自觉的曲折发展、中华民族自觉理论政策的不同取向与共性追求和中华民族全体自觉的广泛发展等几个阶段。在分析中华民族自觉的阶段性发展的同时，探索中华民族自觉内涵的层次性深入发展过程和中华民族自觉意识在横向上扩展的轨迹，展现中华民族共同体自觉与现代性自觉之间、共同体的政治自觉与文化自觉之间、民族精英自觉与民族大众自觉之间的矛盾运动过程与整合、结合过程，解释和说明了中华民族自觉进程的曲折、复杂和独特性所包含的理论意义及对中华民族发展的影响，该作是迄今对中华民族在近代演进研究中较为系统的论著。邓文初的博士论文《民族主义之旗——近代中国革命与国家转型（1895～1915）》，文章指出传统中国并非一个西方式的单一民族国家，而是由多民族构成的文明体系与帝国国家形态，在"中华帝国"中宣扬民族主义，势必造成多民族国家的崩溃与传统政治秩序的解体。近代中国的国家转型过程虽然漫长，却成功地避免了帝国国家解体的危机，而且还保持着强大的连续性——从清帝国经中华民国到中华人民共和国，基本疆域保持着完整，国内多民族结构也得以保存。文章从民族主义与国家转型关系的角度，认为"中华帝国"的完整性与连续性的形成主要基于以下原因：列强在华力量的均势使"中国"作为一个国家实体得到认可；其次，自晚清以来的中国政府、外交官员对均势外交、弱国外交的运用，为"中国"在国际竞争的险恶环境中创造了较大的回旋空间；同时，指出在中国革命运动中，民族主义不是作为政治原则被信奉，而是一种旗号，只是权力争夺的策略。

再次，关于历史人物民族思想的研究。这方面的研究涉及到的近代人物主要有梁启超、章太炎、孙中山等人。张汝伦在《现代中国思想研究》一书中分别介绍了梁启超、章太炎、孙中山等人的民族思想。张汝伦把梁启超和章太炎看成是近代中国民族主义的奠基者，作者认为梁启超的民族主义思想与他的国家主义思想密切相关，梁启超认为，民族主义和国家主义基本是同一的，为了中国的独立和发展，就必须形成现代民族国家，这就要培养国人的政治能力。与梁启超有所不同，章太炎的民族主义思想并不完全是受西方民族主义思潮的影响，而是与晚明以来的种族意识有较大关系，因此表现为反满的民族主义。但是，章太炎的民族主义也不是完全没有现代思想的内核，它没有始终局限于简单的种族主义上，而是和反帝密切联系在一起，为建立现代民族国家提供合法性依据，在建立现代民族国家的过程中起了很大的作用。孙中山的民族主义在辛亥革命前后是不同的，在前一个阶段，孙中山的民族主义的内容主要是反满，这种思想吸收了许多传统的反满的种族观念的思想资源，但是，在后一阶段，孙中山的民族主义有了许多新的创造，将矛头对准了帝国主义。李国祁等人著的《近代中国思想人物论——民族主义》一书也着重论述了孙中山、梁启超和章太炎等人的民族主义思想。杨肃献分析了 1896 至 1907 年梁启超的民族主义思想的发展演变，并以 1898 年和 1903 年为转折点分三个阶段分析了梁启超的民族主义思想。吴蔚若从章太炎民族主义思想渊源、史学理论方面进行了研究，同时介绍了章太炎民族主义史学著述。郑大华、邹小站主编的《中国近代史上的民族主义》收入了十几位从事近代思想史研究的学者对近代史上民族主义及代表人物的民族主义思想进行的专题研究文章。在《一个被遗弃的选择——梁启超调适思想之研究》中黄克武围绕《新民说》讨论梁启超的启蒙思想，作者认为梁启超是"调适"思想的代表，以"转化"思想作为背景来分析梁氏的思想，无疑较有新意。在作者看来由于一方面受到中国传统集体观念的影响，另一方面受到西方早期带有社群主义痕迹的个人主义的影响，所以，在梁氏那里看不到个人主义与民族主义之间的紧张关系，两者之间是一致的而不是目的与手段的关系，这正是梁氏选择"调适"方法的理由所在。中国历史发展的结果却是激烈的反传统主义占了上风，"转化"思想占据主导，从而抛弃了梁氏的"调适"思想。这一研究思路较有新意。李德民的《试论蒋介石的民族主义（1927～1937）》（硕士论文）、寇小丽的《刘少奇民族理论研究》（硕士论文）等文章对国共两党的主要领导人的民族观进行了研究。冯夏根的博士论文《罗家伦文化思想研究——以新人生观、新民族观、新历史观为中心》、文章《罗家伦与中国近代民族理论研究——以民族、民族性、民族国家为中心》和《20 世纪 40 年代罗家伦对近代中国民族国家构建与民族发展问题的理论探讨》等，概述了民国时期学者罗家伦对民族理论贡献，罗家伦从近代欧洲民族及民族国家兴起的历史与理论出发，对民族、民族性的构成要素、形成过程及近代民族国家的建立与类型等基本理论问题进行了阐释。吕文浩的《论潘光旦民国时期的中国民族观》、田亮的《略论吕思勉的民族主义史学思想——以抗战时期为中心》等文章也对民国时期民族学家的学术思想也进行了论述。

海外汉学界对中国近代人物民族思想的研究成果也极为丰富：在列文森的

《梁启超与中国近代思想》中，文中作者认为梁启超作为19世纪末20世纪初的重量级思想家，由于看到其他国家的价值，梁启超在理智上疏远本国文化传统；但是受到历史的制约，在感情上仍然与本国传统相联系。为了解决历史与价值之间的矛盾，梁氏的方法是重新思考中国的传统事物，以便使西方有价值的事物包含在中国传统文化之中。列文森的观点虽然遭到一些学者的质疑，但是他从一个角度展示了以梁启超为代表的近代知识分子徘徊于传统与西方之间的艰难抉择，他们的这种彷徨也反映在他们的民族观中。张灏的《梁启超与中国思想的过渡（1890～1907）》较列文森的观点更符合实际，作者选取1890至1907年——中国思想转折的重要时期，作为讨论梁启超思想的时间范围，这一时期他活跃在中国思想舞台的中心，并对当时思想气候的形成产生重大影响。作者试图在分析中国传统文化内部理路的基础上，用"设想参与"的办法，将儒家思想看作是生活在传统中的中国人的信仰，以此作为分析梁启超思想的宏大历史背景，重点讨论了梁氏的改良主义思想、国家主义思想和新民思想，较为客观地分析了梁氏思想中的传统与西方的思想的演变过程，也展示了近代中国知识分子面对民族危亡的无限纠结。史华慈的《寻求富强：严复与西方》代表了他的研究水平，严复是最早将西方自由思想直接引入中国的思想家，作者认为严氏在"搬移"的过程中丢失了个人自由和个人尊严这些自由主义终极价值，对个人价值的追求让位于对国家独立与富强的急切渴望。严复传入中国的社会达尔文主义改变了中国知识分子世代追求的道德目标，在中国从"文化主义"向"民族主义"的转变中起到了关键性作用。同时，对国家富强的追求成为中国知识界的直接目标，这样对国家富强的追求，以及强调个人能力的提升构成严复思想的核心，制约了他的自由主义理念。根据史华慈的解释，西方自由民主的理念是建立在"个人是社会的目的"这一价值观念基础之上的，而严复仅仅将自由与民主视为提升个人能量、从而最终成为促进国家富强的手段。该著实际上反映了在特殊的历史条件下，个人自由受到民族危亡遮蔽这一事实。另外，还有德国学者施耐德的《顾颉刚与中国新史学——民族主义与取代中国传统方案的探索》等等。

除了以上对近代中国民族主义思想进行的专门研究外，也有一些学者将近代重要政治人物的民族思想及其相应的民族政策结合起来进行研究。如李国栋的博士论文《民国时期的民族问题与民国政府的民族政策研究》，以清末民初的民族问题与边疆危机作为切入点，重点论述了孙中山和蒋介石的民族主义思想，以此为基础对民国政府民族政策进行了系统的研究。日本学者松本真澄的

《中国民族政策之研究——以清末至 1945 年的"民族论"为中心》，作者在考察 nation、nationalism、ethnic 及 ethnicity 等词汇的基础上，首先分析了清末的"民族论"，认为清末的汉族实现了从特定的宗族和狭小的地域发展到以中国为居住地域的广大范围，而把汉以外的民族作为"自者"还是"他者"成为立宪派与革命派斗争的焦点；其次，作者分析了中华民国时期国民党的"民族观"；考察了中国共产党"民族观"、"民族政策"的变迁：列宁所倡导的民族自决权在抗日战争爆发后发生了转变，中华民族作为包含所有抗战意识的概念被普遍认同化；最后，作者举例说明了回族如何实现了宗教意识与中华民族意识的复合认同。通过该研究，可以观察到国民党与共产党在"民族观"上微妙的连续性。杜赞奇的《从民族国家拯救历史：民族主义话语与中国现代史研究》把关注点放在 20 世纪初期的中国，着重研究了民族国家、民族主义与线性进化史观之间的密切关系。该著探讨了近代萌芽中的民族是如何接受西方启蒙历史的叙述结构，并用它构建一个从远古向现代发展的民族主体的。作者提倡用"复线的历史"观念来取代"线性的历史"观念。此外，作者还运用"复线的历史"观念对一系列个案进行了研究。考纳（Walker. Conner）的《马克思列宁主义理论与实践中的民族问题》（The National Question in Marxist-Leninist Theory and Strategy），作者对马克思主义及其中国化进行了研究，认为在社会主义国家存在马克思主义与民族主义之间的矛盾，最终民族主义将战胜社会主义，进而分析了中国共产党民族观及民族政策形成的一般过程。同时，作者提出民族建设（Nation-building）就是对弱小民族的破坏等观点。周传斌的博士论文《中国民族理论新范式的探索》将中国民族理论在近代的发展分为四条线索，大致勾勒这一发展脉络。并根据民族政治实践需要对中华人民共和国成立后中国民族理论的曲折发展进行了描述，提出应该以马克思主义民族理论为统摄，多线式地发展中国民族理论。

三、创新点

通过研究，本书实现了以下三个方面的创新：

（一）本书尝试以西方国家主导的国际政治体系对民族国家单一主权模式的客观要求为起点。随着民族主义理念及相关思想资料的传入，主权国家逻辑增生和扩展所形成的概念体系涤荡着中国传统民族观念，引起了中国传统民族观念的嬗变，形成一系列适应民族国家要求的概念和理论，有力地推动了中国国家转型。文章围绕民族主义的两个基本目标对清末民国时期的民族理论进行了比较系统的梳理。

（二）尝试指出民族主义的理论源头在德国，并重新概括民族主义的特征。经典民族主义的建国原则成为维新派、革命派以及南京国民政府笃信的原则，中国马克思主义民族理论是在对民族主义理论的批判中产生的，但又与民族主义有交集和相通之处。因此，提出民族主义理论是近代中国民族理论的源头与核心。

（三）认为民族主义是近代中国各种社会力量的核心诉求，依据民族主义的基本要素提炼出近代中国民族主义理论生成的基本过程。

四、研究方法

（一）论文采取逻辑与历史相结合的原则。

本书将理论与历史密切结合起来，通过历史来阐述理论、评价理论；同时，又通过理论的连续性反观历史发展的内在逻辑。

（二）在论文整体布局上采取了专题论述与逻辑展开相结合的方法。

本文在宏观论述的基础上进行专题研究，各章基本独立。同时，各章之间又存在密切联系，在整体上呈现近代中国民族理论的主要内容。

（三）跨学科研究方法。

在运用历史研究等相关方法的同时，借鉴哲学、社会学、政治学等学科的相关理论进行研究，笔者将尝试性地运用相关学科的方法和研究成果促进本研究。

第一章

民族主义思想的传入及其对近代中国民族理论的影响

在近代世界历史演进过程中，民族主义是催生民族国家的历史推动力量，西方世界按照民族原则构建民族国家。同时，伴随着国际交往的密切及国家之间关系的接近，"文明国家"的国际政治体系逐渐形成。

伴随着西学东渐的步伐，一些代表近代西方国家历史性转变的新概念涌入中国，而这些新概念所具有的内在逻辑力量和统合能力直接影响着中国知识分子思考问题的角度和方式，长期以来习以为常的经验被一种建立在新概念基础上的逻辑所取代，这些概念正是构建新的理论体系的基础与核心，对这些新概念的内涵、传入过程及其对国家转型的影响进行研究成为学术研究的有效切入点。

民族主义思想是跟随其他"西学"一起"东渐"的，近代中国强烈的民族主义情感与西方民族主义思想在中国这片古老的土地上相遇，从而诞生了近代中国民族主义，它是中西结合的产物。民族主义思想的传入引起了知识阶层对与之相伴随的概念的关注，如民族、种族、认同、民族国家等等。从民族主义思想为核心的概念体系传入中国的过程来看，近代中国国家转型的过程可以理解成为以民族主义概念体系为基础构建起来的现代国家理论体系逐渐取代中国传统观念体系的过程，亦即近代中国话语①体系转变的历史过程。

在此过程中，如何对与按照民族主义所倡导的"一族一国"原则建立起来的明显不同于西方国家的中国现状进行解释和制度安排成为清末民国时期各种力量争论的焦点，而围绕民族主义理论展开讨论的过程也是近代中国民族理论的产生和发展的过程。从这个意义上讲，民族主义理论是近代中国民族理论

---

① "话语"主要是指一套在一定的历史时空规限下相互联系的思想，它嵌在文本、言词和各种践行之中，关涉寻找、生产和证实"真理"的各种程序。（参见胡珀、普拉特：《论述与措辞》，麦克洛斯基等著，许宝强等编译：《社会科学的措辞》，生活·读书·新知三联书店，牛津大学出版社 2000 年版，第 81 页。）

的源头，又因为其独特的关怀成为近代中国民族理论的核心。

一、民族主义思想传入中国的历史背景

（一）"文明国家"国际政治体系的形成

约瑟夫·弗兰克尔认为国际政治体系是一个在有规律的进程中极其频繁地相互影响着的各独立的政治实体（国家）的集合。他将国际社会看作一个系统，而将它的主要成员——国家及非国家组织——看成是子系统。① 其中构成体系的基本条件是各个国家之间以及各种非国家组织之间存在密切联系和相互作用，但是体系并非实体，缺少系统而有效的组织结构，制定的相关条约没有法律效力，也无法对其组成部分行使实际权力，国际政治体系具有整体性、客观性、层次性、互动性和不平等性等基本特征。从国际政治体系形成到现在，民族国家一直是国际政治体系中最重要的行为体，各个国家对自身利益的追求是国际体系形成的重要基础，也是其得以维持稳定的重要因素，同时也是打破这种相对平衡的因素。当要求打破平衡的力量超过维持现状的力量，这种平衡的打破无法避免时，战争的爆发就成为必然，伴随着战争结束而签订的和约往往成为新的国际政治体系的开端。新的国际政治体系要重新经历从相对平衡到不平衡的过程，近代国际政治体系的形成和演变又与历次民族主义浪潮关系密切。

1. 民族主义的理论源头

民族主义研究起步较晚，民族主义发展的理论源头向来是学者们关注的焦点。凯杜里认为民族主义是 19 世纪初产生于欧洲的一种学说②，据安东尼·史密斯考证民族主义作为术语 18 世纪末最早出现在德国哲学家赫尔德和法国神学家巴鲁克的作品中。③ 但是，他们并没有对民族主义的理论源头进行具体分析。与西方学者关注民族主义理论源头不同的是，我国学者在研究民族主义问题时，一般更关注政治层面的民族主义，关注民族运动，"18 世纪在英国和

---

① 威廉·奥尔森等编、王沿等译：《国际关系的理论与实践》，中国社会科学出版社 1987 年版，第 29 页。

② 埃里·凯杜里著、张明明译：《民族主义》，中央编译出版社 2002 年版，第 1 页。

③ 安东尼·史密斯著、叶江译：《民族主义：理论，意识形态，历史》，上海世纪出版集团 2006 年版，第 6 页。

法国率先兴起民族主义，18 世纪美国民族的出现和拉丁美洲国家的形成。"①
"法国大革命不仅把民族主义的表达推向高潮，而且更为重要的是，在具体的
革命进程中把民主主义和民族主义紧密结合，充分展示了近代民族主义的深刻
内涵。就此意义而言，法国大革命则标志着近代民族主义的形成。"② 实际上，
民族主义内涵丰富，目标复杂，不仅建立民族国家一个指向，也包含民族统一
和民族文化上的认同等诸多内容，如果仅从一个方面理解势必使理论研究的视
野受到限制。本部分从民族主义产生的条件、德国古典哲学的理论贡献等几个
方面入手，尝试论证民族主义的理论源头在德国，德国古典哲学在理论上为民
族主义的产生和发展提供了坚实的理论基础。

首先，民族主义产生的一个重要条件是外在压力的存在及由此产生的耻辱
感，民族主义是被"压弯的树枝"。不能否认民族主义是晚近现象，民族主义
产生所需要的现代因素也是不容置疑的，比如资本主义经济的发展、市民社会
的形成等等。但同时对外来压力的整体感受恰恰为民族主义的产生提供了动
力。这种外来强势文化对德意志民族文化价值的冲击正是德国文化民族主义兴
起的外在原因，"启蒙运动和现代化产生于世界的两个最早的民族国家——英
国和法国，反现代化的批评却在德国首先以全盛之姿出现。……柏克的民族主
义和大部分日耳曼文化民族主义者是不同的。尽管他谈到英国宪法的独特性和
乡土的甜美，他并未声称英国文化的精神优越性。不同于德国人的是柏克身处
的是当时世界最现代化的国家——两个首先现代化的民族国家之一。他没有民
族自卑感，也不因英国要引进外来文化而产生认同危机。他对研究英国人的民
俗传统、民族语言及风习并不特别关心。"③ 与代表了现代性普世价值的英国
不同，强调特殊性成为德国文化民族主义者的必然选择，对现代性普世价值的
强烈反感实际上反映了德国文化民族主义的价值倾向。而民族主义产生发展的
第一步恰恰就是对本国历史、文化优越性的强调和历史资源的努力挖掘，因为
"典型的民族主义运动通常不是起始于抗议集会、独立宣言或武装反抗，而是
源自于文学社团、历史研究、音乐汇演或文化期刊的诞生。"④ 民族主义诉求
从民族主义者那里转化成一种群众性的运动，需要经受民族文化的浸润，发现

① 房宁等著：《民族主义思潮》，高等教育出版社 2004 年版，第 44 页。
② 李宏图著：《西欧近代民族主义思潮研究》，上海社会科学院出版社 1997 年版，第 149 页。
③ 艾恺著：《世界范围内的反现代化思潮》，贵州人民出版社 1991 年版，第 16、44 页。
④ 安东尼·史密斯著、叶江译：《民族主义：理论，意识形态，历史》，上海世纪出版集团 2006
年版，第 8 页。

和重构本民族的历史，通过语言学原理和词源学知识扩大恢复民族语言的地位，还要通过各种艺术形式唤醒民族情感，而利用这种情感将民族主义者与大多数处于自在状态的民众联系起来。伯林也提出了相似的观点："依我的看法，强烈的民族主义不过是耻辱心理的表现。高度发达的民族不会产生民族主义。民族主义是对伤害的反应。"① 这种外在压力下的耻辱感成为民族主义产生的挑战性因素，民族主义的兴起正是回应这种挑战的一种应战方式。

以上讨论的民族主义产生的外部历史条件和民族心理在 18 世纪末 19 世纪初的德国都具备，德国当时处于被严重伤害的地位。西方较大的民族国家最早出现在 13 世纪中叶到 16 世纪中叶的西班牙、英国与法国。这些绝对君主王国的出现是现代民族国家衍生的先决条件。这些国家内部的社会结构是松散而多元的，主要依赖君主的绝对权威才使国家结构紧凑起来，国家的整体性得以维持。所以这些国家得以维持统一，依靠的是王朝而不是什么民族的凝聚力。② 这种绝对君主制国家成为向民族国家过渡的最好形式。赫尔德也提出了相似的看法，"现代国家的直接来源是绝对专制主义和绝对专制主义创造出来的国家间的体系。在把政治权力集于手中并寻找创造一个核心统治体系的过程中，绝对专制主义为民族国家和世俗权力体系开辟了通道。"③ 正是因为英法等国家很早就形成了绝对专制主义国家，形成了完整的政治统治框架，不需要为民族统一、民族自治和民族认同花费更大的精力。所以，启蒙运动的思想家在英国和法国完成的任务主要是为结束地方割据和反对封建专制提供理论依据，借助已有的经济纽带把国家的各个部分连接起来以实现民主政治，他们关注更多的是国内的社会公共领域。

但是，在当时的德国却是另一番景象，"德意志"这个地理名词式的国家，因为没有形成中央集权的国家统治形式而无法承担起塑造民族形象的历史重任，所以把从精神上塑造民族灵魂的使命交给了文化先锋。"在1800 年前的德意志地图常常被描绘成像一件'狂欢节里穿的短上衣'。它包含 314 个邦和

---

① 拉明·贾汉贝格鲁著、杨祯钦译：《伯林谈话录》，译林出版社 2002 年版，第 95 页。

② 威廉·奥尔森等编、王沿等译：《国际关系的理论与实践》，中国社会科学出版社 1987 年版，第 18 页。

③ 戴维·赫尔德著、燕继荣等译：《民主的模式》，中央编译出版社 1998 年版，第 92 页。对于任何一个绝对专制主义的国家来说走向现代国家的道路基本都应该是基本相同的，但是近代国际政治体系的形成却中断了很多国家自然过渡的道路。

1475 个庄园，总共有 1789 个独立的拥有主权的政权。"[①] 德国政治上不统一，不能形成中央集权的政治统一体，不存在向现代民族国家转变的完整国家政治结构，也就无法形成强有力的权力中心和象征性的认同核心。与政治框架的残缺相对应，德国的经济也极为落后。在中世纪，德意志曾经是东西方商品流通的必经通道，商贾往来，经济繁荣，生活富足。但是随着君士坦丁堡的陷落和新航路的开辟，使得东西方的商业通道转到大西洋沿岸，尼德兰和英国的商人取代了汉萨同盟的地位，许多中世纪兴盛一时的城市衰落了，城市没能发挥在资本主义生产关系萌芽中的经济、政治和文化中心的作用。同时，很多地区恢复了 13 世纪就已经瓦解的农奴制，这种剥削方式明显地不同于英国的"圈地运动"，后者剥夺了农民的所有土地，使农民能为产业工人，为资本主义生产提供了大量的自由劳动力。而农奴制下的农民保留一部分土地，这样农民就被紧紧地束缚在土地上，堵塞了城市劳动力的来源，也限制了国内商品市场的扩大，反过来也不利于资本积累的增加和企业规模的扩大。德国的资本主义经济虽然有所发展，但是当时的分裂对德国的经济发展有很大的抑制作用，无法形成全国统一的商品市场。紧接着的宗教改革和 30 年战争使德意志的分裂进一步加深，严重阻碍了资本主义经济的发展。而此时欧洲大陆正被法国强大的优势文化所笼罩，德国上流社会以学习法语和法国礼仪为荣。特别是拿破仑大军的铁蹄在 19 世纪初还踏上了德国的国土。因此，18 世纪末 19 世纪初的德国具备产生民族主义思想的最佳土壤。

面对这种可能毁灭民族精神和民族特性的严峻局面，文化精英们创立了《道德周刊》杂志、"马勒论坛"、"爱国者"、"使用德语协会"等组织，反对模仿法国文化，剔除外国语，净化民族语言，宣传爱国思想，鼓励使用民族语言，并进行语言学和词典学的研究，他们试图利用语言这种民族文化的历史记录器来保持民族的个性。在赫尔德看来，每一种语言都有它特定的民族特性，人们之所以学习母语，是因为它最贴近并符合他们自己的特性，它最与他们的思想方式合拍，从理论上为德意志民族必须使用德语提供依据，德语成为增强德意志民族凝聚力的重要力量。同时，思想家们进行了民歌、民族史、民族神话等方面的民间创作活动，试图重建德意志民族的辉煌记忆以激励德国民众。他们不仅创作了大量诗歌和童话，如《德国民间书籍》、《儿童的神奇号角》、

---

① 科佩尔·S·平森著、范德一译：《德国近现代史》（上册），商务印书馆 1987 年版，第 13～14 页。

《格林童话》、《德意志传奇故事》、《德国爱情之歌》和《童年和女帮工》等，从过去的历史中寻找民族的辉煌记忆，将其作为唤起民族精神的动力。莱辛、歌德、席勒等作家还塑造了迦洛蒂、葛兹、麦斯特、卡尔·莫尔、梵利那、斐迪南·瓦尔特、退尔等艺术形象，通过塑造历史人物为德意志民族的整体构建奠定基础。

其次，德国古典哲学将民族主义的理论基础直接置于"道德"之上，从而将 18 世纪启蒙运动所宣称的天赋人权与民族主义所强调的集体权利勾连起来，为民族主义提供了哲学上的理论预设。"与大多数其他的主义不同的是，民族主义从未产生它自己的伟大思想家：没有它的霍布斯、托克维尔、马克思或韦伯。"① 这与其在政治动员上的能力严重不相称，安德森称之为"哲学上的贫困与不统一"。但是，我们还是能从德国古典哲学家那里发现他们对于民族生存问题的哲学思考。德国启蒙运动的代表人物康德创立了庞大的哲学体系，他引发了精神上的革命，使传统世界观的自然神论基础彻底倒塌，破除了自然力量对人的束缚，康德强烈关注着人的尊严和自由，因此他不断坚持人的人格不仅意味着要独立于人的机制，而且意味着要独立于自然的机制。② 他试图调和唯物论与唯心论，在"心"与"物"中找到结合点，认为"自我"能在理论理性和实践理性那里找到生长点。人类与其他实体的区别就在于自治状态，其他实体都处在他治的状态，人本身是目的而不是手段，倡导意志自由来实现道德自我，主张自我提升，人是自己的主人。他在道德哲学上的核心观点是接受自由天赋的人，是不会满足于他人赋予的愉悦享受的。③ 在康德的头脑中包含着这样一种思想，即"世界上唯一有价值的东西是这种真正的内在的精神性自我的某种状态"。④ 正是在道德自我基础之上，康德将个人作为"世界的中心、仲裁者和主宰"，驱除了任何外在的附着后，人是自由、平等和善良的。康德的个人意志自由思想为后来的民族主义在理论上开辟了道路，所以伯林称康德为一个鲜为人知的民族主义源头。⑤ 康德的思想被他的追随者费希特所批判性地继承，费希特认为"自我"是从事实践活动的理性生物，他把

---

① 本尼迪克特·安德森著、吴叡人译：《想象的共同体》，上海人民出版社 2003 年版，第 5 页。
② 以塞亚·伯林著、潘荣荣等译：《现实感》，译林出版社 2004 年版，第 276 页。
③ 同上书，第 276 页。
④ 以塞亚·伯林著、赵国新译：《自由及其背叛》，凤凰出版传媒集团，译林出版社 2005 年版，第 58 页。
⑤ 同上书，第 269 ~ 288 页。

绝对自我发展到极致，并且把康德的个人意志自由发展到集体的意志自由，"费希特就在19世纪早期的作品里宣称真正的自我根本不是个人：它是集体，是民族。"① 这一思想在《对德意志民族的演讲》中充分体现出来，《对德意志民族的演讲》成为民族主义在理论上形成的标志性著作，因而伯林称费希特是德国以及欧洲政治民族主义之父。赫尔德进一步认为可以通过国家达到个人理想的实现，同时通过斗争性而保持世界的多样性。② 他特别强调基督教教义中人和道德的要素，认为一个人要成为基督教徒，首先要成为一个人。③ 这一系列的思想反映了德国文化民族主义者的基本社会心理，即：首先在内心实现精神和自我的自由，而个人自由和理想的实现可以通过民族独立和统一以及富强得以实现。凸显了在现实中实现个人自由与民族独立的深刻理论联系，从而为民族主义提供了坚实的理论基础。

再次，在德国古典哲学家那里，"斗争"得到了充分的肯定。在肯定了道德自我的基础上，在个体的自由与平等获得理论支撑的条件下，个人的权利——无论在自由主义思想家那里国家的地位多么被动——都要通过国家得到实现。但是国家一旦建立起来就会固定下来，并获得相应的政治权力，极易出现权力膨胀而侵害了个体的权利。所以，"自我实现和融入整体并非一个坦荡和平静的过程，而是努力和斗争的结果。"④ 康德将斗争作为其历史哲学的核心，他在1795年发表的重要著作《论永久和平》中认为"和平状态就必须是被建立起来的，因为放弃敌对行为还不是和平状态的保证。"⑤ 既然是"建立起来的"就要走出人类的自然状态，进入一种基于个人权利的法治状态。从自然状态到法治状态最为重要的进步要依赖"斗争"。所以在文章中没有将世界性的君主作为他对未来世界设想的目标，而是将世界永久的和平依托于全世界共和制国家的建立。在费希特那里，没有"斗争"整个人类就走向了死亡，"自我和世界的对立所产生的冲击力引起自我努力进行自我实现。"⑥ 所以在分析国家关系时，他将国家之间的战争看成是促进人类进步的推动力量，从而进一步提升了"斗争"的价值。赫尔德则将实现个人的自我与对国家服从很好

---

① 以塞亚·伯林著、潘荣荣等译：《现实感》，译林出版社2004年版，第283页。
② 参见埃里·凯杜里著、张明明译：《民族主义》，中央编译出版社2002年版，第44~49页。
③ 参见科佩尔·平森著、范德一译：《德国近现代史》（上册），商务印书馆1987年版，第25页。
④ 埃里·凯杜里著、张明明译：《民族主义》，中央编译出版社2002年版，第45页。
⑤ 康德：《永久和平论》，康德著、何兆武译：《历史理性批判文集》，商务印书馆1990年版，第104页。
⑥ 埃里·凯杜里著、张明明译：《民族主义》，中央编译出版社2002年版，第47页。

地结合起来，"以一种更同情的态度去研究被启蒙运动看作是未启蒙的或野蛮的并听任其默默无闻的那些过去的时代。"① 在对既往的回顾中展示历史进步的过程，给"斗争"预留了巨大的空间，正是"斗争"驱动着历史的不断进步。他严厉批判启蒙运动的目的论观点，认为每一个时代都有其独立的价值，不仅从历史的角度如此，从横向看，每一个人、每一个民族都具有其存在的价值和意义，他把整个世界看做一个花园里头有分别设置的花坛，各依其特殊的样式呈现美丽之色和散发芳香之气，各种花都应当用慈爱去照顾种植，全部集合起来，便成为多色彩、多气味的完美的人类花球。② 至此，民族主义思想体系产生。

同时，德国民族主义者的社会地位及德国的政治条件为民族主义理念的阐述提供了内部环境。德国封建专制使经济上本来软弱无力的资产阶级更加缺乏政治斗争的勇气和实力，只能由"属于相对低下的社会等级"③ 的知识精英承担起这个历史任务。"他们当时社会地位相对低下，其中大部分人是牧师、工匠、小农场主的子弟。"④ 在职业选择上，一般就是副牧师，或者在贵族家庭做家庭教师，或者穷困潦倒的作家，遭到不学无术的贵族阶层的轻视，同时政治权力被王公贵族所把持，他们无法通过合理正当的渠道进入政治权力之中，也无法融入主流社会。"贵族对他们恨之入骨，结果转化成一种既自卑又自傲，既孤立又超越的复杂心态"。⑤ 尽管他们渴望充满活力的生活，渴望地位和责任，但是怀才不遇的凄凉加上对民族前途的担忧，使这些有知识、有能力的知识阶层很少具有政治权力和政治实践方面的概念，这就造成了政治思辨和政治实践之间的鸿沟，这条鸿沟使他们成为政治上的世界主义者，文化精神上的民族主义者，国家的羸弱和自己地位的低下使他们不能不去抗争。所以，我们看到德意志文化民族主义理论有明显的理论与实践相脱节和世界主义倾向。

面对强大的法国文化的入侵振臂高呼，但是他们低下的社会地位和当时的专制与分裂使他们对未来的民族国家提出过高的和不切合实际的要求，他们严厉批判专制主义，认为专制主义制度是扼杀民族希望的杀手，不利于民族的自

---

① 柯林武德著、何兆武等译：《历史的观念》，商务印书馆 1997 年版，第 137 页。

② 海斯著、帕米尔等译：《现代民族主义演进史》，华东师范大学出版社 2005 年版，第 25 页。

③ 埃里·凯杜里著、张明明译：《民族主义》，中央编译出版社 2002 年版，第 35 页。

④ 埃里·凯杜里：同上书，第 39 页。

⑤ Brunschwig, *Enlightenment and Romanticism in Eighteenth Century Prussia*，转引自郭少棠著：《权力与自由》，华东师范大学出版社 2000 年版，第 32～33 页。

然成长。费希特轻蔑地否定国家就是保证国民的衣食无忧的功利主义观点，主张国家是一种内在的精神意义上的而非外在的物质意义上的人的自由和幸福的创造者。① 在谢林看来真正的国家应该是科学、宗教和艺术以一种活生生的方式成为一种相互渗透和有吸引力的整体。② 这些观点表达了他们对民族族体本身的美好设想，但是缺乏对民族族体有巨大"整合"作用的国家和市民社会的深刻体会，同时反映了在没有坚实的社会基础上对于民族国家存在的种种幻想。德国当时经济的落后与政治上的分裂无法在政治上提出有充实的实际内容的政治民族主义，以康德为首的德国思想家们却在一个内忧外患的国家里完成的民族主义的理论塑造，虽然同样无法摆脱民族主义意识形态所造成的目的与手段之间的紧张关系，最终屈服于专制与暴力，但是在理论上全面展现了民族主义的基本主张。

任何一种意识形态在其产生的早期阶段都有明显的理想化倾向，德国民族主义阐释者所处的环境使其对民族之间平等地位的强调达到了极致。民族主义的典型观点是人类自然地分成不同的民族，并以这些民族为基础建立政治单位，赫尔德声称"最自然的国家是一个具有一种民族性格的民族"。③ 这种暗含着民族国家平等的"不可能在地球上实现的完美状态的集体意志"不会在一个处于"丛林法则"状态中的优势国家出现，而民族主义在德国呈现了清晰可见的外貌。

最后，民族主义的产生需要对其载体"民族"进行较为明确的论证。什么是"民族"就成为争论的焦点，并具有了明显的政治敏感性，是否承认某个群体是"民族"就意味着是否承认这个群体具有独立建国的权利。民族主义的产生需要对其载体"民族"进行较为明确的说明。所以，"民族"内涵得到清晰的确定之日，正是民族主义真正产生之时。法国大革命开始前的一个小册子在大革命期间流行甚广，就是西耶斯的《第三等级是什么》，作者首先对特权等级存在的合法性提出质疑，认为正是特权等级的寄生性与垄断性对国家造成了严重危害。同时，在这个小册子里有一句著名的判断：第三等级是什么？是一切。④ 认为第三等级就是"民族"，能代表整个国家，何者为一民族之意志？一民族之意志乃无数个人意志之结晶，犹之一民族乃无数个人之集

---

① 埃里·凯杜里著、张明明译：《民族主义》，中央编译出版社 2002 年版，第 39 页。
② 同上。
③ 海斯著、帕米尔等译：《现代民族主义演进史》，华东师范大学出版社 2005 年版，第 25 页。
④ 西耶斯著、冯棠译：《论特权 第三等级是什么？》，商务印书馆 1990 年版，第 19 页。

合。凡有利益于是，各个人对之及各个人所联合之一切分子对之，均认为不谋而合者，此显系总意志之目的，亦显系共同会议之目的。……是故共同利益必胜过个别利益而后前者有保障。在西耶斯看来，宪法不能限制民族意志。① 法国学者中除了卢梭对民族有所论述，这个小册子最能呈现当时"民族"在法国的真正含义。第三等级在当时实际上是一个比较笼统的阶级概念，与贵族和教士等级相对。正是基于政治斗争的需要将阶级置换成"民族"，并用第三等级能代表一切，将第三等级扩大到整个国家。这里的"民族"并不是原初状态的民族主义中"民族"的意涵，只有在与反法同盟的斗争中激发了法国人的民族主义的热情，但也只具有民族主义的政治意涵，文化认同和民族认同等基本内容在理论上还没来得及充分阐述，却直接演变成了侵略野心。关于"民族"在德国就如前边所述，他们论述的基础基本都奠基在德意志"民族"的基础之上，从思想根源到现实意义都得到了充分说明。因此可以肯定，在德国，民族主义理论的全部内容得到了充分阐述。

总之，笔者认为典型的民族主义形式首先在德国出现，民族主义的理论源头在德国。

2. 民族国家的产生

民族国家是民族主义逻辑发展的必然结果，资本主义时代的必然产物，对于民族国家产生的前提条件学术界存在诸多争论，有学者提出了民族国家产生的前提条件：资本主义生产方式和市民阶级、市场经济、理性主义传统、宗教改革运动等。② 这里仅作几点补充。

首先，主权原则的确立。经过让·布丹提出，霍布斯发展直到莱布尼茨，传统的主权原则得以完善。在莱布尼茨那里，强调了主权的首要条件即具备一定的领土，其次是对领土实施有效控制的军事能力，也就是说，只有那些有能力实际控制本国领土、排除任何内部挑战或外部干涉的君主才是真正的主权者。"主权是民族国家通过自己的政府，不受外来干涉地处理内政的权力，是它在外部事务中不受任何干涉地结盟或退出联盟，参战或保持中立以更好地维护自己利益的选择权。"③ 对国家主权原则的承认本身就是对世界神权的摧毁，也是对民族主义的机理，即民族自治原则的有力回应。主权原则主要通过国际

① 浦薛凤著：《西洋近代政治思潮》，北京大学出版社2007年版，第338～339页。
② 贾英健著：《全球化背景下的民族国家研究》，中国社会科学出版社2005年版，第58～64页。
③ 威廉·奥尔森等编、王沿等译：《国际关系的理论与实践》，中国社会科学出版社1987年版，第22页。

法、国际条约等方式呈现出来。

其次，国家利益观念的发展和确立。国家利益观念的发展和确立为民族主义运动的发展和民族国家的形成提供了动力。国家利益是一个近代才真正形成的概念，是伴随民族国家的形成和王朝利益的衰落而发展和确立的。在国际交往中开始以国家利益为核心思考问题成为民族国家逐步形成的重要标志。"国家利益是国家行为的基本原则，是国家意向的第一法则，它告诉政治家他的行为必须要保存国家的兴旺和强大。国家是一种有机结构，它的全部力量仅仅通过允许它在某种方式下使之不断增长才能够被保存，国家利益则指明了这种增长的道路和目标。"① 国家利益观念的兴起使前面提到的绝对君主制作为过渡形态逐渐淡出历史，即绝对主义国家在完成结束地方割据、改革宗教等的历史使命后，开始向真正的民族国家过渡。当然，对公民的所有权的强调是对国家利益强调的基础和前提。国家通过国家机器保障公民的自由和权利，特别是对个人所有权的积极肯定，来换取公民对国家的热爱和忠诚，从而代替绝对主义时代臣民对国王的忠诚，这样才能形成国家利益而不是王朝利益。对国家利益的强调和肯定无疑有力地支持了民族主义运动的发展，也为民族国家的形成提供了重要动力。在确立自身国家基本利益的基础上，还将进一步涉及国家利益的扩展②问题，第二次世界大战之前的国家利益扩展一般伴随着赤裸裸的军事暴力和直接的经济压迫。

伴随着国家利益观念的发展和确立，掌握在绝对君主手中的权力也逐步开始向代议机关转移，这种权力转移不是从左手转移到右手，而是为民族国家多元政治的发展敞开了大门，也为公民权利的获得提供了可能。

再次，国家领土疆域的划定。不仅要拥有领土，民族国家建立之初的标志还有国家领土边界的普遍划定，得到普遍承认的领土成为切实的国家利益。领土对于生活在其上的民族不仅有生物学上的意义，而对其所追求的民族国家具有政治意义。前民族国家的"边陲"和民族国家的"国界"具有显著的差异，前者一般指某国的边远地区，并不必然与另外一个国家毗邻，小规模的土地侵略也不具有政治意义。而后者却是把各个国家区分开来的并得到各国肯定的分界线，尽管边界地区可能出现相近的文化、经济和政治特征，但是对于各自的

---

① 弗里德里希·迈内克著、时殷弘译：《马基雅维利主义》，商务印书馆 2008 年版，第 1 页。

② 一般认为国家利益的扩展就是指一国通过对另一国或国际组织施加影响以谋求增加自身利益的行为。这种影响可以是强制的也可以是非强制的。强制一般为扩张行为，非强制的扩展一般是合作行为。参见周明田：《论国家利益的扩展》，《世界经济与政治论坛》，2001 年第 2 期，第 48 页。

归属却十分明确。同样，国家对其领土也显示出明显不同的姿态，前民族国家可能给远嫁的公主划分部分疆域，民族国家则寸土必争，民族国家是一个领土实体。国家的疆界划定后，其他方面的各项任务随着国家建设的展开而逐步开始，国家行为也主要在这块土地上发生，领土为国家主权对内的行使提供了保护屏障，"领土是对内主权的有效空间，主权只在本国领土范围内才是排他的最高权威；二是，在领土之外，主权意味着独立，而其核心是不干涉原则。"① 因而，也为国家主权的对外行使提供了坚实的后盾。另外，虽然自国家产生以来，就以地域作为划分人群的标准，居民成为一定地域上的附属物，但是生活在一定领土上的人群因其民族特性又赋予脚下的土地一定的文化内容，使其鲜活起来。民族情感、民族文化和领土往往交织在一起，领土获得了政治上和文化上的双重意义，为民族国家的形成提供了最基本的物质前提。

最后，外交官地位的稳固与确立。外交官是民族国家对外宣示自己存在的标志。但是，"这些统治者手下的军人与外交官则把自己视为他们的雇员。他们之所以从事自己的职业，或者是因为他们的出身血统关系（但并不总是由于对君主的个人效忠而得到加强）或者是因为这种服务能够给他们带来薪酬、势力和荣耀。物质占有欲尤其给这个贵族社会提供了一种共同的纽带，其牢固性超过对王朝和国家的效忠感。"② 这是汉斯·摩根索对民族国家建立前外交官们心理和行为的描述。那么，我们是否可以把外交官地位的稳定和确立作为衡量一个民族国家建立的标准呢？正如摩根索所指出的，在民族国家普遍建立起来之前，外交官的国家荣誉感并没有建立起来，在他们的心里还没有确立起国家利益的概念，他们可以为了个人利益游走于任何国家，也不会仅仅效忠于自己的祖国。当然，他们的行为也不会因叛国而遭到审判，同样不会在意别人的指责和唾弃，因为在当时看来，这仅仅是个人行为，外交官不代表国家利益，国家也没有赋予他们这样的使命和荣誉。到了民族国家时代，国家利益才成为国家国际行为的最高追求，使国家利益最大化成为衡量外交官道德的最高标准，个人道德和荣誉在与国家利益的较量中黯然失色。外交官如果再出现上述行为就要被国家判罪，受到严厉的惩罚，并且会遭到国际和国内舆论的谴责，即使在道义上也很难得到谅解和宽恕。外交官地位的固定和确立无疑为民族国家的形成在外部确立了一个较好的标准。

---

① 邓烈：《主权理论与近代国家》，《读书》，2009年第9期，第78页。
② 汉斯·摩根索著、杨岐鸣等译：《国家间政治》，商务印书馆1993年版，第316页。

民族国家形成的最重要前提是以国家为边界的内部聚合及外部竞争，而这种聚合和竞争的内在动力就是资本主义生产方式的发展，它为民族国家的形成提供了根本动力。民族国家反过来又促进了资本主义经济在内部的发展和在外部的扩张。"世界体系内全球层次和区域性层次的竞争性生存逻辑，导致基本政治单位的趋同，即民族国家的扩散和增生。"① 随着西方资本主义国家的殖民扩张，资产阶级现代国家和政权组织形式也逐渐向全球扩散和发展。这就使民族国家这一原本仅仅局限于欧洲区域的民族政治经验获得了普世性的价值。② 这样看来，如同民族国家体制的世界性传播一样，民族国家构建和成熟也会因各国的国情不同而经历一个漫长的过程，民族国家特征的获得过程也异常曲折。所以，在今天由192个主权国家组成的世界里，谈论民族国家的特征也应该十分谨慎。民族国家在世界范围内的扩展与增生是民族主义不断构建与重构的结果。③ 国际关系的主体从三十年战争开始就是民族国家，同样，"在未来的10年或更长时间内，民族国家现在是，将来也是世界的主要力量中心。只要民族国家仍然是人们完成其事业的最重要的现实力量，那么，它就会继续成为这样的中心。"④

西方世界根据民族原则建立了民族国家，而根据这些民族国家建立的过程，西方民族主义可以分为两种类型，一种是主张国家统一、结束封建割据状态而引发的民族主义，自由、民主和民族主义的原则一同实现；另外一种就是在外在势力的压力下，进行抗争的民族主义，更多地以要求民族独立为首要目标，民主与自由等要求一般受到部分遮蔽。无论哪一种民族主义类型，"一族一国"⑤

---

① 时殷弘：《民族主义与国家增生的类型及伦理道德思考》，《战略与管理》，1994年第5期，第31页。

② 参见贾英健著：《全球化与民族国家》，湖南人民出版社2003年版，第85~86页

③ 关于民族主义的构建、重构与解构可参见张三南：《论民族主义的构建、重构与解构》，《世界民族》，2009年第4期，第1~6页。

④ 卡尔·多伊奇著、周启朋等译：《国际关系分析》，世界知识出版社1992年版，第61页。

⑤ 以欧洲为例，欧洲人种属欧罗巴人种，欧洲民族国家的民族结构复杂，按照民族结构划分，欧洲国家可分为四种，第一类是民族结构比较单纯的国家，主体民族在全国人口中占90%以上。根据1993~1994年的统计数字，属于这一类型的国家有德国（8134万）、意大利（5813.8万）、法国（5800万）、波兰（3862万）、希腊（1035万）、匈牙利（1024.5万）、葡萄牙（990万），丹麦（520万）、芬兰（509.8万）、爱尔兰（357万）、冰岛（26.68万）。第二类是拥有一定少数民族的国家，主体民族在全国人口中大约占80%~90%之间，有罗马尼亚、保加利亚和立陶宛；第三类少数民族比例较大，占20%以上或人口较多，超过或接近100万的国家，如西班牙、俄罗斯、拉脱维亚、爱沙尼亚；第四类有两个以上主体民族，如比利时、瑞士、荷兰。（可参见穆立立著：《欧洲民族概论》，中国社会科学出版社1998年版。）可见"一族一国"原则也只是一个原则，并没有可操作性，现代国家根据民族建设（Nation-building）的需要试图实现"一国一族"倒是事实。

原则都是西方民族主义的核心原则。这些早期民族国家形成的条件虽然具有代表性，但是并不能以此来代替世界上所有民族国家形成的情况。正如徐迅先生所指出的：殖民地半殖民地的民族主义不能援引早期西欧民族国家构成的历史动因。① 在今天看来，民族边界与国家边界合二为一的理想，也许只有靠暴力和野蛮的办法才能实现。

可见，研究者出于不同的研究需要对民族国家产生的时间、扩展过程和条件得出不同的结论。民族国家的形成需要宏大的历史背景和国际环境，同时又与各个国家具体的历史进程紧密相关。

总之，主要欧、美民族国家伴随着民族主义运动的胜利在 17 至 19 世纪建立起来，并作为民族国家的典型模式成为民族国家在世界范围内逻辑扩展的起点，从那时起民族国家的力量不断伸张。主要欧、美民族国家经过持续不断的战争、冲突与谈判，逐渐形成了近代国际政治体系。

3. 近代国际政治体系的形成及其演变

自国家社会开始后，人类便开始了不断从分散走向集中的过程②，在中世纪就存在国家之间的交往，但是从整体上看，那时的交往还是区域性的和不连贯的，各个大洲之间的关系也不密切，因此，那时的国家交往很难构成真正的国际关系，"只有各民族的相对平行的历史，而没有一部统一的人类历史"。③ 在 15、16 世纪地理大发现后，各地经济的发展加速了世界历史的形成，"世界史并不是过去一直存在的，作为世界史的历史是结果"。④ 三十年战争是连接中世纪与资本主义时代的中间环节，它使新的国际政治体系开始在欧洲战场的阵痛中产生。随着欧洲的扩张向全球扩展，战后签订的《威斯特伐利亚和约》奠定了民族国家为主要行为体的国际政治体系的基础，民族国家开始占主导地位，同时国家主权平等与独立原则得到确立，打破了中世纪形成的罗马教皇普

---

① 徐迅著：《民族主义》，中国社会科学出版社 2005 年版，第 158 页。

② 从民族过程的角度分析人类历史的演进，一般认为纯粹的民族过程分为两种基本形式：分化过程和联合过程。在前国家社会分化过程较为普遍。前国家社会解体后，民族的聚合过程占了主要地位。民族过程与国家发展相互影响，深深地影响了人类发展的基本过程。（参见王希恩著：《民族过程与国家》，甘肃人民出版社 1998 年版，第 27~28 页）这种趋势并没有因部分民族国家的出现而止步，由于早期出现的民族国家之间的战争和殖民巩固同时加速了世界上其他地区民族国家的形成，民族国家建立和发展的过程也是人类不断走向集中的过程，这种趋势发展到今天就是全球化的出现。

③ 斯塔夫里阿诺斯著、吴象婴等译：《全球通史——1500 年以后的世界》，上海科学院出版社 1992 年版，第 3 页。

④ 《马克思恩格斯全集》（第 46 卷）上，人民出版社 1979 年版，第 48 页。

世思想控制的神权世界，"承认神圣罗马帝国内部的宗教和政治均势，从而确认帝国的权力是有限制的。"① 正是因为对主权平等原则的承认，这一时期的国际关系主要表现为区域性的国家之间关系，由欧洲国家确立国家关系的基本原则和规范，但是，还主要是在欧洲范围内的区域性国际政治体系。与此同时，世界上还并存着其他区域性的国际政治体系，由于交通和交往的局限，当时的国际关系还主要在区域性体系内部展开，还没有或者很少在不同体系之间或不同体系的国家之间频繁展开。随着欧洲在经济、政治、文化、军事及科学上的优势发展，并伴随着其殖民扩张和基督教文明的扩散，《威斯特伐利亚和约》所确立的国际关系的原则和规范才逐步被应用于其他国家和地区，这种局部的国家关系准则逐渐成为真正国际性的原则与规范。由于对国家安全及生存的关注，特别是主权原则和民族原则加剧了国际社会的无政府状态，在这种情况下，世界范围的国际政治体系的出现就成为必然，国际体系的形成是各个国家的共识，不仅仅因为每一国都要求"摆脱凌驾于本国之上的任何政治权威，而是因为每一国都必须承认所有其他国家也有理由提出同样要求。"②

民族国家的最基本特征就是主权，主权是"构成最高仲裁者（无论是个人或组织）属性的权力或权威，这类仲裁者对做出决策以及解决政治体系内的争端具有某种程度的最终权力。能进行这种决策意味着对外部力量的独立性和对于内部团体享有最高权威或支配权。"③ 这种权威不受外部力量的限制，不受外来干涉地处理内政的权力，主权由此成为现代国际政治体系的基石。伴随着主要资本主义国家向帝国主义过渡，世界领土被主要资本主义国家瓜分完毕，到 19 世纪末 20 世纪初全球范围内的国际政治体系逐渐形成。

国际政治体系在 19 世纪末 20 世纪初形成后又经历了三次演变。第一个时期是从 19 世纪末 20 世纪初到俄国十月革命前，是纯粹统一的资本主义国际政治体系。这个体系既把世界上各国家各民族变成国际政治体系整个链条中不可分割的环节和组成部分，又在民族国家扩展与增生的过程中将这些国家区分为两种处于根本对立状态的国家类型，其中一类是处于剥削与压迫地位的西方帝国主义国家，它们代表了按民族原则产生的民族国家的"原生"状态；另一

---

① 保罗·肯尼迪著、蒋葆英等译：《大国的兴衰》，世界知识出版社 1990 年版，第 57 页。
② 威廉·奥尔森等编、王沿等译：《国际关系的理论与实践》，中国社会科学出版社 1987 年版，第 28 页。
③ 戴维·米勒等编、中国问题研究所等译：《布莱克维尔政治学百科全书》，中国政法大学出版社 1992 年版，第 725 页。

类是被压迫和剥削的殖民地半殖民地国家和地区，这些国家和地区成为按照民族原则不断构建民族国家的区域。这两类国家共处于一个国际政治体系之中，西方民族国家的构建理念和模式无疑成为殖民地半殖民地国家和地区效仿的对象和模板，这些建国理念和模式深深影响了这些殖民地半殖民地国家和地区的民族国家构建过程，许多殖民地半殖民地的知识分子是这一过程的坚定推动者。另外，在这一体系中主要资本主义国家是基本国际行为主体，这个体系是建立在少数几个资本主义国家压迫、剥削殖民地半殖民地国家和地区的基础之上，因此导致这些殖民地半殖民国家和地区民族主义情感强烈，使得这些国家和地区的知识分子和政治力量在学习先进政治理念和模式的同时，又努力摆脱这些国家的束缚，获得民族独立和解放，但是由于自身力量的弱小，又无法真正在现实中摆脱资本主义国家的种种控制。第二个时期是从 1917 年到 1945 年的第二次世界大战结束，俄国十月革命的胜利使资本主义国际政治体系一统天下的格局出现了分化，这一时期是社会主义国际政治体系与资本主义国际政治体系并存的历史时期。随着苏联国力的增强和影响的扩大，社会主义的国际政治体系不断发展壮大。俄国十月革命的胜利为马克思主义在世界范围内的传播和各国无产阶级政党的建立提供了榜样，第一次世界大战造成严重政治危机使西方国家的工人阶级掀起了革命高潮。殖民地半殖民地国家和地区无产阶级因为民族经济的发展而逐渐壮大，并在条件成熟的国家建立了无产阶级政党，这些政党用马克思主义的阶级分析方法解释所在国家的国情，阐释各自的革命任务，提出了不同于本国资产阶级政党的解决民族独立和民族解放、国内民族问题的思想，成为解决民族危机的另外一种选择。同时，资本主义与社会主义两种体系的利益纷争也反映到这些国家中来，成为左右这些国家和地区国内政治走势的重要力量。但是，在这一时期，资本主义国际政治体系仍然占绝对优势地位。第二次世界大战后是国际政治体系发展的第三个时期，在这一时期形成了社会主义国家的国际政治体系、发达的垄断资本主义国家国际政治体系和发展中民族主义国家国际政治体系既并存又矛盾的整体。这一体系随着全球化的发展不断变化，其中明显的特征就是区域化与一体化趋势明显。①

伴随现代国际政治体系的形成一直到二战结束后雅尔塔体系确立的整个历史时段成为中国国家转型的巨大历史背景。在这个历史时段里，中国与这个体

---

① 关于三个国际政治体系的时间划分可参见刘金质等主编：《国际政治大辞典》，中国社会科学出版社 1994 年版，第 26～27 页。

系的关系极为微妙，经历了从开始时的并行，到被迫纳入其中，再到中华人民共和国成立时析出，进而再度重新纳入的历史过程。同时，从民族主义理念在民族国家形成中的基础性作用到近代国际政治体系的形成，可以看出近代中国所处的时代是一个用民族主义理念构建民族国家的历史时代，依靠民族主义理论的逻辑力量，进行广泛的社会动员，培育民族意识和增强民族凝聚力，构建民族国家，中国国家转型的过程恰恰与这一潮流相对应。

新现实主义理论家肯尼思·沃尔兹利用层次分析法来分析以主权国家为基础的国际政治体系强调的主权平等原则中不平等的历史现实。他认为，国际政治体系是由国际主要力量构成的具有互动关系的组合体，由于系统的结构对行为体的行为具有约束性作用，国家的行动和国家间的互动以及它们产生的结果应该在系统层次上获得解释。① 实际上，后来的国际体系发展的实践证明，国际政治体系不仅仅包括当时的主要民族国家②，也把其他国家行为体纳入进来，特别是随着 19 世纪末 20 世纪初世界殖民体系的形成，国际政治体系最终形成。

根据层次分析法，在一个由一系列主权国家组成的体系里，从国际政治体系的系统排列原则和单元特点来看，主权国家是平等的，因为这些主权国家组织形式和建国理念是相同的，同时主权国家所要完成的任务也基本相似，这符合国际体系建立以来国际规范和国际法准则。从这个意义上说，清末民初的中国和其他西方主权国家一样在国际体系结构的角度看来也是主权国家，所以在一战后的巴黎和会上，能见到中国代表的身影。但是从国际结构的第三个层次，即国际体系中能力分配或行为体实力（power）的角度，国际法或国际关系准则就失去了作用，③ 国家之间交往的基本方式和手段就取决于国家的实

---

① Kenneth Waltz, *The theory of International Politics.* NewYork, Addison-Wesley Press, 1979, pp. 71~72.

② 有的学者提出民族国家产生的前提条件：资本主义生产方式和市民阶级、市场经济、理性主义传统、宗教改革运动等。（贾英健著：《全球化背景下的民族国家研究》，中国社会科学出版社 2005 年版，第 58~64 页。）同时，宁骚教授认为民族国家首要的和基本的特征有：民族的独立和民族的统一；中央集权制；主权人民化；国民文化的同质性；统一的民族市场。（宁骚著：《民族与国家—民族关系与民族政策的国际比较》，北京大学出版社 1995 年版，第 270~281 页。）根据以上观点，当时的整个国际体系中称得上是民族国家的国家数量相当有限。

③ 层次分析法是国际政治学中的重要方法，从而保证对于一个可能在不同层次都能进行讨论的概念不致发生混淆。主权的就是一个具有层次性的概念，既可以在国际结构方面进行讨论，也可以在具体的国家层面进行说明，在不同的层次讨论会得出不同结论。

力。目前世界上已经存在着 192 个在法律上平等但在经济政治上极不平等的国家。① 清末民国时期的中国因为国力羸弱，受人宰割也就成为必然，在巴黎和会上，中国的合理要求遭到拒绝也就不难理解了。因此，国际政治体系中的国家基本政策虽然受到系统结构的影响，但主要由国家实力所决定。"全部政治，无论是国内政治还是国际政治，都显露出三种基本模式，也就是说，所有的政治现象都可以归结为三种基本类型之一。一项政治政策所寻求的，或者是保持权力，或者是增加权力，或者是显示权力"相应的"三种类型的国际政策与之相对应：现状政策；帝国主义政策；威望政策。"② 那么，当时的诸列强，包括从名不见经传的边缘地区跨入到世界的中心的西欧，再加上后起的美国、日本及俄罗斯，他们的对外侵略政策无疑是增加权力或显示权力的帝国主义政策或威望政策，他们是当时国际规则的设计者和执行者，是挑战者。而19 世纪末、"20 世纪初，中国是国际政治的对象而不是角色。"③ 中国政府的政策只能是保持权力和现状的政策。清末民初的中国被"嵌入"国际体系中，在相当长时间里，中国没有在国际政治体系里发出自己声音的机会和能力，它是国际规则的接受者，不是制定者和施动者，是应战者。中国就是在这样的国际政治体系下，沦落成几个列强的原料产地和产品市场。中国被迫纳入国际政治体系的事实成为中国民族主义兴起的外在推动力量，同时也是对中国近代民族国家的顺利构建提出了挑战。"在一个由一些完全分化但基础牢固的政治实体构成的世界上，政治如同一枚钱币有正反两面那样也有两面，国内的一面向内，国际的一面向外，这两个领域从一开始就彼此不可分割和不可缺少。"④那么与当时国际政治体系相伴随的中国国内处于一种什么样的发展状况呢？

（二）西方国际政治体系中的中国及其传统民族观念的嬗变

1. 西方国际政治体系中的中国

与西方国家国际政治体系形成的早期过程并行的是一种区域性的、以中国为中心的华夷秩序体系。在这个等级体系中，中国位于秩序的中心，是其他国

① 这样一种说法是基于一种理论与现实相脱节的事实描述，同时也彰显了国际关系极为复杂的面相。可参见威廉·奥尔森等编、王沿等译：《国际关系的理论与实践》，中国社会科学出版社 1987 年版，第 4 页。

② 汉斯·J·摩根索著、徐昕等译：《国家间政治》，中国人民公安大学出版社 1990 年版，第 64 页。

③ 罗伯特·A·帕斯特著、胡利平等译：《世纪之旅》，上海人民出版社 2001 年版，第 350 页。

④ 米歇尔·吉拉尔主编、郗润昌等译：《幻想与发明》，社会科学文献出版社 1999 年版，前言。

家与地区臣属的对象。在西方国家国际体系形成的关键时期，即三十年战争时期（1618～1648年），中国正处于明王朝的终结和清王朝的建立时期，虽然在明朝后期出现了资本主义的萌芽，但是占绝对统治地位的还是自给自足的自然经济。清政权是中国历史上由少数民族建立并统治了中国全境的政权，少数民族政权的建立并没有改变整个封建统治的基本内容，清王朝统治者为了减少他们入主中原的阻力，极力倡导"满汉一家"，积极接受中原文化，并利用"大一统"理论的开放性将自己纳入到中原王朝的系谱中，还通过祭祀诸子、恢复科举制度、延续宗族制度、大量起用汉族官员、继承明朝律令并制度化和程序化等举措，来缓解民族矛盾。正如有学者指出的"儒学正统理论及其仪式恰恰为外来少数民族提供了一种跨越民族性、甚至语言文化差异来建立'中国王朝'正统的依据。"① 清王朝继续延续着持续了几千年的封建统治，并使中国传统中的文化主义得到持续发展。同样，中国延续几千年的君主专制中央集权制度在明清时期继续发展并达到顶峰，主要表现在两个方面，一个方面在君臣关系上表现为君主专制，主要特征为由皇帝个人及血缘政治集团将国家的所有权力集于一身，掌控国家的政治、经济及军事大权，并成为礼拜仪式的对象，是一种以随意性和独断性为基本特征的决策方式；另一个方面是在中央与地方的关系上表现为中央集权，其根本特点是地方政府在政治、经济、军事和外交等方面均没有独立性和自主性，必须严格服从和执行中央的命令，地方没有任何决策权。在君主专制盛行的决策体制下必然要实行中央集权，而中央集权又进一步巩固了君主专制制度。正是在文化主义笼罩下的君主专制中央集权封建制度的长期发展与沉淀，使中国在遭遇西方国家入侵后的国家转型过程中表现得异常艰难。

中国持续了几千年的大一统局面为中国向民族国家过渡提供了基本政治框架，这种外在的政治框架在某种程度上相当于西方国家的绝对主义国家时期，为民族国家的建立提供了极佳的土壤。中国同样经历了绝对专制制度，并且时间之长、专制制度之完善是世界上少有的。但是，中国的专制制度还没来得及为民族国家的建立开辟道路，就被近代国际体系中的强国入侵所打断。随着清王朝政治合法性的逐渐丧失和皇权的旁落，近代中国政治框架的开始丢失。近代中国丧失了缺少培植强烈的民族情绪的政治框架，近代中国知识分子用各种

---

① 汪晖著：《现代中国思想的兴起》（上卷）第一部，生活·读书·新知三联书店2008年版，第83页。

力量来弥补这个缺失，重建中央集权，经过百年探索中国又重新回到了民族国家发展的轨道上来，从而接续了历史。经历漫长的探索过程，走出了一条不同于西方国家的民族国家构建之路。

杨度曾高度概括了中国当时所处的国际环境："中国今日所遇之国为文明国，中国今日所处之世界为野蛮之世界。"① 随着西方主导的国际政治体系的建立及对外扩张，中国被迫逐渐纳入到国际政治体系中来。在短短的几十年时间里，经过若干次失败，签订了诸多不平等条约，丧失了诸多主权，高高在上的"中央王国"成为列强任意宰割的对象，疯狂地侵略和掠夺造成了严重的民族危机，民族危机促使中国民族意识逐渐觉醒，激发起了全民族反抗西方国家侵略的民族精神，从三元里起义、反洋教到义和团，从林则徐、魏源的"师夷长技以制夷"到冯桂芬、王韬、马建忠与驻外官员薛福成、郭嵩焘和曾纪泽提出的"兴办洋务"、反对不平等条约等思想，这些都是民族逐步觉醒的标志。

从"师夷长技以制夷"到"扶清灭洋"的种种努力并没有改变中国的命运，面对西方列强更加疯狂地瓜分与掠夺，已经习惯了用等级观念和优势心理解释世界的士大夫和早期知识分子需要一种新的理论来重新分析清王朝所面临的败局，并且解释这个从未体会过的纷繁的国际局势，以使民族获得独立与解放。民族主义满足了时代所需，成为清末民族精英竞相提倡的重要武器。

2. 对民族主义的提倡

19 世纪末 20 世纪初，中国已经成为帝国主义侵略的中心，中国要避免瓜分，必须以民族主义来对抗帝国主义，这已经成为当时中国思想界的共识。

梁启超认为，西方国家的民族帝国主义是由民族主义发展而来，是国家力量膨胀的产物。《湖北学生界》也在其创刊号中提出"自民族主义一变而为帝国主义，亚洲以外之天地一草一石无不有主人翁矣，鹰瞵虎视者数强国，回顾皇皇无所用其武，于是风飘电激席卷而东，集矢于太平洋，亚洲识微之士莫不深腠蹙额，惊走相告曰：危哉中国！其为各国竞争之中心点也。"② 邓实也著文指出 20 世纪初之世界是"帝国主义横风逆潮所波荡之世界……其膨胀之近由欧美而近东而远东，吁嗟，我老大之中国为其舞台之中心点。"③ 如何应对

---

① 杨度：《金铁主义说》，刘晴波编：《杨度集》，湖南人民出版社 1986 年版，第 219 页。
② 《叙论》，《湖北学生界》，1903 年 1 月。
③ 邓实：《政治通译外篇·帝国主义》，《光绪壬寅政艺丛书》，文海出版社 1976 年影印本，第 111～112 页。

这种民族实力的外溢而形成的帝国主义呢？在时人看来，民族主义是最合适的武器，"知他人以帝国主义来侵之可畏，而速养成我所固有之民族主义以抵制之，斯今日我国民所当汲汲者也。"① "故今日欲抵挡列强之民族帝国主义，以免浩劫而拯生灵，惟有我行我民族主义之一策。"② 邓实也表达了同样的信心："非竞争何以图存，非进取无以保守，非以我国民族主义之雄风盛潮，必不能抗其民族帝国主义之横风逆潮也。"③ 孙中山也指出"如果再不留心提倡民族主义，结合四万万人成一个坚固的民族，中国便有亡国灭种之忧。我们要挽救这种危亡，便要提倡民族主义，用民族精神来救国。"④ "民族主义这个东西，是国家图发达和种族图生存的宝贝。"⑤ 怀有不同政治目的的各种力量对民族主义有不同的理解，他们根据自己的政治需要对民族主义的范围作出不同的规定，但是其中的一个方向是相同的，即首先要获得民族独立和民族富强，难怪亨廷顿说："民族主义是革命联盟的粘合剂，是革命运动的电动机。"⑥ 长期的大一统局面使潜藏在民族成员内心的民族情感因严重的外来侵略升腾为强烈的民族意识，加之对民族主义的渴求使近代中国民族主义思想的引入成为必然，关于民族主义的传入途径及主要内容将在第二节具体分析。

3. 中国传统民族观及其近代嬗变

中国传统夷夏观的形成是中国民族历史长期发展的产物，华夏族地处中原并且主要从事农耕生产，先进的生产方式和优越的地理位置使华夏族在与其他部族⑦的竞争中处于优势，这就为夷夏观念的形成奠定了基础。华夏族首先建立了夏王朝，由此确立了华夏族的统治优势，并形成了华夏文化中心地位和优越感。"华夷文化观念包含着两个基本内容：一是确定了以华夏利益为准则来处理华夏族与其他民族之间关系的原则，二是确立了华夏文化优于其他民族文

---

① 梁启超：《国家思想变迁异同论》，《饮冰室合集》（文集之6），中华书局1989年版，第22页。

② 梁启超：《新民说》，《饮冰室合集》（专集之4），中华书局1989年版，第4～5页。

③ 邓实：《政治通论外编·帝国主义》，《光绪壬寅政艺丛书》，文海出版社1976年影印本，第113页。

④ 孙中山：《民族主义》，《孙中山全集》（第9卷），中华书局1986年，第189页。

⑤ 孙中山：《民族主义》，同上书，第210页。

⑥ 塞缪尔·亨廷顿著、李盛平等译：《变革社会中的政治秩序》，华夏出版社1988年版，第300页。

⑦ 根据林惠祥的研究，在中国远古时代，各个部落之间不断战争形成了诸多民族，他将其概括为华夏、东夷、荆吴、百越、东胡、肃慎、匈奴、突厥、蒙古、氐、羌、藏、苗瑶、罗缅等16个民族。参见林惠祥著：《中国民族史》（上册），商务印书馆1993年版，第8～15页。

化的民族文化中心观。"① 正是在这种华夷文化观的作用下，形成了华夏文化中心的地理观念、华夏文化优越观念、基于华夏中心传统的羁縻怀柔观念以及传统的"夷夏之辨"观念。② 这种观念在秦统一中国后得到巩固和加强，形成了独具特色的文化主义观念，等级性和开放性是这一文化体系的重要特征。这样，在我国各民族发展过程中，先秦时期就形成了"非我族类，其心必异"（《左传·成公四年》）、"戎狄豺狼，不可厌也，诸夏亲昵，不可弃也"（《左传·闵公元年》）、"中国戎夷，五方之民"（《礼记·王制》）、"有知之属，莫不知爱其类"（《礼记·三年问》）、"先祖者，类之本也"（《荀子·礼论》）与"夷狄之有君，不如诸夏之亡也"（《论语·八佾》）等族界种属明确的观念。这些形成于先秦时期的基本民族观念成为朴素民族理念的基础。需要指出的是，这些族类的主要区别不是种族、血统的差别，而是一种基于文化的差别，其他族类与中原王朝的亲疏远近视他们参与到中原文化的程度而定，这种对文化差别的考量成为构筑以汉文化为中心的帝国文化的基础，因此，大一统观念成为整个中国历史发展中占主导地位的政治文化。

因此，在长期历史发展中形成了与上述以族界种属观念不同的文化上复杂的自我体认，并在历代王朝的统治下得到巩固和强化，文化观念逐渐代替了族类观念在民族划分中占据了主导地位。当汉民族建立政权，一般以大一统观念作为其政治合法性的基础，但是当遇到少数民族的强大威胁时，"华夷之辨"就会抬头。如果是少数民族入主中原建立政权，则会努力消解"华夷之辨"给其统治带来的负面影响，从而利用大一统观念换取正统地位。由此，中原王朝对周边民族的教化一直存在，民族之间只有教化程度的区分，文明与否成为划分异己的标准。相对帝王来说，各族民众并无不平等之说，周边少数民族自然成为接受皇恩的臣民，只要懂礼的民族都是中华帝国的一员。"传统的中华思想认为中华文明没有普照到的人是低人一等的人，可他们一旦屈从于中华帝国的统治，就应该作为天子的孩子享有平等的待遇"，③ 这种观念一直到近代之前都由中华帝国文化体系一脉发展下来，并无中断。与此同时，"吾国巍然屹立于大东，环列皆小蛮夷，与他方大国，未一交通，故我民常视其国为天

① 陶绪：《中国古代华夷观念的形成和发展》，《中州学刊》，1993年第5期，第126页。
② 基于夷夏文化观形成的四个主要方面的内容可参见陶绪著：《晚清民族主义思潮》，人民出版社1995年版，第12~68页。
③ 松本真澄著、鲁忠慧译：《中国民族政策之研究》，民族出版社2003年版，第37页。

下。"① 虽与周边国家发展关系，但是这些国家都很弱小，不仅在政治上依附中国，形成了朝贡体系，而且在文化上也受到中国文化的巨大影响，它们形成了一个以中国为核心的松散的国际社会，这就是所谓的以中国为中心的世界秩序。"中国世界秩序的特点之一是优越性和层次关系。它不是由领土主权国家组成，同时它也不仅仅是一个帝国。它的组成一方面是作为中央权力的中国，占着以文化优势为基础的优越地位；而另一方面是附属成员国，它们在不同程度上从属中央权力。中国从而被称为'中央大国'，并在精神的意义上包括全部宇宙，称为'天下'，而这个世界秩序的其他成员被视为臣民，其间关系是不平等的，所有愿与中国发生接触的国家必须是顺从的、服从的。它们必须接受自己的低卑地位和'中央王国'的优越地位。"② 这种逻辑下发展的体系特点之一是其开放性和等级性。在传统的民族观念和世界观念的影响下，首先，中国人不会认识到中国只是世界的组成部分，而是认为中国本身就是天下，就是世界的核心；也不会产生各个国家之间是平等关系的想法；一定区域内相对封闭的国家观念不会形成，国家利益观念也不会产生，国家利益被一种程序上和形式上的文化优越感所掩盖和遮蔽。在这种状况下，自然不具备形成近代意义的民族主义思想的条件。

处于中国传统民族观念核心的"华夷之辨"因中国几千年的大一统统治局面而基本处于隐含状态，只有在面临少数民族威胁汉族政权、华夏文化正统地位受到威胁时才会脱离隐含状态而凸显出来。在春秋时期的"尊王攘夷"、宋末元初和明末清初三次华夏文化危机的时候，"华夷之辨"就成为士大夫抵抗异族对中原侵略的武器。如宋元、明清之际的岳飞、文天祥、史可法和戚继光，尤其是明末清初的王夫之、顾炎武和黄宗羲，他们高举"华夷大防"的旗帜，以维护华夏族核心地位的使命感，痛斥匈奴、蒙古族和满族的侵略。

如前所述，经过种种努力，清王朝逐渐获得了统治的合法性，并将其统治维持了二百多年。但是随着西方国家的入侵，"华夷之辨"又一次凸显出来，"晚清时代有关夷夏问题的辩论掩盖了一个基本的事实：在清朝统治的二百多年中，'夷夏之辨'的儒学命题并不居于主流地位；晚清时代的'夷夏之辨'

---

① 梁启超：《新民说》，《饮冰室合集》（专集之4），中华书局1989年版，第6页。
② 王铁崖：《中国与国际法》，转引自惠顿著、丁韪良译：《万国公法》（点校者前沿），中国政法大学出版社2003年版，第4页。

与其说是儒学传统的直接呈现，毋宁为对外来入侵和欧洲民族主义的回应。"①
正是因为入侵者由周边相对落后的少数民族变成了拥有先进社会制度和生产方
式的西方国家，传统的民族观念必然发生根本性转变，中国传统文化的开放性
恰恰为这种转变提供了可能。

首先，"中国"观念得到扩展。"中国"字样不断出现在古代文献中，最
早出现的"中国"将华夏族与其他民族区别开来，并专指华夏族，最早见于
《尚书·梓材》："皇天既付中国民"；《礼记·王制》里也有"中国、戎夷五
方之民皆有性也，不可推移"；《公羊传·隐公七年》指出："不与夷狄之挟中
国也"。秦统一中国后，"中国"逐渐演化成华夏族（在汉朝后改称汉族）所
及之地，如《史记·秦本纪》载："中国以诗书礼乐法度为政，然尚时乱，公
戎夷无此，何为不治，不亦难乎"；而《汉书·匈奴传》记载，匈奴"与中国
殊章服、异习俗，饮食不同，言语不通"，"胡马术窥于长城，而羽檄不行于
中国"。这种民族中心地理观和民族的自我体认为民族之间划出了界限，也为
其他民族融入华夏文化预留了空间。到晚清民初时期，并不是周边民族已经全
部成为"中国"成员，而是随着西方国家的入侵和民族主义理论的传入，传
统民族观念中的"中国"观念逐渐扩展，从而从仅指华夏族扩展到了清王朝
版图内的所有民族，"中国"逐渐真正成为一个民族国家的代称。

其次，羁縻怀柔观念向国家外交转变。正是基于"以夏变夷"的理念，
华夏民族以治理周边民族地区为己任，从而形成了处理"中国"与其他少数
民族的羁縻怀柔观念，进而形成了中央王朝处理周边民族关系的羁縻怀柔政
策。这种政策在当时还扩展到了朝鲜、日本和越南等周边国家。这种传统文化
的心理惯性在处理与西方国家关系的初期依然起主导作用，将处理与周边民族
关系的理念扩大到处理与西方国家的关系上。随着在实际外交实践中羁縻怀柔
政策真实内容的丧失，以及国际法知识的逐步传入，羁縻怀柔政策的理论依据
出现了动摇，代之以主权国家为核心的国际法原则，晚清外交逐步形成。

再次，在"天下"向"世界"转变的同时，"天下"也向"中国"转变。
中国大一统的局面和文化主义传统形成了"天下"观念。一方面，"天下"是
指中国传统文化所及之地，"普天之下，莫非王土，率土之滨，莫非王臣"，
正是在这种观念的影响下，产生了骄傲自大、以"天朝上国"自居的心理。

---

① 汪晖著：《现代中国思想的兴起》（上卷）第一部，生活·读书·新知三联书店2008年版，第
86页。

但是随着西方国家的入侵以及世界地理知识的逐渐传入，"天下"观念出现了分化，广义的"天下"观念转变为"世界"，狭义的"天下"缩小为"中国"，中国是世界的一个组成部分。"天下"观念的转变反映了从"'一统垂裳'的世界转换为'列强并立'的世界。'一统垂裳'存在着秩序的向心点，（具体而言就是中国皇帝），就是说其他构成成员纯粹是以与此向心点的关系而决定其地位的秩序状态。'列强并立'则意味着各国家之间是一种横向并列的关系，一种多元并存的状态。"① 这一转变为中国民族国家的构建在心理上提供了空间条件。

以上诸观念的转变直接导致中国诸多传统观念解释能力的丧失，需要借助一套新的话语体系来解释世界和中国。正如福柯将话语主体视为被动言说的"陈述主体"那样，在他看来，陈述主体与其被认为是特定的言说者，毋宁被看作只是一种功能性的"位置"，言说者所占据的言说"位置"的重要性是第一位的，具体的言说者是谁则是次要的。② 所以，陈述主体是否占据了权力"位置"和占据了什么样的"位置"，则是陈述者能否成为真正表达者的关键所在。陈述者一旦获得某种功能性的"位置"，也就获得了陈述的权力，进而也就获得了话语体系的构建权。所以，本书正是显现和展示推动这种话语体系转变的背后的历史力量，以及这些力量是如何借助其"位置"进行近代民族理论构建的。

以上这些观念的转变都是在与西方国家接触中逐渐发生的，既有对西方国家军事、经济侵略的直接感悟，也有伴随着西方国家的文化入侵，通过翻译、出版等方式习得，又有通过国人亲身游历、考察和留学等方式而著书立说进行的传播，民族主义思想及相关思想资料的传入当然也不例外。

二、西方民族主义思想的传入

（一）西方民族主义思想传入中国的主要途径

随着西方国家的军事侵略和经济侵略，作为西方民族国家建国基础的民族主义价值理念及相关的思想资料一并传入中国。笔者将民族主义思想传入的途

---

① 佐藤慎一著、刘岳兵译：《近代中国的知识分子与文明》，凤凰出版传媒集团，江苏人民出版社 2006 年版，第 75 页。

② 米歇尔·福柯著、谢强等译：《知识考古学》，三联书店 1998 年版，第 114～119 页。

径概括为以下两种：

第一种，"走出去学习"的办法，即通过派遣留学生，还有因故进入西方国家具有进步思想的知识分子或政府官员的学习和传播。在具有悠久历史和灿烂文化的中国，经济发达，疆域辽阔，文化底蕴深厚，一直是周边国家学习和效仿的对象，历史上无数外国人抱着向中国学习的理想来到中国，他们成为中华文化传播的使者，学习中国的文化、制度及日常习俗，这一过程一直持续到清朝中期。但是，随着中国成为西方国家征服的对象，先进的中国人迈出了向西方国家学习的步伐。中国学生留美始于1846年，美国传教士极为随意的一件小事成全了容闳先生，"他成为第一个毕业于美国大学的中国留学生"，① 也为促进中国学生留学美国作出了巨大贡献。在他的努力下，1872年8月11日清政府派出的第一批留美幼童共30人从上海出发，从此，派遣留学生成为一种官方行为。1872～1875年间，清政府共派120名幼童赴美留学，② 但后来清政府撤回全部留美幼童。与此同时，自费留学在外国传教士的帮助下发展起来，特别是科举制度③被废除后，通过科举进入仕途的道路被堵死，留学就成为一个重要的选择。在庚子赔款专门用于中国留美学生的情况下，成立了专门对学生进行训练的清华留美预备学校（清华大学的前身），从1909年到1929年，清华共选派留美学生1279人。④ 到1917年，留美学生已达1500人。到1925年达2500人。⑤ 后来的学生留美与国际、国内形势密切相关，基本趋势是不断增加，到1949年达3797人。⑥ 这些留美学生由于亲身体会到了资本主义生活方式，资本主义价值观念和政治原则潜移默化地影响到他们的价值理念，并通过学习掌握了西方先进的科学技术和社会科学知识。其中对近代中国民族思想作出较大贡献的如罗家伦、潘光旦、齐思和、林同济等。⑦

与留美学生的轨迹不同，最早赴欧洲的是天主教徒，其后较早留学欧洲大

① 王奇生著：《中国留学生的历史轨迹（1872～1949）》，河北教育出版社1992年版，第5页。
② 同上书，第8页。
③ 在中国的传统体制中，官僚原则上是学习中国古文经典的人，他们中大部分人学习的目的也首先是成为官僚，学者＝官僚，而科举是这一等号的制度性媒介。（参见佐藤慎一著、刘岳兵译：《近代中国的知识分子与文明》，凤凰出版传媒集团，江苏人民出版社2006年版，第7～13页。）1905年清政府废除了科举制度。
④ 王奇生著：《中国留学生的历史轨迹（1872～1949）》，河北教育出版社1992年版，第19页。
⑤ 同上书，第23～25页。
⑥ 同上书，第45页。
⑦ 同上书，第48页。

学的是与容闳一起出国的黄宽，后来又有王韬、何启、伍廷芳等游学于欧洲，这些都属个人行为。同时，官派留欧也在沈葆桢等人的努力下开始实施，从1875 年到 1897 年，清政府共派 80 多人赴欧，多数学习海军，少数学习法律、外交和语言文学。对直接引进西方政治、法律和社会思想起到巨大作用的严复就在此之列，同时还有马建忠。清政府对欧洲选派留学生基本是以地方各省的选派为主，学习的专业也主要是工科，自费留欧的学生多学文法。后来较为著名的赴法国勤工俭学，先后约 1600 多人，[①] 并在法国建立里昂中法大学与巴黎大学中国学院。

中国学生留学苏联为马克思主义的传入提供了方便。在俄国十月革命之前，就有中国学生留学俄国，始于 1899 年同文馆学生留俄。自此之后，京师大学堂和湖北、江苏、新疆等省陆续有学生前往。十月革命后，1921 年俄共（布）中央决定组织东方培训班，后来更名为东方共产主义劳动大学，为各国革命培养骨干，其中包括中国学生，他们主要有两个来源：一是上海社会主义青年团选送的，一是法国勤工俭学的学生转道而来。这批学生中很多人成长为中国革命的领导者。1925 年，成立莫斯科中山大学为国共培养干部，后来东大中国班也并入到中山大学，到 1930 年学校停办，共有 1300 多人学习。[②] 苏联其他学校也有中国留学生，总之，苏联为中国共产党培养了大批干部，同时也促进了马克思主义在中国的传播。

据估计，晚清民国时期留欧的学生有 2 万人以上，[③] 其中严复、张君劢、蔡元培、傅斯年、费孝通等都对中国的民族理论作出了贡献。[④]

留学日本始于中日甲午战败。此前，中国已多次派遣留学生赴欧美学习，对身边的蕞尔小国日本还是不屑一顾。但是甲午一战，清王朝朝野震动。日本在短期内发生的变化正是中国所缺少的，同时，留学西洋不仅路途遥远且费用过高，而与日本一衣带水，则弥补了这一不足。从 1896 年开始，1898 年 77人，1899 年 143 人，1900 年 159 人，1901 年 266 人，1902 年 727 人，到 1905年猛增到 8000 余人。[⑤] 其后人数时涨时落，从 1896 到 1945 年，东渡日本的知

---

① 王奇生著：《中国留学生的历史轨迹（1872～1949）》，河北教育出版社 1992 年版，第 73 页。

② 同上书，第 80 页。

③ 同上书，第 90 页。

④ 同上书，第 90～91 页。

⑤ 同上书，第 95 页。

识分子大约有 10 万之众。① 受到国内外各种政治风潮的影响，他们具有强烈的政治意识，很多时候他们就是政治风潮的发起者与参与者。20 年代初，他们在日本创办了近百种报刊杂志，并且积极参与到政治活动之中，使日本成为近代中国革命的重要基地之一。以康有为和梁启超为首的维新派和以孙中山为首的革命派都齐聚日本，前者将其作为继续宣传改良思想的基地，后者则以此作为反清的革命基地。两种势力因政见不同而展开唇舌之战，两派周围都围拢了一大批坚强的拥护者，他们通过报纸、杂志阐发自己的观点，攻击对方的缺陷。由于两国方便往来，大量的西方资产阶级思想经由日本传入国内，特别是梁启超、孙中山等根据自己的政治需要将这些思想引进中国，并阐述了自己关于民族主义、民族、民族国家诸种观点，对近代中国的国家转型提供了一种解决方案，即西方的民族—国家的建国道路。对近代民族思想较有贡献者除梁启超、孙中山之外，还有杨度等人。

从清末开始的各种思潮与运动，几乎都是由有留学经历的人发起和维系的，他们成为牵动清末民国思想发展的火车头。在中国传统文化影响下成长起来的知识分子如何对西方民族主义理论进行增减，成为近代中国民族理论研究无法回避的重要课题。

第二种，"引进来"的办法，通过西方传教士在中国创办出版翻译机构、报纸和教会学校，翻译西方著作，洋务运动兴办的一些翻译机构也翻译了大量的西方著作。

1807 年伦敦会传教士马礼逊来华传教，1811 年，马礼逊的第一本中文西书出版，该书成为西学东渐的开端。"从那时起，传教士们在马六甲、新加坡、巴达维亚等地，开学校办印刷厂，出版书籍报刊，在鸦片战争前出版的中文书籍和报刊 138 种，属于介绍世界历史、地理、政治、经济等方面知识的，有 32 种"。② 这些资料搭建起了那些较早"放眼看世界"的中国人了解世界的桥梁。另外，传教士还创办了英华书院、马礼逊学堂等学校，培养了中国早期的翻译人才。第一次鸦片战争后，广州、福州、厦门、宁波、上海等口岸城市被迫允许外国人传教、开办医院和学堂。传教士将在南洋的活动基地迅速迁至中国东南沿海，他们在这些地区办学校、办报刊出书籍，开始传播西学。第二次鸦片战争后签订的《北京条约》使西方传教士大大扩大了活动范围，从广

---

① 王奇生著：《中国留学生的历史轨迹（1872～1949）》，河北教育出版社 1992 年版，第 125 页。
② 熊月之著：《西学东渐与晚清社会》，上海人民出版社 1994 年版，第 7 页。

州到营口、天津，从上海沿长江到内地，翻译活动更加广泛，各类翻译出版机构不断出现，较为著名的有广学会、益智书会、美华书馆等。其中对西学的传播起到巨大作用的传教士有傅兰雅、李提摩太、林乐知等。第二次鸦片战争后，清政府的对外政策出现明显变化，建立总理各国事务衙门，并设立京师同文馆，洋务运动开始后洋务派创办上海江南制造局翻译馆、天津机器局和天津武备学堂等机构，这些机构的建立是清政府主动向西方学习的开始。中日甲午战争后，向西学习之风更甚，康有为认为"鉴万国强盛弱亡之故，以求中国自强之学"，并认为通过翻译西方著作是一条有效的学习途径，"欲令天下士人皆通西学，莫若译成中文之书，俾中国百万学人，人人能解，成才自众，然后可以给国家之用。"① 晚清的最后十年，西学东渐出现了明显的变化，社会科学的比重明显增大，从日本转口输入的数量明显增加，② 成为 20 世纪初西学进入中国的主要渠道。另外，在中国遭遇千年未有之变局的情况下，中国知识分子开始关注世界、主动了解世界，自觉著书立说来介绍西方先进文化，如士大夫林则徐、梁廷枏、魏源等开始了解国际常识、世界史地知识。另外，还包括"条约港知识分子"的接触和学习，比如王韬、郑观应、马建忠等。随着中国第一代翻译人才的出现，中国知识分子开始在西学传播中逐渐占据主导地位。

据统计，从 1811 年到 1911 年清王朝统治结束，有西学书籍 2291 种翻译、出版。翻译数量逐年增加，从开始的每年 1 种到清王朝的最后 10 年每年平均翻译 145 种。③

（二）传入的基本内容

思想家格劳秀斯、康德、黑格尔、赫尔德、费希特、洛克、卢梭等在西方民族主义形成过程中，从各个角度对民族主义进行了阐释，为民族主义理论的产生、发展和完善作出了重要贡献。他们的思想正是通过上述途径逐渐传入到中国来。

首先，传入的是西方近代民族主义思想，主要有伯伦知理的国家学说、洛克的民族主义思想、黑格尔的民族主义观点等等。④ 因为应急之需，对这些思

---

① 康有为著：《康有为全集》（第 1 集），上海古籍出版社 1987 年版，第 1034 页。
② 当时出版日文西书的机构很多，具体可参见熊月之著：《西学东渐与晚清社会》，上海人民出版社 1994 年版，第 651～656 页。
③ 同上书，第 14 页。
④ 参见陶绪著：《晚清民族主义思潮》，人民出版社 1995 年版，第 69～75 页。

想家思想介绍的并不系统完整。这些思想在后面相关章节中具体说明，在此不再赘述。

其次，在清末，"东渐"而来的不仅有意识形态性质的民族主义理念，还有民族主义所需要的思想资料，这些都为近代中国民族主义的兴起提供了样板。首先是中国留学生著文的各国的变法史、革命史、独立史、外交史，甚至亡国史，同时翻译和介绍的传记也主要是在各国历史上为变法、独立、革命和进步作出巨大贡献的杰出人物。另外，则是从外国直接翻译历史著作，当时单从日本介绍进来的历史学著作主要有《世界文明史》、《万国兴亡史》、《日本维新三十年史》、《飞猎滨独立战史》、《佛国革命史》、《世界近世史》、《万国通史》、《印度史》、《西力东侵史》、《印度史》、《波兰衰亡史》、《意大利独立史》和《万国史纲》。① 历史人物如拿破仑、华盛顿、林肯、彼得大帝、明治天皇、伊藤博文、甘必大、贞德、意大利三杰等。

但是，民族主义思想在传入中国的过程中，由于语言障碍、个人选择等原因，没有将其理论完整地介绍过来。梁启超自称："这班人中国学问是有底子的，外国文却一字不懂。他们不能告诉国人'外国学问是什么，应该怎么学法'，只会大声疾呼，说'中国旧东西是不够的，外国人许多好处是要学的'"。② "晚清西洋思想之活动，最大不幸者一事焉，盖西洋留学生殆全体未尝参加于此运动，运动之源动力及其中坚，乃在不通西洋语言文字之人。坐此为能力所限，而稗贩、破碎、笼统、肤浅、错误诸弊，皆不能免。故运动垂20年，卒不能得一健实之基础，旋起旋落，为社会所轻。"③ 救国心切而良莠不分，不能系统化，"皆所谓'梁启超式'的输入，无组织，无选择，本末不具，派别不明，惟以多为贵，而社会亦欢迎之。盖如久处灾区之民，草根木皮，冻雀腐鼠，罔不甘之朵颐大嚼，其能消化与否不问，能无召病与否更不问也。"④ 这样就使民族主义思想输入中国的过程与民族主义思想本身的演变过程不相对应，出现一种"倒流"现象。⑤ 这些弊端使近代中国民族主义缺少完整的理论支撑，也成为今天中国狭隘的民族主义行为时而出现的重要原因。

民族主义思想及相关思想资料的引入，促进了中国知识分子思想观念和思

---

① 参见熊月之著：《西学东渐与晚清社会》，上海人民出版社1994年版，第659页。
② 梁启超：《50年来中国进化概论》，《梁启超选集》，上海人民出版社1984年版，第834页。
③ 梁启超：《清代学术概论》，《饮冰室合集》（专集之34），中华书局1989年版，第72页。
④ 同上书，第71页。
⑤ 王奇生著：《中国留学生的历史轨迹（1872～1949）》，湖北教育出版社1992年版，第262页。

维方式的转变，他们开始用这些全新的概念和理论解释中国遇到的空前危机。同时，民族主义思想与鸦片战争后被激起的民族意识相结合，形成了强大的民族力量。伴随这一过程，传统民族观逐渐退出历史舞台，近代中国民族主义从理论上逐渐生成，成为指导民族主义运动的重要思想。

（三）中国近代民族主义理论生成的基本过程

近代中国民族主义发端于中国传统民族观念与西方民族主义思想的合流，并经历了缓慢的生成过程，在此过程中，西方民族主义理念不断涤荡传统的民族观念，随着《万国公法》的引入和《天演论》的翻译以及民族主义思想的传入，传统种属观念在中国知识界逐渐淡化和消解，而以政治统一为基础的中华民族观念逐渐增强。20 世纪 20 年代从理论上基本完成了近代中国民族主义的生成过程。

1. 《万国公法》的引入及影响

在《万国公法》（以下简称《公法》）正式翻译之前，中国的有识之士就已经将西方近代国际法原则引入到中国来。在 1839 年，林则徐任钦差大臣时，就组织翻译了国际法的部分内容。但是系统的引进则到 1864 年《公法》的翻译，《公法》译自美国法学家亨利·惠顿（Henry Wheaton）1836 年①出版的《国际法原理》（Elements of International Law），由美国传教士丁韪良（William M. P. Matin）1864 年首先翻译到中国来。当时实际上中国已经丧失了部分主权，在《公法》翻译出版之前，中国与西方列强签订的不平等条约已达 24②个，通过这些不平等条约，西方国家获得的特权包括领事裁判权、固定的低税率、租界和租借地、使馆区和使馆卫队、驻军、警察、外国人管理海关、外国人掌管邮政、航运、免除直接税、偿付赔款、筑铁路、采矿、发行货币、传教和兴办独立的教育机构等特权，中国是在部分主权丧失的情况下开始接触国际法基本原则的。

《公法》给中国带来了一个全新的国际关系理想图景和近代西方国家处理国际关系的基本原则。该书共四卷，十二章，二百三十一节。基本内容包括以下几个方面：

---

① 关于《万国公法》翻译版本争议很多，根据王开玺的考证，《万国公法》译自 1845～1848 年之间的英文修订版，参见王开玺：《1864 年清廷翻译〈万国公法〉所据版本问题考异》，《北京师范大学（社会科学版）学报》2005 年第 6 期；傅德元认为译自 1855 年版本，参见傅德元：《丁韪良与〈万国公法〉翻译蓝本及意图新探》，《安徽史学》2008 年第 1 期。

② 惠顿著、丁韪良译：《万国公法》（点校者前沿），中国政法大学出版社 2003 年版，第 5 页。

　　首先，尊重各国主权原则。在《公法》里，用了较长篇幅详细说明了国家享有独立自主的主权，"治国之上权，谓之主权。此上权或行于内，或行于外。行于内，则依各国之法度，或寓于民，或归于君。论此者，尝名之为'内公法'，但不如称之为'国法'也。主权行于外者，即本国自主，而不听命于他国也。各国平战、交际，皆凭此权。论此者，尝名之为'外公法'，俗称'公法'，即此也。"① 另外，各个国家的对外主权需要得到国际社会的承认，对内的主权则根据自然法原则，是各个国家自身所拥有的，即使新建立的国家也是如此。"一国之得有主权，或由众民相合立国，或分裂于他国而自立者，其主权即可行于内外。其主权行于内者，不须他国认之。盖新立之国，虽他国未认，亦能自主其内事，有其国，即有其权也。……至于自主之权，行于外者，则必须他国认之，始能完全。"② 国家主权主要包括保护本国领土、人民、财产的权力，对自己的领土、资源、人口的支配权，以及独立的立法、行政、司法等权力。第一，国家主权体现为自护之权，"诸国自有之原权，莫要于自护。此为基而其余诸权皆建于其上。就他国论之，则为权之可行者；就己民论之，则为分所不得不行也。此权包含多般。盖凡有所不得已而用以自护者，皆属权之可为也。使其抵敌以自护可为，则招军实、养水师、筑炮台，令庶民皆当兵勇，征赋税以资兵费，亦属可为也。故此等自有之原权，别无他限。"③ 第二，国家主权在原权的基础上行使充分的统治权，主要包括立法权、行政权、司法权，及国内财产的支配权等。

　　其次，国与国之间平等往来原则。在主权平等的前提下，各个国家无论大小、强弱，均应平等交往，互不侵犯。同时提出了很多可操作的程序，比如互易之法、按照字母顺序签字画押、使用通用文字、派遣外交使节等等。

　　最后，遵守国际公约和双边条约原则。在一个由主权国家构成的国际社会中，在国际交往中多国之间或两国之间往往会制定一些公约或条约。这些条约或公约是多方或双方合意的产物，为了维护国际社会的稳定和秩序，各个国家一般要求各缔约国遵守这些条约或公约，这一原则通过《公法》传入中国。《公法》规定："凡自主之国，如未经退让本权，或早立盟约限制所为，即可出其自主之权，与他国商议立约；"④ "约盟既商定画押，倘无必俟互换明言，

① 惠顿著、丁韪良译：《万国公法》，中国政法大学出版社2003年版，第27～28页。
② 同上书，第28～29页。
③ 同上书，第57～58页。
④ 同上书，第158页。

则立当遵行而不待互换矣。"① 条约又分为恒约和常约两种，在常态下这两种条约都应该得到遵守，只有出现国家灭亡、国体大变等特殊情况，后一种条约才会出现不能履行的情况。希望与中国签订的不平等条约得到中国政府的遵守与维护正是诸列强支持在中国翻译《公法》的主要原因，他们"企图使中国方面感到遵守条约的根据从强制性的屈从转移到规范性的义务上来。"②

《公法》的引入给当时的中国带来巨大影响。首先，在签订了诸多不平等条约的情况下，中国人通过《公法》了解到中国并不是世界的中心，中国即是天下的观念出现转变，并认识到中国只不过是国际社会中的一员，并遭到了其他国家的侵略，这为中国近代民族主义的发展提供了基本条件。在《公法》正文的首页，绘有东、西半球两张地图。经学者何勤华核实，在惠顿原著中并无这两张地图，它们是译者丁韪良创作加入的。加入这两张地图可以使当时的中国人对世界有直观的了解。作者在地图旁边写道："地之为物也，体圆如球直径约三万里，周围九万里有奇。其运行也，旋转如轮、一转为一昼夜，环日一周，即为一年，内分东西两半球，其陆地分五大洲。在东半球者，一曰亚细亚，内有中国、日本、缅甸、印度、波斯、犹太等国。一曰欧罗巴，内有英吉利、法兰西、俄罗斯、奥地利、普鲁士、西班牙、葡萄牙、荷兰、意大利、土耳其等国。一曰亚非利加，内有埃及、巴巴里等国。在西半球者，一曰北亚美利加，内有美利坚、墨西哥等国。一曰南亚美利加，内有巴西、秘鲁、智利等国。"③

其次，主权是民族国家的关键性特征，也是国际法的核心概念。《公法》所描述的主权国家的理想状态无疑为当时中国士大夫提供了一个目标和努力的方向。"各国之大小强弱，万有不齐，究赖此公法以齐之，则可以弭有形之衅。虽至弱小之国，亦得公法以自存。"④ 这种说法是接触到《公法》的士大夫的普遍心态。在《公法》引入到中国时，中国已经与诸列强签订了诸多的不平等条约。当时较先进的知识分子已经看到了国际公法在调整国与国之间关系时的脆弱与缺失，正如郑观应所指出：虽然公法一书久共遵守，乃仍有不可

---

① 惠顿著、丁韪良译：《万国公法》，中国政法大学出版社2003年版，第162页。
② 佐藤慎一著、刘岳兵译：《近代中国的知识分子与文明》，凤凰出版传媒集团，江苏人民出版社2006年版，第46页。
③ 惠顿著、丁韪良译：《万国公法》（点校者前沿），中国政法大学出版社2003年版，首页。
④ 薛福成：《论中国在公法外之害》，丁凤麟、王欣之编：《薛福成选集》，上海人民出版社1987年版，第414页。

尽守者。盖国之强弱相等，则籍公法相维持。若太强太弱，公法未必能行也……公法乃凭虚理，强者可执其法以绳人，弱者必不免隐忍受屈也。是故，有国者惟有发愤自强，方可得公法之益。倘积弱不振，虽有百公法，何补哉？① 他们认为只有在势力均等的情况下，国际公法才能起调整国际关系的作用。虽然看到了国际法的种种弊端，但是他们并没有悲观失望，还是对国际法给予厚望，提出要获得《公法》所阐明的国际地位，只有国家自强来获得与其他国家相同的实力，自然就能够得到《公法》所带来的实惠。

再次，外交领域的多次失败无疑成为对《公法》所标榜的国际关系准则的巨大讽刺，有识之士重新审视中国对外交往所秉持的理念和交往方式，推进了中国近代民族主义在理论上的迅速生成。面对西方列强各种侵犯中国主权的行为，当时外交谈判人员对丧失的各种主权的解释可以窥见王朝外交与民族国家外交之间巨大的差距。就最惠国待遇问题，谈判人两江总督耆英在奏折中认为："一英夷已足为害边疆，况合众夷而使之为一耶！此又不可不审思熟虑者也……今该夷（米利坚）既肯通融，各夷亦皆乐从。法穷则变。与其谨守旧章，致多棘手，莫若因势利导，一视同仁。"② 而就领事裁判权问题，谈判人军机大臣穆彰阿对皇帝作了这样的上奏："臣等查通商之务，贵在息争。如有英人华民涉讼，英商应先赴管事官处投禀。即着管事官查明是非，勉力劝息……免致小事酿成大案。"③《南京条约》签订后，对条约有损天朝体面的抱怨铺天盖地，而对这些条约造成中国实质性的利益损失却鲜有人提及。对形式和程序的关注超过了对实质利益的关注，这里有对国际法的无知，"他们用已有的知识结构去照应本来未知的东西而且作出了无矛盾的说明。"④ 在《公法》翻译后，根据《公法》的条款朝野重新审视此前的种种外交行为，才开始逐步确立其国家利益观念和主权原则，民族主义追求的目标——民族国家的建立——恰好与《国际法》所宣传的主权国家平等原则相印证，从而为近代民族主义的产生奠定了现实基础。

2.《天演论》的翻译及影响

社会达尔文主义最早由斯宾塞阐述和发挥，主要借助于达尔文的生物进化

---

① 郑观应著：《盛世危言·公法》，内蒙古人民出版社1996年版，第55~56页。
② 《道光朝筹办夷务始末》卷64，转引自［日］佐藤慎一著、刘岳兵译：《近代中国的知识分子与文明》，凤凰出版传媒集团，江苏人民出版社2006年版，第42页。
③ 《道光朝筹办夷务始末》卷67，转引自同上书，第41页。
④ 同上书，第44页。

学说，生物进化论基本内容一般归纳为：生存竞争、优胜劣败，适者生存、不适者淘汰。而社会达尔文主义就是用生物进化的规律来解释和说明人类社会的产生和演进。

最先系统地将社会达尔文主义介绍到中国的是思想家严复，他于1877年至1879年留学英国，直接接触到了社会达尔文主义思想。1895年，严复在天津《直报》上发表了《原强》一文。在该文中，他根据自己的理解和需要介绍了达尔文与斯宾塞的进化论思想，他将达尔文的《物种起源》译为《物类宗衍》，认为该书有两篇内容最有价值，"其一篇曰《争自存》，其一篇曰《遗宜种》。"同时认为"所谓争自存者，谓民物之于世也，樊然并生，同享天地自然之利。与接为构，民民物物，各争有以自存。"① 生物界的生存原则就是"其始也，种与种争，及其成群成国，则群与群争，国与国争。而弱者当为强肉，愚者当为智役焉"②。这种原则在人类社会同样适用，"此微禽兽为然，草木亦犹是也；微动植二物为然，而人民亦犹是也。人民者，固动物之一类也。"③ 讲到人类社会，必然要讲到中国，"中国至于今日，其积弱不振之势，不待智者而后明矣。"④ 他认为与西洋国家相比，中国在文化上并不落后，但是却遭到列强的侵略，濒临"亡国灭种"的危险，主要是由于国民无力、无智和无德所造成的。因此，中国的生存、强盛之道是提高全体国民的竞争能力。

对社会达尔文主义的完整介绍始于1898年严复翻译出版赫胥黎的著作《进化论与伦理学》，译名为《天演论》，该作系统介绍了社会达尔文主义思想，在这部译作中严复进行了明显的取舍与新的思想创新。赫胥黎针对人类社会进化的残酷性，提出不能不顾弱者受到的蹂躏，可以通过人类之间的合作减少自然进化的负面影响，或者与这种进化法则进行斗争，这是一种"以人持天"的观点；而斯宾塞则主张为了使人种得到最大限度的发展，坚持人类社会进化的自由放任观点，不应该借助外在的力量进行不必要的干涉，即"任天为治"。严复无疑将个人的偏好加入其中，为了保护处于弱势地位的中国，他倾向于赫胥黎的观点，认为应该与进化法则进行斗争。同时，他又认为中国的文化具有明显的优越性，又自信能在竞争中处于不败之地，这又使他倾向于

---

① 王栻主编：《原强》，《严复集》（第一册）诗文（上），中华书局1986年版，第5页。
② 同上书，第5页。
③ 王栻主编：《原强》，《严复集》（第一册）诗文（上），中华书局1986年版，第6页。
④ 同上书，第7页。

斯宾塞的自由放任观点。宣扬的是"适者生存"的绝对性和"与天争胜"的必要性,① 无疑这是一种乐观主义的观点,这种看法也一直影响到了他以后的翻译工作。② 日本学者松本真澄认为,通过对两种西方观点的取舍,反映了在严复身上同时具有一个中国人的劣等感和优越感交织在一起的复杂情感。③

《天演论》在 1895 年到 1898 年间翻译并出版,正值中国民族危机空前深重、民族危亡之际,维新运动不断发展,此时"物竞天择"思想的问世,必然引起思想界的强烈震动。在辛亥革命前的十多年中,《天演论》发行了 30 多种版本④,在知识界竞相传看,一时间"物竞"、"天择"、"适者生存"等成为当时最流行的字眼,也成为报纸杂志上最活跃的词语,这无疑成为这种观念在当时受到极大关注的最好注脚。

首先,《天演论》为说明国际社会的竞争状态和进行政治改革找到了理论依据,契合了当时中国救亡图存的历史使命。如果说《公法》的引入,使清政府及知识阶层了解到世界由许多国家组成而中国并不是世界的核心,认识到在国际社会中国家之间进行"文明"交往的基本规则和国际法背后掩盖的"丛林法则",那么,进化论的引入无疑给对当时中国所处国际环境的认识提供最为有力的理论支撑,也使国人认识到,在一个竞争的世界中,必须提高国民的竞争能力,否则就会被国际竞争所淘汰。中国如何摆脱目前所处的"弱者"地位,避免被"淘汰"呢? 就要进行根本性的改革。社会进化论为论证中国进行根本性改革的紧迫性、必要性及正当性提供了最为合适的理论依据,从根本上冲击了传统民族观念中"天朝上国"的民族优越感,使有识之士在近代国际政治体系下思考中国与世界诸国的关系。正如林毓生指出:"社会达尔文主义在中国所以流行,有两个主要原因——一是认知上的,一是'意缔牢结'(idiology)上的。首先应该说明的是,社会达尔文主义在认识上被用来解释西方入侵中国所引起的、史无前例的羞辱与困惑。国人把它当作一个解释工具,去应付由于不明情势所产生的最难忍的不安。……而中国的民族主义却

① 李宪堂:《严复与〈天演论〉》,《光明日报》,2007 年 10 月 11 日(第 7 版)。

② 黄克武著:《自由的所以然》,上海书店出版社 2000 年版。在书中,作者运用墨子刻的"悲观主义认识论和乐观主义认识论"的分析框架,指出严复之所以在翻译过程中出现问题,主要是因为严氏与弥尔坚持了两种不同的认识论分析框架,而严复的乐观主义认识论缺乏西方价值体系中的"幽暗意识",这是造成严氏走向国家主义的主要原因。

③ 松本真澄著、鲁忠慧译:《中国民族政策之研究》,民族出版社 2003 年版,第 42 页。

④ 白云涛:《社会达尔文主义的输入及其对近代中国社会的影响》,《北京师范学院学报》,1990 年第 4 期,第 97 页。

使它变成求变的'意缔牢结'。"① 进化论使"变"本身在当时成为一种价值和目的。

其次，从"种"的生物学角度解决了近代中国民族主义的载体问题。甲午战争后，在"保国、保种"的呼声中，在民族意识觉醒的前提下，民族观就成为解决民族主义载体的关键。在严复看来，"今之满、蒙、汉人，皆黄种也。由是言之，则中国者，遂〔邃〕古以还，固一种之所君，而未尝或沦于非类，区以别之，正坐所见隘耳"。② 清政府版图内的所有人是黄种人，他强调"合群"的重要性，强烈反对排斥满族的理论，他认为中国"亡国灭种"不是由于内部种族间的分歧和矛盾，而是来自外部"白种"竞争所带来的恐惧。这些观点远远超出了当时中国理论界对民族问题的认识，无疑有利于中华民族观念的形成，为以中国领土为基础的民族主义的产生和发展提供了理论基础，也有利于集结中国疆域内的各民族的力量共同对外。这无疑也为增强中华民族的凝聚力提供了重要的动力。

最后，从"群"③ 的角度为近代中国民族主义提供基本力量。民族主义的一个要点就是将民族神圣化，要求民族的成员效忠于民族。但是，在当时作为整个民族化身的国家在严复看来不是既成的，而是一个存在无限变数的事物，需要那个时代的人们赋予其存在的意义，重新塑造其价值。严复发现了维护民族独立的法宝，那就是"群"。正如汤姆·奈恩（Tom Nairn）所指出："人民是殖民地精英们所唯一拥有的、并被证明是一种潜在武器。"④ 严复介绍斯宾塞的《群学》时指出："其立保种三大例：曰：一，民未成丁，功食为反比例率，二，民已成丁，攻食为正比例率，三，群己并重，则舍己为群。用三例者，群昌，反三例者，群灭。"⑤ 在严复那里要实现个人与群（国家）的一体化，"然民既成群之后，苟能无扰而公，行其三例，则恶将无从而演，恶无从

---

① 林毓生著：《中国传统的创造性转化》，生活·读书·新知三联书店 1988 年版，第 166 页。
② 王栻主编：《原强》，《严复集》（第一册）诗文（上），中华书局 1986 年版，第 10 页。
③ "在晚清中国的语境中，'群'或'社会'的范畴是和创造民族—国家的历史任务直接相关的。换句话说，近代中国的变革涉及的不仅是现代国家的创造，而且是现代社会的创造，而这两者是相互依赖的。"（汪晖著：《现代中国思想的兴起（下卷）》（第一部），生活·读书·新知三联书店 2008 年版，第 840 页。所以"群"在当时成为一个具有双重政治意义的概念，主要体现了对整体的强调，特别以民族国家作为其要义。
④ 安东尼·史密斯著、叶江译：《民族主义：理论，意识形态，历史》，上海世纪出版集团 2006 年版，第 69 页。
⑤ 赫胥黎著、严复译：《天演论》，商务印书馆 1981 年版，第 90 页。

演，善自日臻。"① 在一个"物竞天择，适者生存"的世界中，"群"的存在状态直接决定了个体成员的状况。虽然严复提出了不同于斯宾塞观点的看法，但从整体上看，他的观点就是"故成己成人之道，必在惩忿窒欲，屈私为群'。② "则天演之事，将使能群者存，不群者灭；善群者存，不善群者灭。"③同时，严复发现了个人在国家强盛中的巨大作用，"故克己太深，自营尽泯者，其群又未尝不败也。"④ "要之其群之治乱强弱，则视民品之隆污。"⑤ 因此，他认为，为了壮大民族的力量，必须注重提高国民的素质，教育国民把自己的利益与国家的存亡密切结合起来。

3. 民族主义概念的传入及影响

最先将近代意义的"民族主义"概念传入中国的是梁启超。戊戌变法失败后，梁启超流亡日本，他受到福泽谕吉、中江兆民等日本学者思想的影响，再加之当时中国悲惨状况，于 1901 年在《国家思想变迁异同论》中指出："民族主义者，世界最光明正大公平之主义也。不使他族侵我之自由，我亦毋侵他族之自由。其在于本国也，人之独立；其在于世界也，国之独立。使能率由此主义，各明其界限以及于未来之永劫，岂非天地间一大快事。"⑥ 这是我国历史上首次提出民族主义的概念并进行了初步阐述。在《新民说》中，他进一步阐述了民族主义的内涵，即"各地同种族、同言语、同宗教、同习俗之人，相视如同胞，务独立自治，组织完备之政府，以谋公益而御他族是也。"⑦ 他认识到"今日之欧美，则民族主义与民族帝国主义相嬗之时代也；近日之亚洲，则帝国主义与民族主义相嬗之时代也。"⑧ 面对来势汹汹的民族帝国主义的步步紧逼，梁启超将民族主义作为团结民众与之对抗的武器。

民族主义思想的传入为近代中国民族主义的理论生成提供了最直接的工具。首先，民族主义思想的传入在学术界引起巨大轰动，梁启超将其作为与民

---

① 赫胥黎著、严复译：《天演论》，商务印书馆 1981 年版，第 90 页。

② 同上书，第 45 页。

③ 同上书，第 32 页。

④ 同上书，第 33 页。

⑤ 同上书，第 39 页。

⑥ 梁启超：《国家思想变迁异同论》，《饮冰室合集》（文集之 6），中华书局 1989 年版，第 20 页。

⑦ 梁启超：《新民说》，《饮冰室合集》（专集之 4），中华书局 1989 年版，第 3~4 页。

⑧ 梁启超：《国家思想变迁异同论》，《饮冰室合集》（文集之 6），中华书局 1989 年版，第 19 页。

族帝国主义相对抗的工具，使处于中日甲午战争失败阴影中的中华民族又找到了一个对抗列强的武器，民族主义在当时成为中国重新获得独立和富强的最有力口号。与此相呼应，在《浙江潮》、《江苏》、《湖北学生界》、《新湖南》等杂志上出现了大量论述民族主义的文章，这些文章从各个角度解释和宣传民族主义思想，反复强调团结的重要性，唤起民众对国家危亡的关注。

其次，民族主义理念与此前的国家主权、"种"的观念一起为传统的"作为机能概念的华夷观"设置并强化了清晰的外在边界，淡化了中国境内种属观念，为国内各民族团结一致提供了巨大动力。由于中国历史发展的特殊性，在其漫长的发展过程中并没有形成明确的国家边界观念。另外，邻国实力弱小和文化的落后使这种观念更不明显。虽然在历史上也出现了多次边界之争，但并没有引起思想界高度重视。民族主义的传入在客观上刺激了中华民族的边界意识，这种理论上的构建为实践提供了努力方向，从而也促进了晚清政府和民国政府对边疆的重视。

再次，民族主义概念的传入推动国族构建高潮——新史学的发展。民族主义这种全新的政治观念的传入势必会涉及构成民族主义的要素，比如民族、国家、民族认同、历史英雄等相关概念。而这些概念在中国传统文化典籍中很难找到，当时的民众头脑中也缺乏这些概念。所以梁启超提出进行破除弊端百出的旧史学进行史学革命，用这些新概念重构中国史学。在梁启超看来，史学是中西皆有的学问，并且史学是"国民之明镜也，爱国心之源泉也。今日欧洲民族主义所以发达，列国所以日进文明，史学之功居其半焉。"[1] 同时，他看到民族主义宣传中得以借助的历史文化资源在当时中国相当匮乏，"今日欲提倡民族主义，使我四万万同胞强立于此优胜劣败之世界乎？则本国史学一科，实为无老、无幼、无男、无女、无智、无愚、无贤、无不肖，所皆当从事，视之如渴饮饥食，一刻不容缓者也。……史界革命不起，则吾国遂不可救。悠悠万事，惟此为大。"[2] 所以，通过史学进行民族性的重构就成为一个重要任务。而此项任务的完成就使得援引于西方的民族主义思想在中国本土获得了存在和发展的资源和正当性。梁启超通过《时务报》等报刊杂志，塑造了诸多的民族英雄形象，如张博望、班定远、赵武灵王、李牧、袁崇焕、中国殖民八大伟人和郑和等中国历史上的英雄，同时他还塑造了典型的西方世界的英雄，如匈

---

[1] 梁启超：《新史学》，《饮冰室合集》（文集之9），中华书局1989年版，第1页。
[2] 同上书，第7页。

加利爱国者噶苏士、意大利建国三杰、罗兰夫人、新英国巨人克林威尔，并从反面用波兰灭亡和朝鲜灭亡的例子给中国敲响警钟。其他人士皆起效仿，掀起中国史学革命的高潮。虽然勒文森认为，"中国19世纪的历史已成为人们放弃那种具有客观重要性，而变得只具备纯主观重要性的思想体系的历史。"① 通过东西合璧，民族精英试图调节历史与价值之间的冲突，并对传统文化进行重新构建，从而丰富了近代中国民族主义思想。因此，中国传统文化成为近代民族主义的丰富资源和不竭动力。

《公法》的引入使中国获得了处理国际关系的基本知识和技能，也促使中国传统民族主义迅速向近代民族主义转化。而《天演论》的翻译使国人认识到了国际社会竞争的本质。民族主义概念的传入则为近代中国民族主义的理论生成提供了工具。虽然革命派为了推翻清王朝统治的需要，把种属观念应用到满汉之间，但是经过维新派和革命派的多次理论较量，加之多次革命失败的教训，在共产国际和中国共产党的帮助下，孙中山从总体上初步完成了近代中国民族主义理论体系的构建，在20世纪20年代提出了具有真正意义的近代中国民族主义思想："国民党的民族主义，有两方面的意义：一则中国民族自求解放；二则中国境内各民族一律平等。"② 从而基本完成了近代中国民族主义的理论生成过程。

三、民族主义理论对中国民族理论的影响

民族主义思想是作为挽救中国于危亡的"灵丹妙药"引入中国的，中国知识分子为之欢呼雀跃，从此中国民族精英用一种全新的视角来解释中国、诠释世界。民族主义及以此为基础的民族—国家理论为危机中的先进知识分子提供了解决中国所面临的实际问题的新思路，展示了未来中国新的图景，成为清末民国时期构建民族理论的重要思想资源。民族主义对民族现象、民族问题和民族过程的认识和阐述涤荡着中国传统民族观念，民族国家观念逐步形成，现代民族符号"中华民族"得以提出，对民族、种族、国民、民族国家问题的讨论渐次展开，中国历史地理沿革得到考察，中国边疆政治受到重视，新史学

---

① 勒文森著、刘伟等译：《梁启超与中国近代思想》，四川人民出版社1987年版，第115页。

② 孙中山：《中国国民党第一次全国代表大会宣言》，《孙中山全集》（第9卷），人民出版社1986年版，第118页。

蓬勃发展。

（一）民族主义理论是近代中国民族理论的源头

1. 民族主义的内涵

民族主义思想一出现就以巨大的吸引力受到各种力量的欢迎，并成为构建民族国家的基本理论依据，成为一种意识形态。以赛亚·伯林指出："在所有这些精致、自洽的大量未来学和幻想中，却有一个怪异的空白，一个控制了19世纪欧洲的思想和社会运动，它无所不在、人人皆知，因此只需略加思量，我们就明白根本不能想象一个缺了它的世界：它有自己虔诚的信徒、势不两立的敌人，有民主、贵族、君主的派别分野，它给实干家、艺术家、知识精英和群众以灵感；奇怪的是，就我所知，没有任何一位重要的思想家曾预料到它会在未来扮演远为重要的角色。但不夸张地说，它是当今世界现有各种思想社会运动中最强大之列，在一些地方还是唯一强大的运动；没有预见到的人则为此付出了代价，失去了自由，事实上失去了自己的生命。这个运动就是民族主义。"① 尽管如此，民族主义并没有像其他主流思想那样受到关注和认真研究。自上个世纪60年代开始民族主义研究才形成一种热潮，逐渐形成了几个重要流派。②

民族主义的不确定性增加了它的神秘性，但是一般认为民族主义的基本精

---

① 以塞亚·伯林著、秋风译：《论民族主义》，《战略与管理》，2001 第 4 期，第 45~46 页。

② 霍布斯鲍姆谈到了从 1968 年开始的民族主义研究目前达到了它的成熟时期，并列举了到 1988 年的重要著作。（参见霍布斯鲍姆著、李金梅译：《民族与民族主义》，上海人民出版社 2000 年版，第 3~5 页）

关于民族主义研究的几个主要流派的介绍由安东尼·斯密斯来完成，他将其分为四个流派：1. 现代主义学派，该学派认为民族主义是相对晚近的现象，同样与民族主义相关联的民族、民族国家、民族认同和整个"民族国家国际"也都是现代现象。其代表人物主要有霍布斯鲍姆、盖尔纳和安东尼·吉登斯等。该派观点目前在民族学界占主导地位；2. 永存主义学派，该学派看来即使民族主义是晚近的，但是民族却自远古时代就已经存在了。永存主义又分为持续的永存主义和周期性发生的永存主义两种。代表人物有休·塞顿—沃森、勒南等；3. 原生主义学派，原生主义可以在卢梭那里找到源头，承认民族的原生性，民族存在于时间的第一序列，是以后一切发展过程的源泉。这种有机民族主义理论的基本观点后来发展出两种原生主义的观点，一种是社会生物学的原生主义，另一种认为民族是在依赖社会存在的"文化施与"基础上形成的。代表人物主要是皮尔·范登堡、爱德华·希尔斯；4. 族群—象征主义学派，代表人物是安东尼·D·史密斯、约翰·哈钦森。这个学派秉承历史和文化的分析方法，承认历史文化的传承在民族形成和发展中的重要作用，认为现代性之于民族主义固然重要，但是还不够，民族主义的发端必须参照更具持久性的并内生的因素来解释和说明，例如，民族象征、神话、宗教、风俗传统、法律和语言等。同时，更注重精英与民众的互动，批判现代主义的精英导向观点。（参见安东尼·史密斯著、叶江译：《民族主义：理论，意识形态，历史》，上海世纪出版集团 2006 年版，第 48~62 页。）

神有两点：一是对民族以及与此相关的身份和利益神圣性的强调；二是将民族和国家对应起来，视民族国家利益至高无上，民族主义包括实现上述目标的意识形态、社会思潮和运动。① 或可以简单理解为主张"一个民族一个国家"的思想。那么民族主义就包含了两个密切联系的目标，即民族独立和民族建设，两者相辅相成，共同构筑起民族国家的基本制度框架。为了获得民族独立而进行文化宣传，推动民族独立进行政治鼓吹和运动，这是民族主义给人最直观的印象，这一方面因目标明确，学术界主要从这一方面进行理解，研究成果颇多；另一个就是民族建设（nation-building），民族建设有两方面的涵义：一方面是政治统一的建设，通过一系列制度和政策的实施，在建立以民主制为基础的现代国家政治体制的同时，使国民完成从臣民向公民的转变，从对君主和神权的忠诚向对民族国家的忠诚的转变；另一方面是文化统一性的建设，即通过制度、政策和教育宣传等促成国内文化的同一化和以国家为中心的统一民族认同，一个国家一种文化，从而实现民族的"同质化"。② 民族建设主要包括国家认同象征（如国旗、国歌等）的创造，被视为能代表所有团体的全国性政治机构的建立，全国性的教育体系以教导孩童国家认同感、共同的历史和爱国主义，以及国家荣誉的发展等等。③ 民族建设作为国家整合的组成部分，既需要经济和社会的发展所带来的社会动员，也需要政治权力机关设计出政策并通过各种方法和手段完成民族建设的目标。因为民族建设与其他占主流的政治意识形态关系密切，需要强大的中央政权机构的推进和稳定的社会环境来保障，所以，民族独立可以理解为以民族原则建国的过程，而民族建设可以理解为以国家整合民族的过程。

2. 民族主义的特征

（1）民族主义的现代性

---

① 王希恩：《当前世界民族主义思潮的基本态势》，载《中国民族报》，2008 年 5 月 30 日第 6 版（理论版）；王希恩著：《全球化中的民族过程》，社会科学文献出版社 2009 年版，第 151 页。

② 王希恩：《论"民族建设"》，《中国社会科学院研究生院学报》，2004 年第 3 期，第 61 页。

③ Birch, *Nationalism and National Integration*, London: Unwin Hyman, 1989, pp, 9 ~ 10. 转引自李信成：《中共少数民族政策与国家整合》，2001 年台湾政治大学博士学位论文，第 34 页。同时，民族建设（构建）有如下特征：民族和民族国家一般都是人类意志的产物，他们由人们的热望而产生观念，亦由人们计划、策略和努力以达成；民族与民族国家是由民族主义精英分子所努力的产物；为了灌输民族意识到民众身上，以期民族和国家结合为一，民族主义精英分子主要采取劝导、潜移默化、教育或强制的手段来达成。（张忠正：《民族国家与民族自决》，《中山社会科学译粹》，1987 年第 2 期，第 20 ~ 21 页。）

民族主义原则作为构建民族国家的重要原则出现于近代，安东尼·斯密斯指出："在民族主义研究方面如果有大家都同意的观点，那么就是'民族主义'是很现代的术语。"① 民族主义一词不仅出现在近代，而且也只有在近代才有条件使其获得应有的现代含义。首先，无论是民族统一的语言和象征、民族归属、民族意识还是民族运动，都需要民族情感的培养和激发，而这种感情的培养需要借助现代工具。随着经济、政治的发展和进步，各种先进的交通和通讯工具为民众感情沟通成为可能，最重要的是"印刷资本主义"的协助，通过哲学探讨、历史研究、文学社团和文化期刊等形式使民族成为"想象的共同体"，这正是现代性政治经济逻辑的必然产物和自然延伸。"民族主义的真正根源不在人民的心理机制和情感因素，而在现代性的基本政治经济逻辑。这种逻辑在不同的历史语境下会有不同的体现，但基本机制却是不变的。"② 成熟的民族运动的必然结果就是构建现代民族国家。当然，民族国家的建立并不是民族主义存在价值的终结。

现代民族国家的一个重要职能是将民族主义纳入到爱国主义的范围内，使其成为政府政治运作中最有力的武器。"民族主义是民族和爱国主义两种极其古老的现象——现代情感上的融合和夸大。就历史学家和人类学家所知，始终存在着一些人类实体，可以恰当地称为民族。国家和故土自古以来受到热爱，这就是爱国主义。但是民族主义却是一种现代的、几乎最近才出现的现象。"③ 一方面，国家通过政治民主化的过程将民众从臣民转变成公民（获取公民权的前提是对国家的热爱），通过强调公民权而将民众的民族主义感情迅速变换成爱国主义，"民主化一再加强甚至创造了国家爱国主义"。④ 另一方面，国家通过发展经济、提高国民教育水平等方式使公民获得相应的经济保障和统一的国民教育，进而形成公民对国家的依赖，换取公民对政权合法性的承认和对国家的爱恋，从而使民族主义在民族国家内以另一种形式获得新生。

（2）民族主义的依附性

民族主义是极为特殊的历史力量，在民族国家构建的过程中，民族主义提供的仅仅是一个宏观的基本框架和边界原则，即对创建国家的热望与努力。但

---

① 安东尼·史密斯著、叶江译：《民族主义：理论，意识形态，历史》，上海世纪出版集团2006年版，第6页。

② 张汝伦著：《现代中国思想研究》，上海人民出版社2001年版，第125～126页。

③ Carlton J. H. Hayes. *Essays on Nationalism*, *The Macmillan Company*, 1928, P6.

④ 霍布斯鲍姆著、李金梅译：《民族与民族主义》，上海人民出版社2000年版，第106页。

是除了从历史传统文化中为民族自治、民族统一和民族认同寻找相应的文化资源之外，还需要其他主流的思想提供社会政治和经济生活中具体的、实际的资源分配原则，而这些正是形成社会动员力量进行民族革命和民族建设不可或缺的基本原则和理论基础。正如安东尼·斯密斯所说："民族主义的核心原则仅仅提供了一个宽泛的抽象框架；我们必须用每个特定民族共同体的次级概念和特殊概念来充实抽象的框架，……这就是为什么民族主义常常'栖息'于其他意识形态和信仰体系，并且借助它们来达到民族主义的目的。"① 翁贺凯也谈到了这个问题，他说："民族主义本身在理论上或许'卑之无甚高论'，简单、甚至可以说是肤浅，但是它在实践上却常常是直接有效的，强劲持久的。其中一个重要的原因在于，也许正是由于其基本理论的简单、粗疏，民族主义'身段'特别柔软，它很容易调整自己以应付不同的情势，同时它也很容易与其他意识形态结合在一起，甚至作为一种基底或背景去依附、吸纳、包容其他意识形态，所以具有非常特别的'柔韧性'（malleability 或称延展性）。"② 同样，也正是因为民族主义所关注的问题与其他占主流地位的意识形态不同，民族主义主要为实现民族统一、民族独立和民族认同提供理论的支撑和思想资料，回答"我们是谁"、"我们从哪里来"、"我们如何成长"和"我们将去何处"等问题，"各种民族主义不能直接解决社会公正和资源分配问题，那么这是因为它们的视野主要在于其他意识形态所不注意的认同、自治、统一和真实等理想和问题上。"③ 从而民族主义能在现实中与关注其他社会问题的意识形态实现某种"分工合作"，实现共赢。

民族主义在其发端时期是与自由主义"并肩前行"的。与民族主义一样，自由主义也是一个经过极为复杂的演变具有较多变种的概念。"自由主义传统中各种变体的共同之处在于：它们关于人与社会的确定观念具有独特的现代性。这一观念包括如下几个要素：它是个人主义的（individualist），因为它主张个人对于任何社会集体之要求的道德优先性；它是平等主义的（egalitarian），因为它赋予所有人以同等的地位，否认人们之间在道德价值上的差异与

---

① 安东尼·史密斯著、叶江译：《民族主义：理论，意识形态，历史》，上海世纪出版集团 2006 年版，第 25 页。

② 翁贺凯：《民族主义、民族建国与中国近史研究》，郑大华等主编：《中国近代史上的民族主义》，社会科学文献出版社 2007 年版，第 31 页。

③ 安东尼·史密斯著、叶江译：《民族主义：理论，意识形态，历史》，上海世纪出版集团 2006 年版，第 34 页。

法律秩序或政治秩序的相关性；它是普遍主义的（universalist），因为它肯定人类种属的道德统一性，而仅仅给予特殊的历史联合体与文化形式以次要的意义；它是社会向善论（meliorist），因为它认为所有的社会制度与政治安排都是可以纠正和改善的。正是这一关于人与社会的观念赋予自由主义以一种确定的统一性，从而使之超越了其内部巨大的多样性和复杂性。"① 自由、平等等原则在经济、政治和文化领域内的运作使它们从内部塑造和巩固民族国家，确立了个人与国家之间相互依赖的二元关系，将在国家边界范围内的民众整合成一个民族，将民族主义置换成爱国主义，使民族主义"成为政府最强有力的武器。"② 而民族原则更多地通过民族国家之间形成的国际关系体系以及民族国家间的竞争，从外部确立和强化民族国家的相关理念，如国家利益、领土主权、外交政策等。民族主义的基本主张可概括为：民族是人类自然而神圣的群体划分，对民族的认同和忠诚至高无上；每一民族都应是一独立的政治单位，一个民族一个国家是人类幸福安宁的保证。③ 这无疑承认了各个民族的平等地位和自决权利，实现了从个人自由、平等到民族集体自由、平等的过渡。强调集体权利不是对个人权利的否定，而是在国际政治领域内对个人自由的扩展和延伸，应用范围的改变必然带来角色的相应更换。戈林费德（Liah Greenfield）这样评论自由主义、民主制度与民族主义的关系，"主权属于人民这一概念，承认不同阶层在根本上平等这一观念，组成了现代民族思想的精义，而同时它们就是民主的基本原则。民主的诞生，伴随着民族性的自觉。……民族主义是民主呈现在这个世界上的形式，民主被包含于民族的概念，恰似蝴蝶生于茧中。最初，民族主义就是作为民主而发展的"，④ 也就是说民族主义是自由主义的外在形式，而自由主义是民族主义的内在本质，民主、自由意识的增强必然表现出对民族命运的关注。从这个意义上讲"在 19 世纪上半叶以前，民族主义和自由主义曾是同一事业（single cause）"。⑤

随着主要西方帝国主义国家对其他国家和地区的军事、经济和文化入侵，那些相对落后的国家和地区的民族意识逐渐觉醒，民族精英们将民族主义作为

---

① 约翰·格雷著、曹海军等译：《自由主义》，吉林人民出版社 2005 年版，第 2 页。
② 霍布斯鲍姆著、李金梅译：《民族与民族主义》，上海人民出版社 2000 年版，第 106 页。
③ 王希恩著：《全球化中的民族过程》，社会科学文献出版社 2009 年版，第 158 页。
④ 转引自郭洪纪著：《文化民族主义》，扬智文化事业股份有限公司 1997 年版，第 62 页。
⑤ Hugh Seton-Watson, Nations and States: an Enquiry into the Origins of Nations and the Politics of Nationalism, 1977, London: Methuen&Co. Ltd, p. 443. 转引自钱雪梅：《文化民族主义理论定位初探》，《世界民族》，2003 年第 1 期，第 5 页。

社会动员的工具和武器。由于历史的特殊性，这些国家和地区的民族主义是伴随着民族危机的出现而出现的，不具备西方典型的民族主义产生的条件，因此，当民族主义再次兴起时，也就面临着与自由主义"貌合神离"的历史命运，正是因为对国家民族命运的极度关注，自由主义往往被民族主义所遮蔽。同时，随着社会主义运动的凸显，特别是俄国十月革命的胜利，马克思主义在一些国家成为与民族主义新的"合作伙伴"，列宁因此"才将殖民地视为共产主义的主要基地之一"。马克思主义对经济和政治平等的极端强调更容易使知识分子和普通大众之间建立起情感桥梁，形成巨大的民族动员，从而掀起波澜壮阔的民族解放运动（national liberation movement），民族解放运动以使特定民族的人民从殖民者或外国统治者的统治和压迫下解放出来为明确目标的运动。……绝大多数民族解放运动的思想中都熔合了民族主义和不同内涵的马克思主义，并且毫不掩饰它们对西方大国和资本主义经济制度深刻的敌视。① 民族耻辱心理与以阶级分析方法透视西方大国的马克思主义不谋而合，无产阶级政党从容地获得了对广大社会民众的领导权，并取得了民族独立和民族解放。在一个以民族国家为主要行为体的世界里，无产阶级的世界关怀还有待时日，在建立了社会主义制度的国家中马克思主义和民族主义理念还要共处相当长的时间。

（3）民族主义的不确定性

民族主义作为一种意识形态工具要为现实政治服务，就要从既有的思想资源中寻找符合政治目标需要的相应资料并构建符合逻辑的民族象征、礼拜仪式和风俗习惯。由于现实政治的复杂性和政治取向的多样性导致民族主义在思想资源选择上出现不同指向。同时，因为民族主义是"巨大而空洞的符号"②，缺乏具体的内容和明确的目标，它可以援引的资源就具有了多样性，"民族主义不仅既从邻近的也从遥远的榜样中得到营养，不仅从其他的和早先的各种民族主义中借来技巧和方法，而且它还是一种回应人类某些最深层的对安全、公正和认同的迫切要求的意识形态和运动。"③ 民族主义思想资源的不确定性反过来造成了民族主义思潮和运动的混乱，甚至造成矛盾和冲突。

从横向看，比如以梁启超、孙中山为代表的晚清知识分子都提出了"民

---

① 戴维·米勒等编、中国问题研究所等译：《布莱克维尔政治学百科全书》，中国政法大学出版社1992年版，第490~491页。

② 许纪霖：《中国的民族主义：一个巨大而空洞的符号》，《书摘》，2005年第1期，第30页。

③ 安东尼·史密斯著、叶江译：《民族主义：理论，意识形态，历史》，上海世纪出版集团2006年版，第1页。

族英雄"作为当时民族重构的主线,"晚清诸人遂亦相率埋首故纸堆中,'发潜露隐,扬德标光',从尘封已久的历史文本里,陆续发掘出许多湮没无闻的人物。风气所及,一时之间,晚清知识分子竞相致力于历史人物的传纪书写,'传纪'一栏蔚为当时各色期刊不可或缺的重要内容。梁启超本人除先后撰成张骞、班超、赵武灵王、郑和等人小传外,复于1904年采集春秋战国以迄汉初,'我先民之武德,足为后世子孙模范者',凡七十八人,'以列传体叙次之,加以论评,以发挥其精神',乃成《中国之武士道》一书,'为学校教科发扬武德之助焉'。国粹派的黄节感于国家种族之濒绝,发愤作《黄史》,全书网罗历代节烈志士凡一百八十人,实际成传者二十人。陈去病则刊有《明遗民录》一书,搜罗典籍至数万卷,所传人物,分省论次,气势尤为博大。他如马叙伦之《啸天庐搜幽访奇录》、刘师培之《刊故拾遗》、庞树柏之《龙禅室摭说》等笔记杂志,也都记述了大批宋明人物的佚行遗烈。至于零星散见各报章期刊者,为数尤伙。"① 随着政治斗争的需要,日益突出两个构建思路:一条是革命派为代表,以"抵御外族"为标准,种族为中心的民族构建思路,重塑了岳飞、黄宗羲、王夫之和郑成功等历史人物;另一条是以维新派为代表,以中国政治单位为核心,"宣扬国威"为号召力量的民族构建,刻画了张骞、班超和郑和等人物。随着现代民族意识的觉醒,民族主义的不确定性造成了不断细化人类群体的历史趋势,给世界和平带来极大危害。

同时从纵向看,民族主义诉求对历史资源的援引同样也会因为民族主义的短暂性而不断受到质疑。因为民族主义热情的激发需要一些特定条件,民族主义只有在短暂的时段内会变得极为重要,即在民族构建、征服、外部威胁、领土争议、或内部受到敌对族群或文化群体的主宰等危机时,民族主义才显得极为重要。② 若度过这些危机,原来构建起来的民族形象、仪式和象征就会被迅速抛弃和重新作出调整,要根据新的历史条件进行新的构建和塑造,以此来说明新政权和相应的政治举措的合法性。

(4)民族主义的意识形态性

"意识形态"(ideology)是一个极具争议性的词汇,该词最早出现在19世纪初法国哲学家特拉西(Destutt deTracy,1756~1836)的作品中。他的理

---

① 沈松侨:《振大汉之天声——民族英雄系谱与晚清国族想象》,《中央研究院近代史研究所集刊》,2000年第33期,第102页。

② 安东尼·史密斯著、叶江译:《民族主义:理论,意识形态,历史》,上海世纪出版集团2006年版,第24页。

论被称为"观念的科学",他认为感觉在知识的生成过程中具有重要作用,将人的观念和思想置于感觉之上,破除了知识论上的神秘主义因而具有重要的理论和实践意义。马克思批判了青年黑格尔派仅仅囿于思想观念领域的弊端,从而将意识形态观念的实践价值真正建立起来,"即在整个社会生活中完成一种特殊的欺骗性或神秘化功能。"① 即所谓"虚假的意识",马克思和恩格斯将意识形态植入其整个理论体系之中,并用阶级分析方法来讨论意识形态的阶级归属,"统治阶级的思想在每一时代都是占统治地位的思想。这就是说,一个阶级是社会上占统治地位的物质力量,同时也是社会上占统治地位的精神力量。"② 为了获得更多的社会力量的支持,占统治地位的阶级会用一些概念和观念来掩盖现实,赋予其思想以普遍的意义,把自己的利益塑造成全社会成员的利益,从而维护其阶级利益。在后来的研究中,马克思逐渐将意识形态作为一种真实的存在,并将其置于坚实的经济基础之上,"随着经济基础的变更,全部庞大的上层建筑也或慢或快地发生变革。在考察这些变革时,必须时刻把下面两者区别开来:一种是生产的经济条件方面所发生的物质的、可以用自然科学的精确性指明的变革,一种是人们借以意识到这个冲突并力求把它克服的那些法律的、政治的、宗教的、艺术的或哲学的,简言之,意识形态的形式。"③ 从而揭示出社会存在决定社会意识这一唯物史观的基本观点,在与社会经济联系中具体阐述意识形态,而不是直接对其进行性质判断。将意识形态彻底确立为中性术语的任务是由列宁来完成的,④ 处于被统治地位的集团和阶级也应该有与其经济地位相应的意识形态。但是在实际的分析中,马克思主义经典作家一直是从"虚假的意识"角度来看待和分析民族主义的。他们将民族主义置于阶级分析的基础之上,在他们的著作中,"总的倾向是将民族主义与资产阶级联系起来。"认为民族主义是资产阶级的意识形态和思想倾向;是维护资产阶级利益的工具;"分立"、"隔绝"和发展"特殊性"是民族主义的共有特性。⑤ 总之,马克思主义经典作家认为民族主义是资产阶级的意识形态。

---

① 邱晓林:《意识形态论:从特拉西到齐泽克》,《内蒙古社会科学》(汉语版),2006 年第 4 期,第 60 页。马克思主义经典作家对意识形态的批判与建构,可参见胡潇:《马克思恩格斯关于意识形态的多视角解释》,《中国社会科学》,2010 年第 4 期,第 4~20 页。

② 《马克思恩格斯选集》(第 1 卷),人民出版社 1995 年版,第 98 页。

③ 《马克斯恩格斯全集》(第 13 卷),人民出版社 1962 年版,第 9 页。

④ 参见邱晓林在《意识形态论:从特拉西到齐泽克》中对列宁贡献的论述。

⑤ 参见王希恩:《批判、借助和吸纳——对马克思主义经典作家关于民族主义论述的再认识》,《民族研究》,2007 年第 5 期,第 4~5 页。

产生于资本主义上升时期的民族主义意识形态对人类自然分类的强调以及对与民族相对应的政治单位——民族国家构建的刻意追求——使近代国际关系体系建立在民族国家的基础之上。但是，民族主义使人类陷入了万劫不复的深渊，"意识形态的政治将不可避免地陷入在目的和手段之间出现的具有永久灾难性和自我破坏性的紧张状态之中。"① 民族主义所构筑的理想状态无疑在现实中很难找到实现的基础和可能，但是这种虚幻的幸福状态却激励着无数以此为手段的团体不断进行尝试，当然，人类所经历的压迫、专制、战争、疏离，甚至精神的荒芜都在这个过程中重演。民族主义意识形态的极端胜利是对民族自决权的承认，但是民族自决权的实际效果却与其初衷相反，"民族自决权是国际生活中的无序状态而不是有序状态的主要制造者。"② 冷战结束后民族分离运动勃兴，依然以民族自决作为理论依据就是一个很好的证明。

4. 民族主义的逻辑展开

从启蒙运动开始，西方思想家就逐渐用民族原则从各个角度诠释各种与民族国家有关的民族现象、民族问题及民族过程。随着西方民族主义思想的传入，中国传统的天下观和民族观念受到挑战，先进的中国知识分子也开始用民族主义基本原则来重新解释历史上的中国，构建当下的中国，构想未来的中国。而以民族主义基本原则思考民族问题，解释民族现象，构想民族未来的各种努力和探索就构成了近代中国民族理论。

第一，民族国家观念的形成。在中国历史上，"天下"一词有广、狭两种含义。梁启超讲到中国传统观念时指出，"吾民之称禹域也，谓之为天下，而不谓之为国。"③ 这种观点恰好反映了中国传统民族观中"以华变夷"的文化观。而近代中国民族国家观念的形成是从两个层面完成的，一个是"世界"观念的确立，与此对应的是"国家"观念的形成，而这两者又都源自中国传统的"天下"观念。随着与西方国家较量次数的增多，西学东渐以来对世界知识了解的增加，民族主义观念及相关理念的传入，世界在中国人面前逐渐清晰起来，对"中国"的解释和塑造成为一个争论不休的话题。④ 与民族国家观

① 埃里·凯杜里著、张明明译：《民族主义》，中央编译出版社2002年版，第4版导言第6页。
② 同上书，第4版导言第8页。
③ 梁启超：《爱国论》，《饮冰室合集》（文集之3），中华书局1989年版，第66页。
④ 对近代中国从"天下"到"国家"转变研究的著述甚多，可参见列文森著：《儒教中国及其现代命运》，郑大华、任菁译，中国社会科学出版社2000年版。从"天下"到"世界"的转变可参见罗志田：《天下与世界：清末士人关于人类社会认知的转变——侧重梁启超的观念》，《中国社会科学》，2007年第5期。

念的形成相对应，民族国家建设也成为一个重要课题，民族国家建设是一个理论问题也是实践性极强的政治行为。在近代中国历史上，很多历史力量，特别是知识分子，由于其明显的"floating"① 性，其对民族国家建设的构想极为宏观，没有机会将其理想的蓝图付诸实践，他们关于民族国家建设的思想可操作性并不强。在国家建设方面论述较多的主要是国、共两党。

第二，现代民族符号"中华民族"的提出。西方典型民族主义理论的核心原则是"一族一国"，但是其在近代中国却受到多民族国家这个显然事实的挑战。随着封建统治合法性的丧失和中央集权制度的衰微，各列强不仅在边疆民族地区的肆意破坏，而且瓜分中国的图谋也日益明显。因此，团结原有疆域内的各族民众，一致对外，就成为一个紧迫的历史任务，需要从民族（nation）层面为民众的忠诚提供一个对象，梁启超适时地提出了"中华民族"这个容纳了中国所有民族的现代民族符号，而其他各种势力也在国家政治尊严严重受损的残酷现实面前，顺应潮流继承和接受了"中华民族"这个代表国家统一和整体利益的概念，逐渐使其内涵确立起来，并不断为其填充现代内容。

第三，新史学蓬勃发展。西方民族主义嫁接到中国来需要中国传统文化的滋养和浸润，特别是"中华民族"符号的提出，需要对中华民族发展的源头和发展过程进行解释，重新发现"中华民族"的演进史。梁启超受到进化论史学的影响，用启蒙的叙事结构来重构中国历史，一改以往按照王朝纪年的方法来记录历史。1901 年，梁启超发表《中国史叙论》，在文中首次提出了"中国民族"的概念，并将中国民族的演变历史划分为三个时期，分别为中国之中国、亚洲之中国和世界之中国，这种明显带有进化论色彩的对历史的划分和叙事方式成为近代新史学发展的开端，为近代中国民族理论提供了丰富的历史资源，从此，新史学研究迅速展开。

第四，中国历史地理沿革得到考察，同时中国边疆政治受到重视。民族国家要拥有领土，并且需要明确的领土边界，这样既需要对边疆地区的基本状况有掌握，也需要对生活在边疆地区的少数民族的社会组织形式、生活生产方式、风俗习惯、思想感情、语言文字等各个方面进行细致的调查和研究。民族情感、民族文化和领土往往交织在一起，领土获得了政治上和文化上的双重意

---

① 知识分子的"floating"（浮动性）在曼海姆那里有较为详细的描述，首先，知识分子是一个同质性较低的群体，从阶级立场、价值观、知识背景、生活背景等方面都存在巨大差异；另外，知识分子浮于社会生活的表层，一般只提出相对宏观的理论，而真正付诸实践则有待于政治精英的努力。

义，为民族国家的形成提供了最基本的物质前提。"民族主义所企求的土地，不是随意的土地，而是历史性的土地，是昔日祖先的土地，也是写下民族光荣的那片土地。"① 中国历史上只有模糊的边陲（frontiers）概念而无明确的国界（borders）概念，在向近代民族国家转型的过程中，对领土问题的重视是一个重要的方面。清末以来，西方列强窥伺中国周边地区，特别是随着日本侵略的加深，加强对边疆民族和地区的研究已经成为救亡所需。先进的知识分子开始关注边疆问题，在边疆地区开展各种田野调查活动，这一活动到民国时期得到持续发展，并且规模更大、更科学。对于任何民族主义运动的开展，首先要完成的第一项任务就是对"民族认同的基础"的认定，认同的先决条件就是领土，"首先，应该有一块可以凝聚一个集体的领土，并有足够的人口密度，这才可使'精英'们把这块地方当作民族领土来维护。"② 民族国家是领土国家，国家主权的范围也是以清晰、精确的并得到国际社会承认的边界来确定的。在清末民国掀起了大规模的民族调查，在专业性的历史地理研究兴起的同时边政学也建立起来。

第五，民族、种族、国民的讨论渐次展开。当民族与国家结合后，民族就成为国家确定疆域、人口、主权和文化渊源的重要依据。所以民族主义掀起的民族国家构建的浪潮首先要完成的任务就是对民族、还有与之相关的种族、国民等概念的解释、澄清和重构。没有民族概念和民族主义的概念化和政治化就很难建立民族国家。所以西方民族主义理论体系的传入以及各种力量根据各自政治需要进行的解释和发挥就成为近代中国民族理论的核心部分。对民族、种族和国民等相关概念渐次展开讨论的过程，也是中国民族国家构建不断完善的过程。

第六，民族振兴和自强思想的兴起。实现民族独立和民族解放始终是近代中国不变的主题。典型民族主义就是对外部侵略的一种反应，这种反应刺激了被侵略民族的精英分子，他们想方设法使自己的民族获得独立和富强，从强调"鼓民力、开民智、新民德"和"新民"到"优生救国"；从"军国民"到"国民精神总动员"；从"国命整合"到"自力更生，艰苦奋斗"。这些寻求民族振兴和民族自强的种种努力增强了整个中华民族的凝聚力，增强了整个民

① 参见 Smith, Anthony D. *Nationalism in the Twentieth Century*, New York University Press, 1979, p. 1.

② 胡安·诺格著、徐鹤林等译：《民族主义与领土》，中央民族大学出版社2009年版，第14页。

族的力量，同时开拓了近代中国民族理论研究的视野。关于民族精神、民族振兴等问题的阐发和表述为建国后民族理论研究提供了很好的素材，成为珍贵的历史遗产。

第七，民族发展趋势问题。自从社会达尔文主义传入以来，近代中国各种力量都受到进化论的明显影响。基于建立民族国家的需要，他们积极肯定民族的现实存在，并根据中国具体实践不断修正西方的"一族一国"理论。同时，对民族未来的发展趋势作出种种预测。

民族理论是极为复杂的理论，而近代中国国情无疑增加了它的复杂性。近代中国面对的是一个由民族国家为主要行为体的国际政治体系，根据民族国家逻辑扩展过程，面临的首要问题就是国家转型，即从一个封建帝国转变为一个民族国家。建立民族国家需要一套与之相应的概念体系，而民族、民族国家、民族精神、中华民族、领土等概念都要根据实际需要进行讨论和确定，这些与民族主义逻辑展开相关的概念既是近代中国民族理论的源头，也是开启近代中国民族理论研究的钥匙，而近代中国寻求民族独立和民族建国道路的种种努力又使民族主义理论成为近代中国民族理论的核心。

（二）民族主义理论是近代中国民族理论的核心

1. 民族理论

关于什么是理论，在学术界并没有统一的说法，理论是相对于事实而言的，是对现存具体事实的总结与概括而抽象出来的一般，并依此来解释过去，分析当下，预测将来。任何一个理论都具有不完整性，都是从一个侧面或者一个角度对事实进行抽象与归纳，并不能反映全部真理。另外，任何理论都是阐释者根据实际需要构建出来的，构建的过程就是一个思考的过程，是一个提出问题、进行假设、对假设进行验证、形成理论的过程。构成理论的基本要素是概念，每一个理论都有一套反映该理论观点的概念体系，理论还需要对这些概念之间的关系作出解释，由此可见，理论是由概念和解释两个部分构成的。当然，理论构建需要经过一个完整的过程才能完成，孙中山曾指出"主义就是一种思想，一种信仰和一种力量。大凡人类对于一件事，研究当中的道理，最先发生思想；思想贯通以后，便起信仰；有了信仰，就生出力量。"[1] 这可以看成是对从"事实"到"理论"的完整呈现。理论是一个思考过程的终点，

---

[1] 孙中山：《民族主义》，《孙中山全集》（第9卷），中华书局1986年版，第184页。

而思想却包括过程，"就思想之历程言，含有回忆、考虑、分析、反省、计谋、联想、冀思、推理、判断、释疑与解惑之意。就思想的结果言，含有主张、见解（看法）、言论（理论）、学说、主义之意。"① 所以，理论可以理解为理性思考的结论或结晶，是思想的凝练。

　　要讲民族理论，需要澄清几个与之有关的概念，首先是民族意识。梁启超讲："何谓民族意识？谓对他而自觉谓我。'彼，日本人；我，中国人。'凡遇一他族而立刻有'我中国人'之一观念浮于其脑际者，此人即中华民族之一员也。"② 费孝通也指出："同一民族的人感觉到大家同属于一个人们共同体的自己人的这种心理。"就是"民族的共同心理素质"或民族意识。③ 上述两种观点是对民族归属感的一种表层的描述，相当于民族认同，但仅止于此还不能解释历史上的民族意识的发展。熊锡元进一步认为："民族意识的内涵，首先表现为人们对自己归属于某个民族共同体的意识，亦即认同；其次是在国家生活中，在与不同民族交往的关系，人们对本民族生存发展、兴衰荣辱、权利与得失、利害与安危等等的认识、关切和维护。"④ 王希恩高度概括了民族意识概念，并将其清晰化，认为民族意识是："社会成员对自己民族归属和利益的感悟，民族认同只是民族意识的一个构成部分，二者并不等同。"⑤ 可以看出，民族意识是一个民族的成员对自己归属和与己相关的民族利益的高度关注。而这种感情是普遍的、零碎的、表面的、浅层次的，民族意识这种民族情感有待于更高层次的民族主义意识形态的唤起，从而成为一种社会力量。

　　其次是民族思想。崔明德撰文之指出，民族思想是各个时期各个民族的政治家、思想家、军事家、史学家及普通民众对中国民族及民族问题的认识，是处理民族问题、制定民族政策的理论基础；民族思想主要研究政治家、思想家、史学家、军事家及普通民众对民族起源、民族政权更替规律、民族关系发展规律、民族政治结构、民族经济制度、民族社会生活、民族文化、民族习俗、民族同化与民族融合、民族迁徙、民族未来走向和发展趋势、民族发展的

---

① 周世辅著：《国父思想要义》，转引自陈沛郎：《孙中山与梁启超民族思想之比较研究》，台湾师范大学 2004 年博士论文，第 31 页。

② 梁启超：《中国历史上民族之研究》，《饮冰室合集》（专集之 42），中华书局 1989 年，第 1～2 页。

③ 费孝通著：《费孝通民族研究文集》，民族出版社 1988 年版，第 173 页。

④ 熊锡元：《民族意识与祖国意识》，《民族研究》，1992 年第 1 期，第 14 页。

⑤ 王希恩：《民族认同与民族意识》，《民族研究》，1995 年第 6 期，第 18 页。

路径等问题的思考、认识、总结及预见。① 他在文中仅主要探讨了政治家、思想家、史学家的观点。实际上社会大众的民族思想是否存在值得怀疑，即使有也是极为朴素和零碎的，并且很难通过文字的形式保存并流传下来。因此，将社会民众作为民族思想的一个主体实在欠妥。"民族思想应该不是一个民族内的每个组成分子都有的，因为民族思想应该是经过一段长时间的思考过程，最后提出思考的结果——理论或是策略，甚至是主义。因此应该是知识分子、学者、政治家或是思想家，才会产生民族思想。"② 浦薛凤在《西洋近代政治思想》中也指出："政治观念"可指零碎片段的争论；"政治理论"可指一人或一派有系统的政思；而"政治思想"则指源长流远在历史上发生重大影响者。③ 虽其所言为政治思想，但是道理是相同的，可见，将民族思想的阐述主体确定为知识分子、学者、政治家和思想家较为合适。据此，民族思想可以概括为知识分子、学者、政治家、思想家对民族现象、民族问题和民族过程的思考过程和思考的结果。

民族理论的阐述主体自然与民族思想是相同的，是对民族现象、民族问题和民族过程的思考结论和结晶。"民族理论是一个涉及问题非常广泛的学术领域，至少有三大块是它的必需内容：一块是基于全部民族现象、民族问题、民族过程的基本理论研究；一块是民族问题研究，因其源于中国共产党对中国民族问题实践的探索，故传统上又以中国民族问题为主，当然这不意味着对世界民族问题研究的放弃；另一块则是解决民族问题的途径，如出于民族因素考虑的制度、法律、政策和措施等问题的研究。"④ 由于近代中国特殊的国情，清末民国时期的民族理论研究的一个明显特点，就是将对民族现象与民族过程的解释和阐发奠定在对中国所面临的实际民族问题的基础之上，以中国的国家命运为出发点和关注点，借助西方民族主义理论的基本精神和基本原则，在中国多民族国家现实、传统华夷观念和西方民族主义理念中寻找结合点。

根据日本学者佐藤慎一的解释，"华夷观"即是汉族将自身的生活方式体系视为文明，而将与之不同的异民族的生活方式视为非文明而产生的世界观。

---

① 崔明德：《中国民族思想的研究内容》，《齐鲁学刊》，2007年第1期，第32页。

② 陈沛郎：《孙中山与梁启超民族思想之比较研究》，台湾师范大学2004年博士论文，第33~34页。

③ 浦薛凤著：《西洋近代政治思想》，北京大学出版社2007年版，第1页。

④ 王希恩：《关于中国民族理论创新的几点认识》，《中南民族大学学报》，2004年第4期，第53页。

但是，"汉族/异民族"这一种族性的基轴与"文明/非文明"这一文明性的基轴未必经常一致。如果将重视种族性的方面称为"作为实体概念的华夷观"，将重视文明性的方面称为"作为机能概念的华夷观"的话，根据对不同侧面的重视，华夷观对现实所起的作用不同。重视"作为实体概念的华夷观"时，如"非我族类其心必异"所表现的，作为排斥异民族的理论而起作用的倾向较强。相反重视"作为机能概念的华夷观"时，"如夷狄变为中国，则以中国视之"（韩愈）所表现的，即使是异民族，只要满足一定的文化条件，就为中华世界所容纳。① 这个分析框架的确能分析中国文明史的发展过程。同时，纵观整个中国历史，"作为机能概念的华夷观"无疑占据了主导地位。以民族国家为主要行为体的近代国际政治体系形成后，以"作为机能概念的华夷观"为基本理念的中华帝国文明的扩展过程已告结束，"作为实体概念的华夷观"在近代中国由于阶级矛盾与民族矛盾曾经凸显出来，但是中国多年中央集权的历史传统和中国传统文化的巨大凝聚力，终于使这种曾经用于解构中国民族整体性的力量扩大到了分析中国与其他国家之间的关系，成为维护民族整体性和民族团结的重要力量。因此，近代中国民族理论的发展过程可以看成是在民族国家为国际关系主要行为体的情况下，不断强化和突出中华民族这个整体性"高层"② 认同，同时努力克服传统华夷观念的负面作用，努力建立各民族平等关系这个"基层"的过程。

如上所述，理论是思考的结果，是基于问题而生的结论，是概念与解释的统一。由于民族主义是政治性极强的概念，民族理论基于民族主义发展而来，所以，在不同历史时期，民族理论的发展都受到政治斗争的明显影响。

近代中国社会发展的过程使近代中国民族理论呈现出两条发展线索：一条是以民族主义、民族国家为核心的构建民族国家的线索；一条是以马克思主义为基础看待和分析民族问题的线索。这两条线索的理论来源和模式不同，有交

---

① 参见佐藤慎一著、刘岳兵译：《近代中国的知识分子与文明》，凤凰出版传媒集团、江苏人民出版社 2006 年版，第 156～157 页。王尔敏先生也在早时提出了相似的看法，"中国人之怀有民族主义思想，就历史渊源，可以上推至先秦，甚至更早。在长期传衍中的意义，包含了族类的自我确立和文化的自我确立。这两种重要特质，三千年来一直代表着中国民族主义的内容"，"合观族类的与文化的两种特质，族类的观念并不及文化的观念之深入人心。历代学者虽然随时注意界的差等，却一向更强调教化的意义。由文化而泯除界限的区别，是自先秦以来政治理想的正统。"（王尔敏著：《中国近代思想史论》，社会科学文献出版社 2003 年版，第 177～178 页。）

② 关于中华民族为一体，为高层，而 56 个民族单元为单元，是基层。这种说法可参见费孝通著：《中华民族多元一体格局》，中央民族大学出版社 2003 年版，导论 3。

锋，也有交集，在近代中国的历史发展中演绎出了曲折盘旋的轨迹。

所以，近代中国民族理论有两个组成部分：一部分是以民族主义理论为核心的民族理论体系；一部分是中国特色的马克思主义民族理论体系。两者虽然有原则上的区别，但在争取民族解放和维护民族独立、建立民族国家等根本利益上是一致的。

2. 民族主义理论是近代中国民族理论的核心

民族主义诉求的两个基本方面是民族独立与民族建设。近代中国要实现从中华帝国到民族国家的历史性转型，与此并行的是要实现民族独立进而为国家转型创造条件。各种历史力量都为民族独立和民族建国而努力，虽然侧重点各不相同，但是他们对民族问题、民族现象和民族过程的阐述还是围绕民族主义基本诉求展开。

首先，从维护民族独立的层面看，民族主义是对外来压力的一种反应，是民族本能，维护民族独立是民族主义的最基本内容。基于中国民族主义产生和发展的动力来自帝国主义的民族压迫这个显然的事实，维护国家的独立与自由是各种力量共识，这也是当时的知识分子纷纷援引民族主义的重要动力。近代中国各种力量对争取民族独立和民族解放、民族自强和振兴想出了各种办法。但是在中国是多民族国家及存在内部民族压迫的现实面前，维新派主张维持既定状况的前提下，将民族问题置于中国总政治问题的前提下，直接进行民族建设，在满汉关系上他们对内主张"满汉一家"。梁启超的"大民族主义"无疑代表了中国近代民族主义的方向，从中国民族国家构建的长远发展看更具合理性。清王朝在八国联军面前的软弱无力使主张用暴力推翻清王朝的革命派队伍迅速扩大，很快提出了"驱除鞑虏，恢复中华"的口号。他们彻底否定了清王朝存在的合法性基础，将封建专制统治作为直接进攻的对象。根据孙中山"三民主义"的要求，在辛亥革命之后建立了资产阶级性质共和国，并颁布了资产阶级性质的宪法。南京国民政府将孙中山废除不平等条约的遗愿付诸实践，通过外交谈判等方法试图废除不平等条约，使中国获得平等的国际地位，并通过"三民主义"宣传、新生活运动和国民精神总动员等方式鼓舞士气，振奋民族精神。总之，维护民族独立正是各种社会力量努力的方向。

其次，从民族建设层面看，以民族原则建立的民族国家最早产生于欧洲，并经过战争、外交等方式不断得到强化，因此，欧洲较早建立了"文明国家"的国际政治体系。这一体系需要各国或国家联盟间的均势来维持。19 世纪末主要资本主义国家经历了第二次工业革命后开始向帝国主义过渡，同时也完成了对世界的瓜分，世界各大洲都被纳入到国际政治体系之中。纳入到这一体系的国家并非处于的平等状态，这个体系明显的特征就是它的等级性。1840年后的中国就被动地被拖入这个体系之中，改变落后挨打的状况就成为最为强烈的民族情感。因此，在一个民族国家不断彰显力量的世界里，在近代中国无论哪种历史力量要改变中国现状，都要以西方国家的建国模式为样板进行民族国家建设。在文化上首先要构建出与国家边界一致的民族，这是民族主义"一族一国"理论的必然要求，各种力量试图按照西方民族国家建立过程为模板，在对民族构成要素进行各自陈述的基础上，构建起现代民族符号"中华民族"，并对"中华民族"的源流、演进进行考证；对民族产生、发展和趋势进行分析。"中华民族"概念由梁启超提出，经多次论证和扩充，成为中国的代称，中国共产党接纳了"中华民族"符号，为其后来构建民族国家提供了理论基础。在政治实践方面，在构建民族国家过程中，受经典的"一族一国"民族主义理论影响的革命派和南京国民政府，在国内民族的政治安排上以追求同质性为目标，主张通过民族同化政策实现"一族一国"，而中国共产党将建立民族国家与多民族实际结合起来，在民族区域自治的基础上实现国家统一。虽然他们采取的构建方式明显不同，但是实现民族统一，凝聚民族力量的民族国家构建目标是一致的。

马克思主义也是作为一种满足中国民族主义诉求的学说传入中国的。从一定意义上讲，正是中国民族主义的诉求为马克思主义在中国的传播提供了巨大的空间。中国共产党领导人民实现民族独立和民族解放，并将"自力更生，艰苦奋斗"作为实现民族振兴和民族自强的指导原则。

此外，马克思主义与近代中国民族主义在诸多方面也有契合之处：

首先，马克思主义倡导无产阶级集体主义原则，这与资本主义的个人主义相对立，这种集体主义观念与数千年中国传统大一统思想，民族主义所强调的对民族、国家的忠诚与献身不谋而合。

其次，马克思主义对资本主义本质的深刻揭露在中国半殖民地化过程中得到印证。马克思恩格斯用大量无可争辩的事实充分揭露了资本主义在原始积累和发展过程中，对国内农民、工人的残酷压榨和剥削，特别是通过武力对外的扩张、掠夺。资本主义的本质在中国半殖民化的过程中得到充分的证明：侵略国从一国到多国，从经济侵略到文化侵略，从商品输出到资本输出，从沿海通商到内河航运权，等等。这些都印证了马克思对资本主义本质的判断，也印证了"在群众运动中，往往会同时展现两种互相排斥的意识形态，而且，史实证明，以社会革命为诉求的运动，最后反而成为带领民众投入民族运动的急先锋。"①

再次，马克思主义提出，在未来社会，生产力高度发达，物质产品极大丰富；消灭了私有制，生产资料公有制，消除城乡、脑体、工农差别，消灭阶级和阶级剥削、压迫和各种统治关系；实现"各尽所能，按需分配"；每个人得到全面而自由的发展……。这些主张使处于混乱、贫困、剥削与压迫中的民众看到了希望，因而受到他们的欢迎。正是社会主义能够提供的实实在在的经济和政治条件以及对未来美好图景的描述，激发了潜藏在民众中的民族主义情感，为民族主义在民众中找到了现实基础。同时，马克思主义也为民族建设提供了具体的经济和政治内容。

马克思主义与民族主义相结合，形成了列文森所称的"共产主义的世界主义"②。一方面马克思主义具体而完整的政治、经济与思想主张充实了民族主义的内容，为民族建设提供了完备的理论支撑和指导原则，不仅没有损害民族主义情感，而且与当时整个中国高涨的民族主义情感相配合。另一方面，马克思主义以阶级为基础的世界主义的关怀又暗合了中国近代重新兴起的大同思想。马克思主义于是成为满足民族主义诉求的另外一种主张。中国共产党将马克思主义的基本主张与中国半殖民地的国情结合起来，在实现民族独立的同时，建立了社会主义制度的国家，难怪霍布斯鲍姆都惊讶于民族主义与社会主义诉求竟有那么高的重叠率。③

综上所述，具有资产阶级性质的各种力量受经典民族主义理论的直接影响，根据这一理论要求展开相关问题的讨论，并进行相应的政治实践。而中国共产党诞生在一个半殖民地国家，面临着同样的历史任务，中国共产党的民族理论也主要围绕民族主义诉求及相关概念展开，马克思主义提供的资源分配原则为民族主义整体框架填充了具体内容，中国化的马克思主义民族理论逐渐形成。从而民族主义理论成为近代中国民族理论的核心。

---

① 霍布斯鲍姆、著李金梅译：《民族与民族主义》，上海人民出版社2000年版，第147页。
② 何恬：《地方主义与世界主义》，《读书》，2009年第1期，第47页。
③ 霍布斯鲍姆著、李金梅译：《民族与民族主义》，上海人民出版社2000年版，第145页。

第二章

民族自强与振兴的理论

民族主义产生于外来压迫与剥削，甚或是周边国家比较优势所带来的耻辱感。当这种耻辱感触及到民族主义者的民族尊严底线的时候，重新找回民族尊严的"真正价值"就成为他们的重要任务。

近代中国历史是中华民族民族尊严不断受损的过程，同时，也是各种力量试图通过种种途径找回民族尊严的过程。"自外力内侵，清廷穷蹙，国人激于时事，急图改良，于是革命、立宪，君主、民主各党竞出，虽政见不同，而谋国之心则一。"① 通过民族自强实现民族振兴，进而使中国在世界上获得平等的国际地位，是各种力量努力的方向。从这一宏观角度出发，学术界的研究甚富。

拙作重点考察民族主义与近代中国民族理论的关联，从微观（个人）的角度恰好能全面展示民族主义诉求在民族理论生成中的核心作用。本章尝试在国家（民族）与个人之间寻找一个结合点，通过透视近代各种力量对个人的关注折射出他们对民族命运的关切。他们如何通过改变和塑造个人的状态为民族振兴和民族自强助力，从而将民族主义诉求——集体努力的诉求——奠基在个人活力的基础之上，正是本章要讨论的问题。

一、在个人与国家之间

个人与国家之间的关系是自资本主义生产关系产生以来就争论不休的话题。如何划分两者的边界才能既确保个人享受充分自由，又保证个人兼具爱国精神与公益精神，而不陷入托克维尔所担忧的"焦虑不安"的状态，这是几百年来学者们和政治家们集中智慧所要回答的问题。虽然建立个人尊严的过程同时也是建立国家尊严的过程，但是自从路德斩断了人与上帝之间的脐带，康

---

① 《云南贵州辛亥革命资料》，科学出版社 1959 年版，第 55～56 页。

德就将个人自由奠基于道德自由，洛克进一步将保护个人权利建立在保护所有权的前提之上，卢梭则将国家视为民众社会契约的产物，……个人生存的独立空间不断得到肯定和巩固。几百年来在西方世界也曾出现过极端的集权国家对个人自由肆意的剥夺，个人成为国家"爱国主义"宣传下的"羔羊"。总体上看，西方国家的发展过程就是个人权利不断受到尊重和保护、国家权力不断受到规范和限制的历史过程，特别是随着市民社会的成熟，个人逐渐获得了与国家相抗衡的力量，并通过各种制度设计将国家权力"装进笼子里"，从而保护个人自由免受国家权力的侵害和剥夺。即使如此，自由主义和国家主义的政治理论都认为个人与国家之间是水火不容，非此即彼。共和主义政治理论用实践调和了国家与个人之间的紧张关系，这一理论强调国家的公共性与政治性，国家的公共性对内保证了个人的自由，国家的政治性对外保证国家的独立自主，只有国家的强大和繁盛才能保证个人的自由权利，同样，也只有个人的自由得到切实保障，国家才能真正独立自主。个人与国家之间这种共生关系不断促进西方国家向良性的方向发展，从而个人有相对宽松的空间，国家具有相应的政治权威。

另外，就个人自由而言，"按照 18 世纪伟大的法国自由主义作家邦雅曼·贡斯当（Benjamin Constant）的看法，古代世界持有一种与现代截然不同的自由观念。对现代人而言，自由意味着一个在法治之下受到保护的、不受干涉或独立的领域；而古代人的自由则意味着参与集体决策的权利。"[①] 贡斯当将古代人热衷于参与政治的自由称为积极自由，而将现代人更喜欢不受干涉的自由称为消极自由。贡斯当还分析了古代人的自由与现代人的自由的本质区别，"古代人的自由在于以集体的方式直接行使完整主权的若干部分：诸如在广场协商战争与和平问题，与外国政府缔结盟约，投票表决法律并做出判断，审查执政官的财务、法案及管理等。然而，如果这就是古代人所谓的自由的话，他们亦承认个人对共同体权威的完全服从是与这种集体性的自由相容的。……在古代人那里，个人在公共事务中几乎永远是主权者，但在所有私人关系中却都是奴隶。……在现代人中，个人在其私人生活中是独立的，但即使在最自由的国家，他也仅仅在表面上是主权者。他的主权是有限的，而且几乎常常

---

① 约翰·格雷著、曹海军等译：《自由主义》，吉林人民出版社 2005 年版，第 3 页。

被终止。纵使他们偶尔行使主权，也不过是为了放弃它。"① 基于此，贡斯当给自由下了一个宽泛的定义，"自由是只受法律制约，而不因某一个人或若干人的专断意志而受到某种方式的逮捕、拘禁、处死或虐待的权利，它是每个人表达意见、选择并从事某一职业、支配甚至滥用财产的权利，是不必经过许可、不必说明动机或事由而迁徙的权利。它是每个人与其他人结社的权利，结社的目的或许是讨论他们的利益，或许是信奉他们以及结社者偏爱的宗教，甚至或许仅仅是以一种最适合他们本性或幻想的方式消磨几天或几小时。最后，它是每个人通过选举全部或部分官员，或通过当权者或多或少不得不留意的代议制、申诉、要求等方式，对政府行政施加某些影响的权利。"② 贡斯当的区分无疑具有重要的理论和现实意义，虽然两种自由形式并没有严格的界限，但是在现代社会，两种不同的自由形式朝着两个不同的方向发展。消极的自由是自由主义政治理论追求的核心内容，将个人自由权利看成是终极目的，国家被置于个人自由的外围。积极的自由强调个人对国家和社会事务的参与，却容易使个人自由权利在这个过程中迷失，个人在特定的历史条件下被纳入到国家构建的环节中去，成为国家有机的组成部分，个人的主体性被国家强大的诉求所遮蔽，这时国家的独立和自由就成为核心指向，个人仅是国家强大和富强的工具。

用上述分析框架来考察清末民国时期个人与国家的关系是本书的基础。与现代西方国家强调个人与国家的界限不同，清末民国时期的思想家通过观察西方国家的发达历史，发现了国人个人权利的不足，开始积极倡导对个人权利的维护和对个人自身素质的关注，承认个人的重要价值，积极主张个人从专制秩序下解放出来，但是同时，国家民族尊严尽失的状态，又使他们将个人权利的维护和对个人自身素质的强调直接与国家命运结合起来，将个人融入到国家中去，将个人工具化。"这种以'国'的生存作为无限上纲的身体发展形式，自然是和以资产阶级利益马首是瞻的身体发展模式有极大的不同。"③ 在清末民国时期，展现在我们眼前的更多是对贡斯当所谓"积极自由"的刻意强调。因此，在近代中国，个人只有在与传统社会的较量中才能获得相应的政治意义，而在民族自强和民族振兴中个人充当的仅是配角。由于近代中国社会发展

---

① 贡斯当著、阎克文等译：《古代人的自由与现代人的自由》，上海人民出版社2003年版，第47~48页。

② 同上书，第46~47页。

③ 黄金麟著：《历史、身体、国家》，新星出版社2006年版，第16页。

的特殊性，个人与国家间的张力在一定程度上被掩盖起来，两者结合起来，合二为一。

二、维新派为"保国"对国人素质的强调

从鸦片战争开始，中国就在战败和签订不平等条约之间不断地辗转：割地、赔款、开放口岸、内河航运权、关税主权……，成为一个挥之不去的梦魇。伴随着国门洞开，各种经济和宗教势力进入中国，中国的国际地位一落千丈，天朝上国的荣耀已成昨日黄花，国家主权开始逐步丧失。中国被迫与列强签订了上百个不平等条约，如中英《广州条约》（1841年5月27日）、中英《南京条约》（1842年8月29日）、《中英虎门条约》（1844年）、《中美望厦条约》（1844年7月3日）、《中法黄埔条约》（1844年8月13日）、《上海英法美租界租地章程》（1854年7月5日）、《中俄瑷珲条约》（1858年5月28日）、《中美、英、法天津条约》（1858年6月18、26、27日）、《中英中美通商税则善后条约》（1858年11月8日）、《中英、法、俄北京条约》（1860年10月24、25、11月4日）、《中俄陆路通商章程》（1862年3月14日）、《中日马关条约》（1895年）和《辛丑条约》（1901年）等，通过这些条约，获得各种特权的西方国家有英国、法国、俄国、德国、美国、比利时、丹麦、挪威、瑞典、荷兰、葡萄牙及日本等。中日甲午战争后，国人才真正认识到中国所面临的不再是"有失国体"而是"亡国灭种"。在中国国家政治、军事和经济落后这一历史背景下，朝野开始将目光从关注西方国家的技术和政治制度逐渐移向个人，并将个人的塑造看成国家重新获得独立的希望。"身体并不是从一开始就与国家的存亡或民族的兴衰产生密切的联想关系。将身体赋予一个劳役和赋税之外的职责，是一个十分时代性的决定。"① 近代中国特定的历史条件已经给了个人与国家的关系一个基本的定位。

人们将关注的目光投向个人得益于资本阶级思想的发展，因为资本主义精神的核心价值恰恰是从考察个人的状态开始的。资本主义发展到今天依然相信个人奋斗的力量就能说明这一点。清朝末年，文化精英们挽救民族危亡的多种努力均告失败后，开始将视线转向个人，并将个人的发展与国家的命运联系起来，这种关联也是近代中国历史叙事的一条线索。笔者认为，近代中国民族精

---

① 黄金麟著：《历史、身体、国家》，新星出版社2006年版，第18页。

英对个人关注的开端起于严复，他在英国留学期间直接接触到了资产阶级思想，其思想发生了巨大变化。在天津担任北洋水师学堂总教习期间，他发表了一系列文章阐述他的基本政治主张，这是民族危机下关注个人与国家关系的起点。

（一）严复"鼓民力、开民智、新民德"的思想

严复生活在一个巨大的转折时期，他留学英国期间深受进化论影响。他亲身感受了东、西方之间的差别，认为之所以有这样的差别，是西方国家在不断地竞争和创新中推动社会的进步的结果，而中国社会发展则走了相反的道路。他指出，历史上的大一统局面使中国社会处于"一治一乱、一盛一衰"的循环之中，"一统者，平争之大局也"，从秦始皇的"焚书坑儒"，一直到后来的科举取试，扼杀了人们的竞争意识和创造精神，"此真圣人牢笼天下，平争泯乱之至术，而民智因之以日窳，民力因之而以日衰。"[1]

他认为，西方国家之所以能够在竞争中能得到迅速发展，而中国日益衰落，是因为中国人不得自由，而西方国家公民享有充分自由。他主张，只有个人得到充分的人身自由，在全社会才能形成竞争的环境。"夫自由一言，真中国历古圣贤之所深畏，而从未尝立以为教者也。彼西人之言曰：唯天生民，各具赋畀，得自由者乃为全受。故人人各得自由，国国各得自由，第务令毋相侵损而已。侵人自由者，斯为逆天理，贼人道。其杀人伤人及盗蚀人财务，皆侵人之自由之极致也。故侵人自由，虽国君不能，而其刑禁章条，要皆为此设耳。"[2] 在个人自由得到充分保障的情况下，个人的创造力才充分发挥出来，为国家创造更多的社会财富，国家的独立自主也就得到了充分的保障。但是，"今夫民智已下矣，民德已衰矣，民力已困矣。有一二人焉，谓能旦暮为之，无是理也。何则？有一倡而无群和也。是故虽有善政，莫之能行。善政如草木，置其地而能发生滋大者，必其天地人三者与之合也，否则立槁而已。"[3]因而，需要国民素质的普遍提高。他认为中国目前"收大权，练军实"是标，无标不足以救中国的失败，但是最重要的还是在本，"于民智、民力、民德三者加之意而已。果使民智日开，民力日奋，民德日和，则上虽不治其标，而标将自立。"[4] 这样，他就将中国获得独立和富强直接与个人的素质——民智、

---

[1] 严复：《论世变之亟》，王栻主编：《严复集》（第一册）诗文（上），中华书局1986年版，第2页。

[2] 同上书，第3页。

[3] 严复：《原强》，王栻主编：《严复集》（第一册）诗文（上），中华书局1986年版，第13页。

[4] 同上书，第14页。

民力和民德——联系起来。他认为对中国人的民智、民力和民德的激活最为重要，而最急切的是民智，"是故富强者，不外利民之政也，而必自民之能自利始；能自利自能自由始；能自由自能自治始，能自治者，必其能恕、能用絜矩之道也。"① 在《原强修订稿》中，严复将民智、民力与民德进一步作了发挥，将三者作为一个民族是否强大的标准："一曰血气体力之强，二曰聪明智虑之强，三曰德行仁义之强。是以西洋观化言治之家，莫不以民力、民智、民德三者断民种之高下，未有三者备而民生不优，亦未有三者备而国威不奋者也。"② 严复站在未经历现代化的中国立场上观察西方世界，洞察出奠基于自由之上的民力、民智和民德给整个国家带来的巨大力量。

严复又对西方国家富强的逻辑进行了逆向推理："夫所谓富强云者，质而言之，不外利民云尔。然政欲利民，必自民各能自利始；民各能自利，又必自皆得自由始；欲听其皆得自由，尤必自其各能自治始；反是且乱。顾彼民之能自治而自由者，皆其力、其智、其德诚优者也。"③ "富强（国家）→利民→自利→自由→自治（个人）"正是严复观察的结果，他将国家经过若干中间环节与个人联系起来，认为这正是西方国家富强的根源，而中国要实现独立和富强，必须从个人入手，"夫如是，则中国今日之所宜为，大可见矣。"④

进化论在当时西方政治理论中的核心作用在斯宾塞那里得到了淋漓尽致地发挥，他实际上给处于激烈竞争状态的西方世界提供了注脚。严复将赫胥黎的《进化论与伦理学》翻译成中文，一方面，严复受到斯宾塞普遍进化论的影响，认为此规律完全适用于人类社会。"万类之所以底于如是者，咸其自己而已，无所谓创造者也。"⑤ 向还处于前资本主义时代的中国社会展示普遍规律，中国自然也不能例外。另一方面，面对救亡图存的历史任务，严复又回到了赫胥黎的道路上来。赫胥黎认为，人类社会的发展规律不同于自然界，"竞争规则，优胜劣汰、适者生存"的自然法则不适用于人类社会，人类具有高于动物的天性，在伦理原则的感召下，能互敬互爱，消除竞争。"社会进展意味着对宇宙过程每一步的抑制，并代之以另一种可称为伦理的过程。"⑥ 严复赞同

① 严复：《原强》，王栻主编：《严复集》（第一册）诗文（上），中华书局1986年版，第14页。
② 严复：《原强修订稿》，王栻主编：《严复集》（第一册）诗文（上），中华书局1986年版，第18页。
③ 同上书，第27页。
④ 同上书，第27页。
⑤ 赫胥黎著、严复译：《天演论》，商务印书馆1981年版，第4页。
⑥ 赫胥黎著：《进化论与伦理学》，科学出版社1973年版，第57页，转引自李泽厚：《论严复》，商务印书馆编辑部编：《论严复与严译名著》，商务印书馆1982年版，第130～131页。

赫胥黎的观点，希望国人在掌握本领后，奋发图强，改变命运。"赫胥黎氏此书之旨，本以救斯宾塞任天为治之末流，其中所论，与吾古人有甚合者，且于自强保种之事，反复三致意焉。"① 在中国处于劣势状态下，需要唤起国人"与天争胜"的斗志，而不是妄自菲薄的态度。"我们要断然理解，社会的伦理进展并不依靠模仿宇宙过程，更不在于逃避它，而是在于同它作斗争。"② 这一结论性的论证恰恰满足了严复唤起民众挽救国家危亡的实际需要。所以这本书刚刚出版（1894 年出版），严复就着手将其译成中文。

进化论的引入进一步为"鼓民力、开民智、新民德"提供了理论基础，同时也为在此基础上追求国家富强与民族独立提供了可能性。正是带着这种强烈的民族使命感，"严复经过观察发现在西方世界里有中国摆脱落后必须学习的两点：一方面是必须充分发挥人的全部能力，另一方面则是必须培育把能力导向为集体目标服务的公益精神。"③ 在回国后，一直未得到重用的严复走上了翻译道路，将自认为对民族独立和富强有用的几种资产阶级思想介绍到中国来。

通过《天演论》，人们获得了如何通过自己的行动去解决救国问题的方法，掀起了救国的热潮。"更为独特的是，人们通过读《天演论》，获得了一种观察一切事物和指导自己如何生活、行动和斗争的观点、方法和态度，《天演论》给人们带来了一种对自然、生物、人类、社会以及个人等万事万物的总观点总态度，亦即新的资产阶级世界观和人生态度。"④ 在《天演论》中，严复将斯宾塞与赫胥黎用来说明国家内部国家与个人或者国家与社会之间关系的原则应用到了中国与外部世界。因此，建立国家与个人之间的社会共同体的原则性就成为另外一个问题，自由主义自然成为其中的一个选择。而在严复那里，为了解决中国与外部世界的冲突和矛盾，在此基础上的国家与社会的就自然成为一体，自由主义和民族主义之间的矛盾在严复那里也已不复存在，他通过一系列的分析将其排列成有序的结构，将自由主义所倡导的"小己"置于

① 赫胥黎著、严复译：《天演论》，商务印书馆1981 年版，第 X 页。
② 赫胥黎著：《进化论与伦理学》，科学出版社，1973 年，第58 页，转引自李泽厚：《论严复》，商务印书馆编辑部编：《论严复与严译名著》，商务印书馆1982 年版，第 133 页。
③ 本杰明·史华兹著、叶凤美译：《寻求富强：严复与西方》，江苏人民出版社1990 年版，序言第 2 页。
④ 李泽厚著：《中国近代思想史论》，人民出版社1979 年版，第 268 页。

民族主义所坚守的"合力图强"之后。①

这种思想一直贯穿于他之后翻译的所有作品中，在《群己权界论》中，他在肯定弥尔关于自由观点的基础上，认为中国由于民力、民智和民德发展水平还不足以马上建立自由民主制度，而只能实行开明专制，并以此为前提建立"积极自由"为目标的民力、民智和民德体系。② 将个人智力、体力的提高和道德提升的目标指向了国家。

（二）梁启超的"新民"思想

如果说严复还是在未经历近代化的中国传统框架下通过探讨国人的自身素质来寻求国家民族独立与富强的道路，还停留在一种口号式的号召，并没有给如何提高国民素质提出具体方案的话，那么，在经历了义和团运动和《辛丑条约》的签订之后，国人愚昧无知使人警醒，传统政治统治的合法性进一步受到质疑。这刺激了处于各种社会地位的中国知识分子从不同的角度出发来关注个人，从而通过各种方式展开了波澜壮阔的"开民智"与"新民德"为目标的启蒙运动。其中包括开办白话报刊、创办读书社、成立宣讲会所、举办演说会，发起戏曲改良运动，推广识字运动、普及基础教育、开展反缠足组织等。而梁氏的《新民说》正是关注个人和国民素质浪潮的一个组成部分。他将"新民"作为充实近代民族主义的内在力量，并将塑造"新民"的理论基础扩大为东、西结合，中国的传统道德和西方的现代道德以及相关的政治理论都成为其援引的对象，这一具体方案使"新民"在梁启超那里已经具有了资产阶级特色。

在创办《新民丛报》的"发刊告白"中，梁启超就阐明了创刊目的："本报取《大学》新民之义，以为欲维新我国，当先维新我民，中国所以不振，

---

① 原文为"小己自由非今日之所急，而以合力图强……为自存之至计。"（参见孟德斯鸠著、严复译：《法意》，十八按语）严复在他的整个翻译过程中，基本都贯彻着这一思想。

② 对于严复的思想体系，学术界基本持两种观点，一种是以史华兹为代表，他认为严复站在救亡图存的国家主义立场上对西方的思想体系进行检讨，从而认为严复的整体思想就是"群重己轻"；另一种是以黄克武的研究为代表，他通过将弥尔的原著《论自由》与严复译本进行对照，认为严复的整个观点是"群己并重"，只是严复不能理解弥尔的"幽暗意识"，所以无法真正理解弥尔所指自由的所以然，将自己的重点建立在"积极自由"的基础之上。墨子刻（Thomas A. Metzger）形容说，"自由"或"民主"等意义笼统的词，很像放了许多不同东西的箱子，西方人与中国人在这个箱子里面放的东西不一定完全一样。要知道两者的异同，非得开箱取物，再将里面的东西分门别类不可。缺少这种"开箱（unpacking）"功夫，我们无法得知中国知识分子的"自由"或"民主"的观念，是他们"接受西方的观念"，还是将固有理想投射到西方观念之上的结果。黄克武正是基于对此问题的疑问，进行了深入研究。（参见黄克武著：《自由的所以然》，上海书店出版社 2000 年版。）

由于国民公德缺乏，智能不开，故本报专对此病药治之，务采合中西道德以为德育之方针，广罗政学理论，以为智育之原本。"① 将关注点从制度层面转向了个人层面，其用心之良苦可见一斑。

"《新民说》最早是以连载的方式刊登于日本横滨出版的《新民丛报》上，从光绪二十八年（1902）正月开始，至光绪二十九年（1903）十月，访美归来后完成。梁氏在访美之前所撰写的主要文章主要有《论公德》、《论国家思想》、《论权利思想》、《论自由》、《论进步》、《论合群》等文；访美归来后，于 1903 年撰写《论私德》，1904 年撰有《论政治能力》，最后一文是 1905 出版在 72 期上的《论民气》一文。"② 梁启超认为中国要以民族主义来抵抗西方世界的民族帝国主义，而要抵御西方国家的侵略就要动员全民族的力量，这首先就要将王朝臣民培养成国民，使其意识到国家的危亡与自己的命运息息相关，并愿意为此作出牺牲。梁启超认为中国之所以受到侵略，原因在内不在外，要使四万万中国人之民德、民智、民力与西方诸国相当，"而欲实行民族主义于中国，舍新民③末由。"在他看来"新民"才是使中国之民族主义获得巨大活力的根本力量，"国也者，积民而成。国之有民，犹身之有四肢五脏筋脉血轮也。"④ 因此，他提出了一套新的人格理想和价值观。在他看来，民众的存在状态直接决定国家的存在状态，从国家的内治来看，什么样的民众就决定了什么样的政府的运行，制度的制定和官员的行为。他说："国民之文明程度低者，虽得明主贤相以代治之，及其人亡，则其政息焉。……国民之文明程度高者，虽偶有暴君污吏，虐刘一时，而其民力自能补救之而整顿之。"⑤ 可见国民文明程度之重要。那么如何培养"新民"呢？他认为所谓"新民"，"非欲吾民尽弃其旧以从人也。新之义有二：一曰，淬厉其所本有而新之，二曰，采

① 梁启超：《新民丛报》"发刊告白"，《新民丛报》第 1 期。

② 参见黄克武著：《一个被遗弃的选择》，新星出版社 2006 年版，第 40 页。

③ 学者张灏认为梁氏的"新民"概念要从两个意义上加以理解，当"新"被用作动词时，"新民"必须解释为"人的革新"；当"新"被用作形容词"新的"意思时，"新民"应解释为"新的公民"。（参见张灏著、崔志海等译：《梁启超与中国思想的过渡（1890～1907）》，江苏人民出版社 1995 年版，第 107 页。）在同一著作中，张灏认为梁启超在维新变法之前就多次表达了"新民"思想，并通过制定具体的教育大纲来实现其教育目标，"内心的忠的和性格的训练被看成是为外在的政治领域里获得治世之才所必需的。"（同上书，第 58 页。）这些教育实践为梁启超以后重新思考中国传统道德缺失提供了经验，成为梁启超系统提出"新民"思想的重要过渡。

④ 梁启超：《新民说》，《饮冰室合集》（专集之 4），中华书局 1989 年版，第 1 页。

⑤ 同上书，第 2 页。

补其所本无而新之。二者缺一，时乃无功。"① "所本有"是培养"新民"的优势，但是仅仅这样还不够，由于中国特殊的历史进程，"吾国夙巍然屹立于大东，环列皆小蛮夷。与他方大国，未一交通，故我民常视其国为天下。"②这样就使得中国从历史发展看只有"部民"而无"国民"。这既是中国在强国林立的时代受到侵略的根本原因，也是时人试图通过政治、学术、技艺以救中国而终不可得的重要原因。梁氏认为要采取中西调和的办法来培养"新民"。"故吾所谓新民者，必非如心醉西风者流，蔑弃吾数千年之道德、学术、风俗，以求伍于他人。亦非如墨守故纸者流，谓仅抱此数千年之道德、学术、风俗，遂足以立于大地也。"③ 正是因为中国自古无国家观念，在梁启超看来，如果按照西方民族的国家（national state）发展的标准来衡量，中国人自古就不缺乏对个体修身养性的道德教化，中国人最缺乏的是公德，"公德者何？人群之所以为群，国家之所以为国，赖此德焉以成立者也。"④ "人人独善其身者，谓之私德；人人相善其群者，谓之公德，二者皆人生所不可缺之具也。无私德则不能立；合无量数卑污、虚伪、残忍、愚懦之人，无以为国也。无公德则不能团；虽有无量数束身自好、廉谨、良愿之人，仍无以为国也。"⑤ 虽然群体的力量最终取决于个体成员的素质，但是没有公德就不能形成团结的力量。因此，个人道德的培养就不能只关注一个方面，而既要培养私德又要注重公德。从这个角度讲，对于个体道德的培养和重视就不再是单单个人的问题，"它的首要价值仍在于有助于群体的集体利益"。⑥

梁启超将中、西伦理进行比较分析，"旧伦理之分类，曰君臣，曰父子，曰兄弟，曰夫妇，曰朋友。新伦理之分类，曰家族伦理，曰社会即人群伦理，曰国家伦理。"⑦ 儒家关于父子、夫妻、兄弟的伦理相当于西方家庭伦理，儒家关于朋友的伦理相当于西方社会伦理，而儒家关于君臣的伦理相当于西方的国家伦理。通过对比中国伦理的缺陷就显现出来，中国社会除家庭伦理外，社会伦理和国家政治伦理都极其狭窄，缺少"新伦理"所具有的丰富内涵，这

① 梁启超：《新民说》，《饮冰室合集》（专集之 4），中华书局 1989 年版，第 5 页。
② 同上书，第 6 页。
③ 同上书，第 7 页。
④ 同上书，第 12 页。
⑤ 同上书，第 12 页。
⑥ 张灏著、崔志海等译：《梁启超与中国思想的过渡（1890～1907）》，江苏人民出版社 1995 年版，第 108 页。
⑦ 梁启超：《新民说》，《饮冰室合集》（专集之 4），中华书局 1989 年版，第 12 页。

样就使得中国民众社会意识和国家观念淡薄，这是中国集体意识淡薄的主要原因。中国自古注重和强调私德的培养和教育，而公德教育却十分匮乏。这说明在中国历史上公德与私德的发展极度不平衡。任剑涛教授曾指出："早期儒家思想关注的问题可以分解为三：一是伦理，即人伦关系的省思，如仁义礼智信一类人伦规范，父子夫妻兄弟一类人伦关系格式；但它对道德，即伦理基本价值或终极关怀，又相对忽略，因为它不语神，而专言人。二是政治，即家国同构的社会政治之道，如君臣之义，圣王之道，德行取舍；但它对政治的制度设计相对轻视，而只当是伦理下贯到政治，如不忍人之心外推为不忍人之政（仁政）。三是做人，即如何正己正人，成己成物之道，如以利抉择，君子人格，圣贤榜样，个人修养；但它对人生的现实条件比较轻视，多言境界，少言境遇，人生成一务虚的架式。"① 这种儒家伦理思想自身的缺陷致使中国社会在向近代转型中出现了种种困难，不得不依靠西方国家资产阶级价值观念予以补充。梁启超认为，中国最紧要的是进行公德教育，塑造符合弱肉强食时代要求的"新民"。因而，"群"是构成梁启超道德价值体系的核心，他说："公德之大目的，既在利群，而万千条理，即由是生焉。"② 梁启超这里所指的"群"即是社会与国家。这时，梁启超暂时抛弃了他一直期待和向往的大同世界，将目光转向现实世界。他认为他生活的世界是竞争的世界，竞争停则文明止，在竞争的世界中，"一国者，团体之最大圈，而竞争之最高潮也。"③ 国家是"最上之团体"。这样，梁启超就将国家建立在个人的公德基础之上，而其民族主义建立在国家基础之上，正是从这个意义上，梁启超的民族主义代表了近代中国民族主义的发展方向。

梁启超认为"新民"应该具备以下几方面的品质：

首先，"新民"应有进取冒险精神。梁启超认为这是"新民"必备的美德，这是中国人所缺少的。他强调具有这种美德的重要性："故此性质者，人有之则生，无之则死，国有之则存，无之则亡。"④ 同时，在遍观西方国家的发展史后，指出："欧洲民族所以优强于中国者，原因非一，而其富于进取冒

---

① 任剑涛著：《伦理政治研究——从早期儒学视角的理论透视》，中山大学出版社1999年版，第5页。

② 梁启超：《新民说》，《饮冰室合集》（专集之4），中华书局1989年版，第15页。

③ 同上书，第18页。

④ 同上书，第25页。

险之精神，殆其尤要者也。"① 梁启超受到西方国家发展成功史的鼓励，认为希望、热诚、智慧和胆力四个要素构成了进取冒险精神。梁启超经过观察发现，这种精神不仅仅是西方社会个人的品质，并且上升为民族的特征。梁启超无法用汉语中已有语言来界定和说明这种精神，在文中曾两处直接引用英文原文来表达这种无法言传的精神，并认为在中国传统文化中只有孟子的"浩然正气"可以概括之，但是孟子的"浩然正气"具有明显的道德要求和考量，孟子所说的胆识和魄力是建立在巨大的道德正义基础之上。梁启超在"新民"人格的塑造过程中，抽去了"浩然正气"的道德预设，实际上偏离了中国儒家传统道德的路线，而成为力本论的直接拥护者，从而抛开了对道德建设本身的繁琐论证，使个人的道德构建直接建立在民族国家诉求基础之上。实际上当时日本著名学者福泽谕吉②在论及政体时采取了相似的思考方法。

其次，"新民"能充分行使自己的权利。梁启超认为："必须明确民主概念和自由主义概念之间的一个重要区别，接受民主思想不一定意味着信仰自由主义。因为正如许多人所做的那样，人们可以从集体主义的观点拥护民主，而西方自由主义的核心首先并且最主要在于信仰个人主义和个人主义的制度化——公民的权利和自由。"③ 虽然在变法之前，梁启超就经常接触西方关于个人权利的著作，"权利"与"自由"在其著作中不断出现，但是在梁启超看来，自由与民主就像国家与社会在严复那里一样，并不矛盾。在国家危难之际，社会达尔文主义的强权思想更符合梁启超的需要，虽然他讨论的是个人权利和自由，但是其终极关怀却是国家，他关注个人进步对于国家强盛的巨大作用。他站在国家主义角度上来看待思想启蒙的重要性，因此，他说："国家，譬犹树也。权利思想，譬犹根也。其根既拨，虽复干植崔嵬，华叶蓊郁，而必归于槁亡。遇疾风横雨，则摧落更速焉。即不尔，而旱暵之所暴炙，其萎黄雕敝，亦须时耳。国民无权利思想者以之当外患，则槁木遇风雨之类也。即外患不来，亦遇旱暵之类。吾见夫全地球千五兆生灵中，除印度、非洲、南洋之黑

---

① 梁启超：《新民说》，《饮冰室合集》（专集之4），中华书局1989年版，第23页。

② 福泽谕吉在明治维新时期大讲"实学"，这种思考方法认为事物的价值在于事物本身之中，到底要采取什么样的政体要根据具体的状态而定，其效果也是显而易见的，要以"有利于国家文明"作为考量政体的标准，从而抛开了传统道德的束缚。参见松本三之介著、李冬君译：《国权与民权的变奏——日本明治精神结构》，东方出版社2005年版，第32~46页。

③ 张灏著、崔志海等译：《梁启超与中国思想的过渡（1890~1907）》，江苏人民出版社1995年版，第135页。

蛮外，其权利思想之薄弱，未有吾国人若者也。"① 中国积贫积弱的原因就是中国人在历史发展的长河中没有形成强烈的权利观念，基于此认识，梁启超才提出权利观念。他说："一部分之权利，合之即为全体之权利。一私人之权利思想，积之即为一国家之权利思想。故欲养成此思想，必自个人始。"② 因此，"梁（启超）在文中几乎将民权思想仅仅看成是一种能启发中国集体活力的工具。"③ 这恰恰能反映出梁启超强调个人权利的真正动因，即是福泽谕吉的"一身独立，一国独立"的中国翻版。

在谈到个人自由时，梁启超又进一步将其集中为"参政问题"上，即前面提到的"积极自由"上，"然则今日吾中国所最急者，惟第二之参政问题……"④ 在他看来，中国目前急需解决的问题就是民众参政和民族建国问题，而这两个问题实质是同一个问题，解决了其中一个就解决了另外一个。"自由云者，团体之自由，非个人之自由也。野蛮时代个人之自由胜，而团体之自由亡。文明时代团体之自由强，而个人之自由灭。"⑤ 梁启超关心的个人自由就是公民的政治参与，对公民是否有不受干预的自由他并不感兴趣，这正好印证了梁启超对集体自由的高度关注和对个人自由的轻视，在必要时毫不客气地牺牲后者保证前者，毋庸置疑，这是对近代自由主义思想的扭曲。"团体自由者，个人自由之积也。人不能离团体而自生存，团体不保其自由，则将有他团焉自外而侵之，压之，夺之，则个人之自由更何有也?"⑥ 在梁启超那里，个人自由与团体自由最后得到了很好的安置，两者在西方政治理论和政治实践中的矛盾却在社会达尔文主义的框架中得到了很好的解决，正是个人积极参与社会从而为国家有机体提供了内在的补充，个人自由的合理表达正好能充实国家自由，国家获得自由独立的同时，个人的价值也就得到了体现和保证。正如张灏先生提到的"个人自我的思想使梁有可能在集体主义构建里认识到个人自由的意义。显然由于他的新儒学和佛学思想背景，梁相信每个人具有双重的我：肉体上的我和精神上的我。真正的我不是肉体，而是精神。他强调说，当

---

① 梁启超：《新民说》，《饮冰室合集》（专集之4），中华书局1989年版，第39页。
② 同上书，第36页。
③ 张灏著、崔志海等译：《梁启超与中国思想的过渡（1890～1907）》，江苏人民出版社1995年版，第76页。
④ 梁启超：《新民说》，《饮冰室合集》（专集之4），中华书局1989年版，第44页。
⑤ 同上书，第44～45页。
⑥ 同上书，第46页。

精神的我战胜了肉体的我，才获得了自由。"① 在 18 世纪末 19 世纪初，费希特面对当时德国的内忧外患曾表达了同样的思想："因为在我的内心之外我不可能改变这种情况，所以我便决定在我的内心之中去改变这种情况"。② 精神上的个人自由可能是梁启超这个入世颇深的思想家所能给个人保留的唯一的也是最后的空间。在一个专制制度强大、民众愚昧的国家里，还是会给个人预留一个可以安放灵魂的角落，"虽然他不是不了解从个人独立意义上理解的自由，但他是如此全身心地关注国家的独立，以致于他往往将任何有关个人自由的法规都看作是对他怀抱的集体自由这一目标的潜在伤害。"③ 最终，"梁（启超）基本上只是在集体主义的构架里与西方的自由主义理想妥协。"④

总之，随着社会达尔文主义的引进，梁启超用进化论的观点看待中国传统文化，从而稀释了传统文化中圣人先贤的文化价值，使得文化主义自然向国家主义过渡。"英雄只是在某一特定的时间内，思想或行动及时地发挥出独特的作用。在后来的年代里，对英雄的赞扬从限于对英雄本身努力，进而到那种无必要地重复他的成就中，这些成就除了它的精神外，已属于历史。文化主义需要先知，时光的流逝对先知不起作用，而他们的成就却是跟随的后人无法超越的。国家主义则需要英雄，那种激励后来而不是支配后人的英雄，他们遗赠后人的，只是英雄行为和英雄主义广泛意义上的形式，他们留下的财富可供后人选择。"⑤ 但是同时，他作为一个民族主义者，"每一个民族主义者都强烈地相信民族集体在过去创造了重大的价值。"⑥ 他又要在历史中为民族独立与富强寻找历史资源，他心中旧有的萦绕不去的困惑仍在于"历史"与"价值"应该珍惜哪一个：身为国家主义者，他急于使自己的国家变得强大，勇于指出自己的国家的错误，赞成采用国外曾证明的正确方法来补救；但同样身为国家主义者，他又必须信仰并保存中国的民族精神。当他强调保存国家的民族精神

---

① 张灏著、崔志海等译：《梁启超与中国思想的过渡（1890～1907）》，江苏人民出版社 1995 年版，第 145 页。

② 费希特著、梁志学等译：《论学者的使命 人的使命》，商务印书馆 2005 年版，第 8 页。

③ 张灏著、崔志海等译：《梁启超与中国思想的过渡（1890～1907）》，江苏人民出版社 1995 年版，第 143 页。

④ 同上书，第 146 页。

⑤ 勒文森著、刘伟等译：《梁启超与中国近代思想》，四川人民出版社 1986 年版，第 161～162 页。

⑥ 本杰明·史华兹著、叶凤美译：《寻求富强：严复与西方》，江苏人民出版社 1990 年版，第 13 页。

时，"历史"的观念超过了"价值"的观念，当他重视国家民族的生存和发展时，"价值"的观念又超过了"历史"的观念。① 在中国特殊历史背景下，在个人与国家关系上的国家主义倾向就成为必然。

严复与梁启超等思想家都生活在晚清时期，特殊的历史使命使他们既要以国家为本位，同时又要将关注的重点转移到个人身上。因此，在个人自由与国家本位之间，并没有见到西方国家学者笔下非此即彼的明显张力，他们在两者之间进行了很好的调适，两者以和谐一致的面目出现在作者的笔端。

三、革命派实现"振兴中华"的方法

（一）蔡锷的"军国民"思想

"军国民"思想是清末民初从日本传入中国的一种教育主张。当时的一些知识分子主张通过学校教育与社会教育等各种途径，增强国民的身体素质，培养国民的尚武精神，以抵御外来侵略。1903 年 5 月，在"拒俄"运动的基础上学生军改名为"军国民教育会"，军国民教育会"公约"宗旨是"养成尚武精神，实行爱国主义。"② 当时，军国民教育不仅在社会上广为宣传，而且学校里也开设了军事训练等相关体育课程。中华民国成立后，教育总长蔡元培曾将军国民教育正式作为教育方针之一。

蔡锷 1902 年以奋翮生为笔名在《新民丛报》上发表了《军国民篇》，系统阐释了"军国民"思想，指出"军者，国民之负债也"，并主张在中国用"军国民主义"武装国人，"军人之智识，军人之精神，军人之本领，不独限之从戎者，凡全国国民皆宜具有之。"③ 从其字里行间可见其对民族危亡的关切，并能体会其倡导军国民思想真正目的，在他看来，"中国之病在国力孱弱，生气销沉，扶之不能止其颠，肩之不能止其坠。"因而，"居今日而不以军国民主义普及四万万，则中国其真亡矣"。④ 他在文中还引述了日本尾崎行

① 崔志海：《评三部梁启超思想研究专著》，《中国社会科学院近代史研究所青年学术论坛（1999 年卷）》，中国社会科学文献出版社 2000 年版，第 486 页。
② 《苏报》："养成崇武精神，实行铁血主义"，参见杨天石、王学庄编：《拒俄运动（1901 － 1905）》，中国社会科学出版社 1979 年版，第 116 页；王章、惠中主编：《中国近现代社会思潮辞典》，南京大学出版社 1996 年版，第 395 页。
③ 蔡锷：《军国民篇》，曾业英编：《蔡松坡集》，上海人民出版社 1984 年版，第 16 页。
④ 同上书，第 15 页。

雄《支那处分案》对中国人性情的描述来说明中国屡战屡败的原因，"自历史上之陈迹徵之，支那人系尚文之民，而非尚武之民，系好利之民，而非好战之民。之日支那之连战连败者，其近因虽多，而其远因实在支那人之性情也。"①中国之所以面临这样困境，在蔡锷看来恰恰是因为缺少军国民主义教育，具体原因主要有以下几个方面：

第一，教育落后。蔡锷肯定了教育的重要作用，"教育者，国家之基础，社会之精神也。人种之强弱，世界风潮之变迁流动，皆于是生焉。东西各强国，莫不以教育为斡旋全国国民之枢纽。"② 与此相比，中国的教育从孩提到成年之间还"以仁义礼智，三纲五常之高义，强以龟行鼋步之礼节，或读以靡靡无谓之章词，不数年遂使英颖之青年化为八十老翁，形同槁木，心如死灰。受病最深者，愈为世所推崇，乃复将其类我之技，遗毒来者，代代相承，无有已时。"③ 欧美诸邦的教育是为"使之将来足备一军国民之资格，"而中国当时的教育"使之将来足备一奴隶之资格。"④ 西方教育以实用内容为主，增强国民体魄，而中国教育则以传统儒家伦理作为其核心内容，国人终其一生而学习，使身体羸弱，手无缚鸡之力。两者相遇结果不言自明。

第二，派别对立、思想纷繁。中国虽没有完整的宗教体系，但是有学派代之，分为两大派别，一派是孔派，一派是老派。前者"尚武"，后者"贱武"，表面上前者在中国历史上占主导地位，然实际上老派势力"泛滥天下"。"学派者，国民思潮之母。中国思潮之敝陋，至今日而达极点，非一洗数千年之旧思潮而更新之，则中国国民其永就沉沦之途已。"⑤ 由于老派"泛滥天下"，从根源上就缺少健康的国民运动的基础。

第三，以从军为苦的思想根深蒂固。中国古代虽有"不斩楼兰终不还"的慷慨之词，但是更多的是描写"从军之苦与战争之惨，从未有谓从军之乐者。"小说则"非佳人则才子，非狐则妖，非鬼则神，或离奇怪诞，或淫亵鄙俚。"结果导致"中国廉耻之所以扫地，而聪明才力所以不能进步也。"⑥

第四，以从军为耻的传统源远流长。"好汉不当兵，好铁不打钉。"这样

① 蔡锷：《军国民篇》，曾业英编：《蔡松坡集》，上海人民出版社1984年版，第17页。
② 同上书，第18页。
③ 同上书，第18页。
④ 同上书，第19页。
⑤ 同上书，第20页。
⑥ 同上书，第21页。

的谚语妇孺皆知，并世代相传。这样不良的民俗直接影响了人们的行为取向，使国家无强兵。事实上，军事力量是一个国家强盛的重要保证，"兵者国家之干城，国民之牺牲，天下之可尊、可敬、可馨香而祝者，莫兵若也。"在一衣带水的日本，从军却受到全社会的尊崇和爱戴，这样，积极参军就成为一种荣耀，"生者有生之辱，无死之荣，是以从军者有从军之乐，而有玷名辱国之畏。"① 两种不同风俗下军队的对峙，结果可想而知。

第五，体魄健康者少。中国自秦统一以来，"体魄之弱，至中国而极矣。人称四万万，而身体不具之妇女居十之五，嗜鸦片者十居一二；埋头窗下久事呻吟，龙钟惫甚而若废人者居十之一，其他如跛者、聋者、盲者、哑者、疾病零丁者，以及老者、少者，合而计之，又居十分之一二，综而核之，其所谓完全无缺之人，不过十之一而已。此十分之一之中，复难保其人人孔武可恃。以此观之，即欧美各强弃弹战而取拳斗，亦将悉为所格杀矣。"② 各种先天残疾、吸食鸦片、妇女缠足等都使中国人的身体素质下降，同时"八股试帖等之耗散精神，销磨骨髓，以致病苦零丁，形如傀儡者，此又其次也。"如若对此置若罔闻，"则恐不待异种之摧挫逼迫，亦将颓然自灭矣。"③ 对国人身体素质的关注在严复《原强》也可看到，"灵魂贵文明，而体魄则贵野蛮。"

第六，武器落后。"武器者，国民战斗力中之一大原质也。"中国虽在四千多年前就有武器，但直到现在"犹不出斧、钺剑、戟、戈、矛、弓、箭之类。"通过日本学者尾崎行雄的考证：支那无固有之武器，其所谓武器者，非杀人之具，而威吓人之具也。④ 作者就此得出结论：中国缺乏尚武精神，没有可以使用的武器。

第七，缺少军乐鼓舞士气。"声音之道，与政通矣。"⑤ 音乐对民族的精神塑造具有显著作用。在蔡锷看来，中国"自秦汉以至今日皆郑声也。靡靡之音，哀怨之气，弥满国内，乌得有刚毅沉雄之国民也哉。"⑥ 同时，在中国的军队中更没有军乐，日本自维新以来，"一切音乐皆模法泰西，而歌唱则为学校功课之一。然即非军歌军乐，亦莫不含有爱国尚武之意，听闻之余，自可奋

① 蔡锷：《军国民篇》，曾业英编：《蔡松坡集》，上海人民出版社 1984 年版，第 21~22 页。
② 同上书，第 22 页。
③ 同上书，第 24 页。
④ 同上书，第 25 页。
⑤ 同上书，第 25 页。
⑥ 同上书，第 26 页。

发精神于不知不觉之中。"① 从音乐的巨大作用出发，那么进行军国民主义教育音乐改革势在必行。

第八，"天下一家"、国力羸弱。"天下一家，则安逸而绝争竞，当四分五裂之局，则人人有自危之念，故争竞心重，而团结以据外之心生焉，自立以侵人之念生焉。"中国自春秋，特别秦统一以来，民气日没。"吾闻物理学者曰：凡物之无自动性者，始则难使其动，既动则难冀其静。中国国情殆类乎兹。"②

蔡锷认为中国缺少军国民精神的根本原因就是上述八条。同时，通过与其他国家对比，他看到中国国力羸弱和军备不足，但是他的主要目的不是谈军备，"而欲其速培养中国国民能成军之资格，资格既备，即国家不置一卒，而外虏无越境之虞。"③ 为了在中国培养军国民，蔡锷对军国民主义进行了较为翔实的解释和充分的论证。在他看来，中国"欲建造军国民，必先陶冶国魂。"所谓"国魂者，国家建立之大纲，国民自尊自立之种子。其于国民之头系也，如战阵中之司令官，如航海之指南针，如枪炮之照星，如星辰之北斗，夜光不足喻其真，干将不足喻其锐，日月不足喻其光明，海岳不足喻其伟大……"④ 具体到其他国家的国魂，"日本之武士道，日本之国魂也"，又有人称"大和魂"是也；德民之国魂，在其《祖国歌》之中所反映的日耳曼民族主义精神；美国的国魂则是"孟鲁（门罗）主义"；俄国的国魂是"斯拉夫人种统一主义"。可见，"国魂者，渊源于历史，发生于时势，有哲人以鼓铸之，有英杰以保护之，有时代以涵养之，乃达含弘光之大域然其得之也非一日而日渐。"⑤ 但是，说到中国的国魂，蔡锷说："欲于四千年汉族历史中，搜索一吾种绝无仅有之特色，以认为吾族国魂，盖杳乎其不可得矣"。"吁！执笔至此，吾汗颜矣！然而吾脑质中，有一国魂在。"⑥ "吾国'军国民主义'之输入，以此为嚆矢。"⑦

"军国民"思想风靡一时，维新派人士也从不同的角度予以肯定。蒋方震也在《新民丛报》上发表《军国民之教育》，鼓励从社会、学校、家庭三个方

---

① 蔡锷：《军国民篇》，曾业英编：《蔡松坡集》，上海人民出版社 1984 年版，第 26 页。
② 同上书，第 26 页。
③ 同上书，第 32 页。
④ 同上书，第 32 页。
⑤ 同上书，第 34 页。
⑥ 同上书，第 35 页。
⑦ 李文汉：《蔡松坡年谱》1900 年条，1943 年云南嵩明县教育科石印本，转引自谢本书：《论"军国民主义"》，《贵州社会科学》，1989 年第 10 期，第 56～61 页。

面实施军国民教育。梁启超虽是积极的改良主义者，但在维新变法失败后流亡日本期间，也积极提倡尚武精神，他举古罗马被日耳曼侵略的例子来批判"野蛮人尚力，文明人尚智"的思想，并通过斯巴达、德国、日本等为例说明尚武的必要性。他认为："然则尚武者国民之元气，国家所恃以成立，而文明所赖以维持者也。立国者苟无尚武之国民，铁血之主义，则虽有文明，虽有智识，虽有众民，虽有广土，必无以自立于竞争剧烈之舞台。"① 梁启超认为有四个原因造成了中国不尚武：一由于国势之一统；二由于儒教之流失；三由霸者之摧荡；四由于习俗之濡染。"重文轻武之习既成，于是武事废堕，民气柔靡，二千年之腐气败习，深入于国民之脑。遂使群国之人，奄奄如病夫，冉冉如弱女，温温如菩萨，戢戢如驯羊。"② 在中国传统轻武观念的影响下，"故其所谓军人者，直不啻恶少无赖之代名词；其号称武士者，直视为不足齿之伧父。夫东西诸国之待军人也，尊之重之，敬之礼之，馨香尸祝之。一入军籍，则父母以为荣，邻里以为幸，宗族交游以为光宠，皆视此为人生第一名誉之事。"③ 中国弱于日本是中国对身体素质忽视的必然结果。在梁启超看来，要进行军国民教育，必不可少的三个方面就是：胆力、体力和心力。正因为对民族独立和民族振兴的关注，当时的知识分子才将目光放在个人身体上，当时的军国民主义也被作为救国的一个良方而得到青年们的极度推崇，他们期望通过对国民进行军事化的改造达到挽救民族危亡、国家富强的目的。

"军国民"思想及教育的出现和发展回应了中华民族救亡图存的历史要求，在唤起民众的历史责任、增强民族的凝聚力和自信力、共同抵御外辱等方面起到了积极的作用。从军国民思想在中国发展的原因和过程看，它主要是用来反对帝国主义对中国的侵略和剥削的，从此，先进的知识分子开始关注国民的身体，从国民身体素质角度寻求救国的良药，这有别于对国民精神、道德的关注。

（二）孙中山"恢复民族地位"的思想

孙中山在1894创立的兴中会誓词提出"驱除鞑虏，恢复中华，创立民国，平均地权"，同时以"民族、民权、民生"分别与之相对应。随着革命形势的发展，孙中山将反对帝国主义的目标明确起来。那么，孙中山用哪些资源作为发动民族主义运动的推动力量，并"恢复民族地位"，正是本部分所要讨论的

---

① 梁启超：《新民说》，《饮冰室合集》（专集之4），中华书局1989年版，第108页。
② 同上书，第111~115页。
③ 同上书，第114页。

问题。

首先，孙中山毕生强调民族精神在恢复民族地位中的重要性。根据王希恩研究员的研究，"民族精神就是一个民族所普遍表现出来的精神活力和个性特征，普遍尊奉的有利于社会进步和民族利益的社会信念、价值追求和道德风尚。"① 民族精神是一种集体精神，是一个民族集体风貌的具体呈现。孙中山认为"第知凡非物质者，即为精神可矣。"精神与物质两者兼具是一个完全独立的人的标志，同时，在他看来，"两相比较，精神能力实居其九，物质能力仅得其一。"② "故革命在乎精神，革命精神者，革命事业之所由产出也。"③可见，在孙中山思想中精神的重要性。孙中山并没有具体给出民族精神的定义，但是却将它作为民族振兴和民族自强的重要资源。正是基于对民族精神的重要性的判断，早在 1902 年，他就以民族精神号召非满族人团结起来推翻清政府的统治，这一时期孙中山还将民族精神的主体局限在汉族范围内。随着形势的发展，特别是中华民国民族国家政治体制的构建以及中央权力辐射范围的扩大，孙中山心目中的国家观念逐渐清晰起来，特别是在中国共产党及共产国际的帮助下，确立反帝的目标，在这种情况下，强调民族志气与民族精神显然既可以唤醒民众又可以团结民众，"我们中国人的地位，堕落到了这个地步，如果还不想振作国民精神，同心协力，争回租界，海关和领事裁判权，废除一切不平等的条约，我们中国便不是世界上的国家，我们中国人便不是世界上的国民。"④ "用历史证明，中国是富强的时候多，贫弱的时候少；用民族的性格证明，中国人实在是比外国人优。弄到现在国势像这样的衰微，自然不能不归咎于我们的堕落，因为堕落所以便不能振作。怎么样去图国家的富强？我们要图国家的富强，必须要自己振作精神，大家团结起来，共同向前去奋斗。万不可自私自利，只知道要自己到什么地位，不知道国家到什么地位。我们有了这项志气，便是国民志气。"⑤ 是什么造成了中国人民族精神的堕落？在孙中山看来"中国二百多年前，亡国过一次，被满洲人征服了，统治二百多年，事

① 王希恩：《民族精神与民族意识》，《满族研究》，2003 年第 2 期，第 2 页。
② 孙中山：《在桂林对滇粤赣军讲演》，曹锦清选编：《民权与国权——孙中山文选》，上海远东出版社 1994 年版，259～260 页。
③ 同上书，260 页。
④ 孙中山：《中国内乱之因》，中国国民党党史委员会、中央委员会党史委员会编订：《国父全集》第 3 册，中国国民党党史委员会、中央委员会党史委员会出版 1981 年版，第 534 页。
⑤ 孙中山：《在广州岭南学生欢迎会的演说》，《孙中山全集》（第 8 卷），中华书局 1986 年版，第 540 页。

事压制，摧残民气，弄到全国人民俯首下心，不敢振作。我们近来堕落的原因，根本上就在乎此。十二年以来，我们革命党才把满人的政府推翻，不受满人的束缚，但是还受许多外国人的束缚。"① 因此，振作民族精神就成为摆脱束缚的基础性条件，"如果再不留心提倡民族主义，结合四万万人成一个坚固的民族，中国便有亡国灭种之忧。我们要挽救这种危亡，便要提倡民族主义，用民族精神去救国。"② 孙中山认为充分了解中国所处的危机状况是恢复民族精神的条件。同时，他将恢复民族精神作为动员民族主义运动的基础性工作，"从前失去民族精神，好比是睡觉；现在要恢复民族精神，就要唤醒起来。醒了之后，才可以恢复民族主义。到民族主义恢复了之后，我们便可以进一步去研究怎么样才可以恢复我们民族的地位。"③

其次，孙中山认为恢复民族主义和恢复民族地位的方法是"能知与合群"。所谓"能知"就是让国人充分了解当时中国在世界中所处的位置，"我们要恢复民族主义，就要自己心理中知道现在中国是多难的境地，是不得了的时代，那末已经失了的民族主义，才可以图恢复。如果心中不知，要想图恢复，便永远没有希望，中国的民族，不久便要灭亡。"④ 孙中山通过政治、经济和人口三个方面说明来自西方列强的压迫使中国所处境地的危险，要让所有中国人都要了解到"自己死期将至"，这样民族主义的动员就很容易。关于"合群"，即团结，孙中山认为要恢复失去了的民族主义，需要全国人的团结，"我们要结成大团体，便要有小基础，彼此联合起来，才容易做成功。我们中国可以利用的小基础，就是宗族团体，此外还有家乡基础，中国人的家乡观念也是很深的，如果是同省同县同乡村的人，总是特别容易联络。依我看来，若是拿这两种好观念做基础，很可以把全国的人都联络起来。"⑤ 他将全民族团结的基础建立在具有血缘关系的家族和宗族基础之上，以此作为勾连个人与国家之间的中间形式，正是因为他并没有改变中国传统社会结构的想法，他就将传统道德的恢复作为恢复民族地位的另外一个重要指标。

再次，孙中山强调民族道德在恢复民族地位中是不可或缺的，孙中山认为

① 孙中山：《在广州岭南学生欢迎会的演说》，《孙中山全集》（第8卷），中华书局1986年版，第540页。
② 孙中山：《民族主义》，《孙中山全集》（第9卷），中华书局1986年版，第189页。
③ 同上书，第242页。
④ 同上书，第232页。
⑤ 同上书，第238页。

正是因为中华民族的道德高尚，国家虽然遭到侵略，但是民族本身仍然存在。"所以穷本极源，我们现在要恢复民族的地位，除了大家联合起来做成一个国族团体以外，就要把固有的旧道德先恢复起来。有了固有的道德，然后固有的民族地位才可以图恢复。"① 那么"固有的道德"是指以下几个方面：讲到中国固有的道德，中国人至今不能忘记的，首是忠孝，次是仁爱，其次是信义，其次是和平。这些旧道德，中国人至今还是常讲的。② "古时所讲的忠，是忠于皇帝，现在没有皇帝便不讲忠字，以为什么事都可以做出来，那便是大错。现在人人都说，到了民国什么道德都破坏了，根本原因就是在此。我们在民国之内，照道理上讲，还是要尽忠，不忠于君，要忠于国，要忠于民，要为四万万人去效忠。为四万万人效忠，比较为一人效忠，自然是高尚得多。故忠字的好道德还是要保存。……国民在民国之内，要能够把忠、孝二字讲到极点，国家便自然可以强盛。"③ 正是"固有的道德"是弘扬民族精神的文化渊源和动员民众民族主义情感的重要思想资源。孙中山将民族精神的弘扬和民族主义社会动员建立在社会传统文化基础之上。

另外，除了恢复"旧有的道德"外，孙中山认为恢复民族地位还要恢复"固有的智能"，"中国有什么固有的智识呢？就是人生对于国家的观念，中国古时有很好的政治哲学。"这些政治哲学是西方国家无法企及的，孙中山认为其中最系统的政治哲学"就是《大学》中所说的'格物、致知、诚意、正心、修身、齐家、治国、平天下'那一段的话。"④ 孙中山将传统儒家道德哲学与政治哲学作为凝聚中国民族主义的有效资源，上述这种从内心逐渐向外扩展的过程恰好同中国历史上"内圣外王"思想相一致，这实际上是一个积极的政治参与过程，孙中山极力推崇这一哲学，可见他看重的还是"积极的自由"。另外，除了道德外，要恢复民族地位还有"能"。"外国的机器发达，科学昌明，中国人现在的能力，当然不及外国人，但是在几千年前，中国人的能力是怎么样呢？还要比外国人大得多，外国人现在最重要的东西，都是中国人从前发明的。"⑤ 但是，鸦片战争后，中国人的信心丧失殆尽，要恢复民族的地位首先要将民族的能力恢复起来。正是看到了西方国家在近代取得的巨大进步，

---

① 孙中山：《民族主义》，《孙中山全集》（第9卷），中华书局1986年版，第243页。
② 同上书，第243页。
③ 同上书，第244页。
④ 同上书，第247页。
⑤ 同上书，第250页。

孙中山在谈到恢复民族地位的时候主张要向这些西方国家学习，加快民族地位恢复的步伐。"我们要学外国，是要迎头赶上去，不要向后跟着他，譬如学科学，迎头赶上去，便可以减少两百年的光阴，……如果能够迎头去学，十年之后，虽不能超过外国，一定可以和他们并驾齐驱。"①

最后，孙中山也多次提到要实现民族振兴与民族自强，要以牺牲个人自由为前提。1917 年 5 月，孙中山撰写《中国存亡问题》，就中国参加第一次世界大战发表观点，通过参战过程他看到中国在国际上的屈辱地位和严重的民族危机。"中国将欲于此危疑之交，免灭亡之患，亦惟有自存其独立不屈之精神而已。"这种精神就是民族精神，只要国人具有这种精神，国家就有独立和强大的希望。那么，如何培养这样的精神呢？在他看来，要从国民个体着手，"中国者，中国人之中国也，最终之决定，当在国民"，"夫国民有独立不挠之精神，则亡者可以复兴，断者可以复续。"②"三民主义"中的三者虽为并列关系，实际上几乎在上个世纪 20 年代之前，都基本只讲"民族主义"，恰恰反映了在民族危亡的关键时刻，民族主义对个人自由与个人经济地位诉求的遮蔽。首先孙中山认为国民党党员要牺牲个人自由与平等，"我们国民党应有一种精神结合，第一牺牲自由，第二贡献能力；必须个人能牺牲自由，然后全党才能得自由，个人能贡献能力，然后全党才能有能力，党有了自由和能力，才能担负革命的大事业，来改造国家。"③"大家要希望革命成功，便先要牺牲个人的自由、个人的平等，把各人的自由、平等，贡献到革命党内来，……只全党有自由，个人不能有自由。"④ 同时，孙中山认为，国家在国际社会的平等地位才是第一位的，"革命的始意，本来是为人民在政治上争平等、自由，殊不知所争的是团体和外界的平等、自由，不是个人自己的平等、自由。中国现在革命，都是争个人的平等、自由，不是争团体的平等自由。所以每次革命，总是失败。"⑤ 个人的自由与平等只是为国家的自由平等服务，在孙中山那里并没有像西方国家政治理论家那样需要不断为个人与国家之间划清界限，两者很自然地融为一体，在这一点上孙中山与严复和梁启超是一致的。

---

① 孙中山：《民族主义》，《孙中山全集》（第 9 卷），中华书局 1986 年版，第 252 页。
② 孙中山：《中国存亡问题》，《孙中山全集》（第 4 卷），中华书局 1981 年版，第 97～98 页。
③ 孙中山：《中国国民党第一次全国代表大会开幕词》，《孙中山全集》（第 9 卷），中华书局 1986 年版，第 96 页。
④ 孙中山：《对黄埔军官学校告别词》，曹锦清选编：《民权与国权——孙中山文选》，上海远东出版社 1994 年版，第 297 页。
⑤ 同上书，第 295 页。

四、南京国民政府"民族复兴"的思想

因为严峻的国内外局势，唤起民族意识，发扬民族精神，共赴国难成为时代的强音，南京国民政府启动了一系列御辱求强的运动。在孙中山将三民主义与《大学》的道德哲学联系起来的基础上，蒋介石通过一系列活动，特别是新生活运动，将儒家思想重新作为国民忠诚于国家的道德基础，使传统儒家思想成为南京国民政府民族主义援引的核心力量。

（一）加强"三民主义"宣传

以蒋介石为首的南京国民政府以"三民主义"的真正继承者自居，1928年国民党召开第一次全国教育会议，决定推行"三民主义"的教育，1931年颁布《三民主义教育实施原则》，主张将"三民主义"精神通过社会和学校教育以及宣传贯彻到国民的行动中。但是，国民党四大通过的《关于党义教育案》质疑了传统的党义宣传方式，主张应将三民主义精神"寓于各种社会科学，自可融汇而贯通"，在各大中小学不再专门设置党义课程，并展开大规模的宣传工作。1933年3月，国民党四届二中全会提出宣传工作的方针是："对内利用原有一切宣传工具，扩大其宣传。对于民众以唤起民族意识，复兴民族精神，御辱自卫，共赴国难为主旨。"[1] 国民党在1935年召开的五届一中全会中对宣传工作进一步具体化：一、发挥总理遗教。应会同教育部中央研究院依据总理遗教，编著哲学、教育、政治、经济、社会诸理论学说，使本党理论完全渗透贯彻与各种学说之中，以收潜移默化之效，一扫以往党义自党义，学说自学说，彼此扞格不入之弊。二、提高民族意识。应本总理遗教，发扬民族自信力与爱护国家精神，沉着迈进，以跻民族于复兴之境域。……六、策进边区宣传。团结国族，同赴国难，为目前急切之要图。须以地理、历史、人文之提示，增进边区人民国家民族之意识，及对本党主义之信仰；并启发其知识，以增益生产之机能。[2] 临时全国代表大会提出对民众进行"民族至上，国家至上"与"军事第一，胜利第一"的宣传。民国政府通过政权力量利用教育、宣传、历史文化研究等方式，一方面将主要意识形态灌输到普通民众心里以增

---

[1] 荣孟源主编：《中国国民党历次代表大会及中央全会资料》（下），光明日报出版社1985年版，第150页。

[2] 同上书，第379~380页。

强其民族国家意识，另一方面进行民族主义动员以实现民族自强和民族振兴。

日本明治维新时期，著名学者德富苏峰创办了"大江义塾"，就采取自由主义民主主义的管理方式，将对学生的政治教育融入到学生的日常生活中，"以这种治塾方针，来缔造新的政治人格，隐含了一种新的设计倾向，即政治人格生活化。在他看来，新的政治人，首先是一个生活者；只有生活者，才能成为政治世界的主人；只有生活世界，才是政治世界的真正的起点。正是那些实实在在的社会生活的承担者们，他们才构成了政治世界的现实基础，因此，造就新的政治人的途径，便是将新的政治原则化为具体的日常生活。这就是大江义塾的试验宗旨。"① 无疑，南京国民政府也贯彻了这一理念，将政治诉求通过对群众的宣传教育及文化阅读等方式进行渗透。

（二）新生活运动

南京国民政府统一全国并没有使中国免受外来侵略，日本发动了"九·一八"事变，加快了侵略中国的步伐。同时经过多年的军阀混战，特别是各种外来思想冲击，国内民众的思想混乱，中国传统文化经过五四运动遭到了很大的冲击，中国共产党的影响也不断增加，这种复杂情况正是新生活运动的历史背景。蒋介石试图利用传统儒家文化重新塑造国民，一方面以此作为统一民族国家的道德基础，剔除其他思想对民众的影响，另一方面通过提倡新生活运动恢复民族精神以抵御外辱、寻求自强。

1932 年 6 月，蒋介石在《中国的立国精神》中指出，"如果一个人没有精神，虽然活着，也如同死了一样；国家失了他的灵魂——精神，名义上虽然存在，实质上也是如同亡了一样。现代社会破产，人心麻木，纪律荡然，秩序纷乱，毫无廉耻，不讲信义。这原因在什么地方？完全是因为我们的立国精神死了，如果我们再不想法子挽救，复兴我们的民族精神，那么灭亡就在目前。"② 在他看来，一个民族若没有民族精神，它的民族性就无法养成，没有民族性就无法御辱强国，而"忠孝仁爱信义和平"等传统道德正是中国得以立国的民族精神，所以，要复活民族精神。因此，1932 年 12 月召开的国民党第四届第三次会议通过了指导民众运动的方针：提高民族意识，增进民族自信力；健全

---

① 松本三之介著、李冬君译：《国权与民权的变奏》，东方出版社 2005 年版，第 97～98 页。

② 蒋介石：《中国的立国精神》，载《蒋总统集》第一册，转引自松本真澄著、鲁忠慧译：《中国民族政策之研究》，民族出版社 2003 年版，第 154 页。

民众组织，推进地方自治，树立民治基础；指导民众努力生产，发展国民经济。①

1934 年 2 月，蒋介石在江西南昌成立新生活运动促进会，发动了新生活运动，他称之为"救国建国与复兴民族一个最基本最有效的革命运动"②。蒋介石发表了《新生活运动之要义》、《新生活运动之中心准则》、《力行新生活运动》、《新生活运动的意义和目的》和《再解释新生活运动》等演说，并主持制定了《新生活运动纲要》、《新生活运动须知》等文件。他自任会长，陈果夫、张群、何应钦等为指导员，并在全国各地成立分会和支会，将新生活运动推向全国。该运动标榜以传统观念礼义廉耻为基本准则，要求以整体、清洁、简单、朴素、迅速、确实③为国民日常生活的具体标准，在国民的衣食住行等日常生活中践行礼义廉耻。"礼义廉耻"出自《管子·牧民篇》，"何谓四维？一曰礼，二曰义，三曰廉，四曰耻。"并以"四维不张，国乃消亡"警示世人。"新生活运动者，我全体国民之生活革命也，以最简易而最急切之方法，涤除我国民不合时代不适环境之习性，使趋向于适合时代与环境之生活。质言之，即求国民之生活合理化，而以中华民族固有之德性——'礼义廉耻'为基准也。"④ 新生活运动部分地受到了"强种健民"思想的启发。"吾人今欲使国家乘机转危为安，转弱为强，必在大战之前夕，竭力准备。予以为此种事业大概有两种，一曰明耻教战，即普遍的国民军事训练。一曰交通及基本工业之建设。"⑤ 显然前者就指的是新生活运动。蒋介石认为"四维既张，国乃复兴。"并对四维进行了新的解释："1. 礼，平时解作规规矩矩的态度，战时解作严严正正的纪律；2. 义，平时解作正正当当的行为，战时解作康康慨慨的牺牲；3. 廉，平时解作清清白白的辨别，战时解作实实在在的节约；4. 耻，平时解作切切实实的觉悟，战时解作轰轰烈烈的奋斗。"⑥ 传统儒家文化在以

---

① 荣孟源主编：《中国国民党历次代表大会及中央全会资料》（下），光明日报出版社 1985 年版，第 179 页。

② 蒋介石：《将官自强与强兵之要旨》，《先总统蒋公思想言论总集》第 12 卷，第 53 页，转引自黄道炫：《蒋介石"攘外必先安内"》，《中国社会科学院近代史研究所青年学术论坛（1999 年卷）》，中国社会科学文献出版社 2000 年版，第 42 页。

③ 蒋介石：《新生活运动纲要》，罗家伦主编：《革命文献》第 68 辑，《新生活运动史料》，中国国民党中央委员会党史委员会，台湾中央文物供应社 1975 年版，第 5 页。

④ 同上书，第 1 页。

⑤ 蒋介石：《党政军设计之基本原则》，《先总统蒋公思想言论总集》第 12 卷，国民党中央党史委员会 1984 年版，第 100 页。

⑥ 周世辅著：《三民主义要义》，五南图书出版公司 1986 年第 12 版，第 183 页。

蒋介石为首的国民党专制统治中获得了新内容。

国民政府通过提倡新生活运动，将经过新文化运动已经蓬勃发展的对个人权利与自由的渴望直接导入到对国家自由与平等的追求中去，为其"以党治国"的专制统治提供了理论基础。1934年2月，蒋介石在浙江发表演说，指出："现在我们国家和整个民族，已经到了存亡危急的时候，我们全国的同胞……必须个个人要效法越王勾践的'卧薪尝胆'的精神和'生聚教训'的方法来救国，然后国家才能救转，民族才可复兴！"① 1935年11月，国民党在五大开幕词中指出：其实要组织一个健全的革命救国的集团，固然必须全体党员能牺牲自由贡献能力；要造一个自由的国家，也不外乎使全体国民人人都能为国家而牺牲自由与贡献能力。这个精确不磨的理论，真是我们今后努力的大道。牺牲自由就是克己，贡献能力就是能效命。我们要以党内牺牲自由的精神，来感动全国国民都为国家来牺牲自由。我们又必须加倍刻苦来贡献能力，才可以团结全国同胞，人人贡献能力，为国家效命。② 加强伦理建设就是要恢复国民的固有道德，而这是恢复民族地位的条件。蒋介石认为"我们为什么要著重伦理建设？简单说，是要打倒自私自利的个人主义，以扫除革命建国的障碍。在积极方面，是要改进人民的行为，恢复民族固有道德，从而发扬光大，养成国民高尚健全的人格，使我们四万万同胞，人人能够牺牲小我，舍己利群，尽忠国家，尽孝民族，讲信重义，仁民爱物，和平互助，如手足兄弟一样，御辱建国，合力共赴。"③ 他要求全国人民对国家尽忠，对民族尽孝，这比孙中山要求党员牺牲自由的基础上更进了一步。而要求"全国国民"牺牲自由、效忠国家，这正是新生活运动的真正目的。

新生活运动经过多年发展，虽然并没有达到国民政府预期的效果，但是它在发扬中华民族传统文化、增强民族自尊心、自信心和民族凝聚力，特别是动员民族力量抵御日本帝国主义等方面起到了一定的作用，正是从这个意义上

---

① 蒋介石1934年2月13日致贺耀组电，《中华民国重要史料初编——对日抗战时期》绪编第3册，第298页，转引自黄道炫：《蒋介石"攘外必先安内"》，《中国社会科学院近代史研究所青年学术论坛（1999年卷）》，中国社会科学文献出版社2000年版，第41页。

② 荣孟源主编：《中国国民党历次代表大会及中央全会资料》（下），光明日报出版社1985年版，第290页。

③ 蒋介石：《三民主义之体系及其实行程序》，秦孝仪主编：《先总统蒋公思想言论总集》（卷三专著），国民党中央党史委员会1984年版，第152页。

说，"新生活运动是一个以德性复活的，来求民族复兴的活动。"①

（三）国民精神总动员

在新生活运动的成效并不明显的情况下国民政府又发起了"国民精神总动员"。② 1939 年抗日战争进入更为艰难的时期，在敌我力量悬殊的情况下，蒋介石继续他的一贯主张，"精神的重要更过于物质，要发挥抗战的力量，不仅要振作精神，集中精神，而且要以精神为主，物质为用，必须提高全国人民坚强奋发的精神，然后方能克服困难，打破敌人，完成抗战的使命。"并指出"通令全国前后方及游击区全体官兵与民众，一律实施国民精神总动员纲领与宣誓国民公约。"③ 在发表上述演讲的同一天，国防最高委员会公布了《国民精神总动员纲要》、《国民公约》及相应的实施办法。其实，早在 1938 年 3 月国民党临时全国代表大会上通过的宣传工作方针的第一条就是"在方针上应确认抗战为国民革命的历史任务之一，故必须是三民主义之成功，乃为抗战之胜利，而一般民众，尤应有'民族至上，国家至上'与'军事第一，胜利第一'之信念。"④ 这一方针也成为国民精神总动员的指导方针。

《国民精神总动员纲领及其实施办法》指出"故抗战前途，国族命运成败安危，实均系于国民精神总动员的一举，"足见国民政府对此举的重视程度。国民精神总动员将"民族至上，国家至上"与"军事第一，胜利第一"以及"意志集中，力量集中"作为目标，而要实现上述目标必须具备"忠孝仁爱信义和平"八德，其中以"忠孝"为最，"对国家尽其至忠，对民族行其大孝"。"所谓国民精神总动员者，自其学义言之，则在个人为集中其一切意识、思维、智慧与精神力量于一个方面而使用之，在国民全体为集中一切年龄、职业、思想、生活各个不同的国民的精神力量于一个目标，而共同鼓舞以增进之，整齐调节以发挥之，确定组织的中心，以增强发挥其效率者也。在精神力量的所由表现为道德，而其所由发挥则必归着于信仰。……是以就今日中国而言国民精神总动员，则其涵义应为集结全国国民的精神于简单共同的目标，使

① 蒋介石：《新生活运动四周年纪念训词》，罗家伦主编：《革命文献》第 68 辑，《新生活运动史料》，中国国民党中央委员会党史委员会，台湾中央文物供应社 1975 年版，第 62 页。

② 关于发动"国民精神总动员的历史背景"可参见张生、周宗根：《国民精神总动员缘起析论》，《南京大学学报》，2000 年第 6 期，第 83～90 页。

③ 马起华著：《抗战时期的政治建设》，近代中国出版社印行 1986 年版，第 62 页。

④ 荣孟源主编：《中国国民党历次代表大会及中央全会资料》（下），光明日报出版社 1985 年版，第 500 页。

全国国民对自身皆确立同一救国道德，对国家皆坚定同一的建国信仰，而国民每一份子皆根据同一道德观念为同一的信仰而奋斗牺牲也。"① 个人自由权利又一次湮没在"救国道德"与"建国信仰"之中。1941 年 3 月，国民党第五届中央执行委员会第八次全体会议宣言将精神总动员克敌制胜的标准揭橥为：一曰不违背国民革命最高原则之三民主义，二曰不鼓吹超越民族之理想与损害国家决定性之言论，三曰不破坏军政军令及行政系统之统一，四曰不利用抗战形势以达成国家民族利益以外之任何企图。此尤为全国军民所宜一律遵循之信条。② 国民政府通过一套完整的"国民公约"制度将个人牢牢地束缚在国家的框架之上，将个人进一步工具化，也进一步暴露了此次动员的真正目的。

五、国家社会党"民族至上，国家至上"的主张

从孙中山在清末提出"振兴中华"③ 的口号，到梁启超以"振兴中国，保全种族"为历史责任，再到"中华民族"这个现代符号被广泛接受，"中华民族的复兴"作为时代主题贯穿整个清末民国时期。特别是九·一八事变之后，面对强敌，重新振作精神，抗日救国，复兴中华民族成为时代的召唤，"中华民族的复兴"成为知识界的主流话语。知识分子们以特有的方式为"中华民族的复兴"提供力量。张君劢为首的国家社会党创办的《再生》杂志，明确将"中华民族复兴"作为刊物的宗旨。

1932 年，张君劢等在北京创办《再生》（英文为 The National Renaissance）杂志，阐发其政治、经济及文化主张，其政党组织被称为国家社会党，其前身是由梁启超等创办的"研究系"，国家社会党的主要代表人物是张君劢和张东荪，1946 年与民主宪政党合并为中国民主社会党。国家社会党没有雄厚的社会基础，全面抗战前由于对民国政府一党专制颇多微词，而受到国民政府的诸多限制，因此，这个政党组织机构并不完备，只有中央机构，知识分子的"floating"性质再次呈现，其主张也仅仅停留在理论层面，极为宏观而概括。

---

① 《国民精神总动员纲领及其实施办法》，转引自马起华著：《抗战时期的政治建设》，近代中国出版社印行 1986 年版，第 65 ~ 66 页。

② 荣孟源主编：《中国国民党历次代表大会及中央全会资料》（下），光明日报出版社 1985 年版，第 673 页。

③ 1894 年 11 月，孙中山在檀香山组织成立了第一个反清革命团体"兴中会"。在为兴中会起草的章程中他明确指出："是会之设，专为振兴中华、维持起见。""振兴中华"这一口号由此而来。（孙中山：《檀香山兴中会章程》，《孙中山全集》（第 1 卷），中华书局 1981 年版，第 19 页。）

本部分主要讨论张君劢的"民族自强"① 的理论，其主张主要通过《再生》杂志反映出来。

张君劢曾留学日本与欧洲，受到西方政治哲学的深刻影响，他将穆勒、拉斯基等思想家的思想介绍到中国。对国家、社会及个人之间关系等相关问题的讨论，这些思想家以相对成熟的西方国家政治制度作为研究的基础，而将这些思想引入半殖民地状态的中国，自然会发生诸多变化，会出现我们在第一章指出的"倒流"现象，因为面临着巨大的民族危机，在国家、个人与社会之间，对国家命运的刻意强调就成为当时学者们的必然选择。在日本大规模侵华的情况下，张君劢在 1932 年将费希特的《对德意志民族的演讲》翻译成中文。他在译本引言中指出"数千年之历史中，大声疾呼于敌兵压境之际，胪举国民之受病处，而告以今后自救之法，如菲希德氏之《对德意志国民之演讲》，可谓人间正气之文字也。菲氏目的在提高德民族之自信心，文中多夸奖德人之语。"② 在他看来，费希特的民族主义核心内容可以概括为三点：第一，在民族大受惩创之日，必须痛自检讨过失；第二，民族复兴，应以内心改造为重要途径；第三，发扬光大民族在历史上的成绩，以提高民族的自信力。"此三原则者，亦即吾国家今后自救之方策也。世有爱国之同志乎！推广其意而移用之于吾国，此则菲氏书之所译也。"③ 上述三原则正面展示了民族主义精神的基本内涵。张君劢就以《对德意志民族的演讲》为蓝本展开对民族自强问题的全面讨论，他对民族命运的关切也是从培养民族意识开始的。他认为，中国人的民族意识淡薄是中国历史上占统治地位的"天下观"造成的，这种天下观念从春秋战国时期开始出现，秦朝统一后得到进一步强化，"几千年来的中国，所以支配人心者，只是一个天下观念，"④ 这种观念使"中国"概念具有了相对性和开放性，无法获得明确的边界，使得"养成民族意识之环境，缺然不备。"⑤ 因此，在当时国人的头脑中只能形成"天下"思想，而不能形成民族思想。即使在西方民族国家已经形成的国际政治体系的外在刺激下，中华

---

① 张君劢：《菲希特〈对德意志国民演讲〉摘要》，《再生》第 1 卷第 3 期。

② 同上刊。

③ 同上刊。

④ 张君劢：《中华新民族性之养成》，《民族复兴之学术基础》，中国人民大学出版社 2006 年版，第 204 页。

⑤ 张君劢：《中华民族复兴之精神的基础》，《民族复兴之学术基础》，中国人民大学出版社 2006 年版，第 244 页。

民族建国运动也相对迟缓与艰难，"改建旧邦为近世国之运动"① 的转变困难重重。在中国人心目中"民族"、"民族国家"这样的概念很难确立，"大多数之国民只知有家族、乡土，而不知有国家。"② 这样在历史上出现"异族篡窃华夏主权"、"为满洲伪国为日本效奔走之劳者"就成为必然，为个人利益卖主求荣者更不胜数，如此缺乏国家观念，民族建国运动之艰难可想而知。"我国自秦汉以后，民族疆域虽日益廓大，但……这'天下观念'的心理，始终未能消灭，而民族国家的观念也始终未能养成，所以中国始终未曾踏上近世国的路。"③ 中国虽经种种努力仍处民族危亡的边缘，他认为根本原因在于民族意识的缺乏，是中国人缺少维系中华民族共同体的民族意识，即"不能完全知道自己是中国人。"那么根治上述"顽疾"的办法就是培养"中华新民族性"，其核心是培养民族意识。

首先，要开发人民的"心力"。"心力"包括"情"、"知"和"意"三个方面，其中"情"指民族成员对自己所属民族的真诚热爱，"知"指一个民族所具有的形成自身独创性文化的意识及能力，"意"指一个民族所具有的共同意志。④ 张君劢认为中国人心里深藏着这几种感情，需要做的工作就是将其开发出来。"人民有教有养，民族情爱、民族智识乃能逐渐提高，其后乃由意志之统一（unity of will），终则为行动之统一（unity of action）。如是民族可以自存，国家可以独立矣。"⑤ 其次，他认为每个民族有不同的民族文化，而这恰恰是建立民族自信力的基础。各个民族强调民族历史文化的特殊性正是彰显和建立民族自信力的第一步，"一国民晓得他自己文化之优点，晓得他的文化与自己有利益，他自然会相信自己，自然会推崇自己。"⑥ 张君劢还在很多场合提到民族自信心，认为民族自信心是"民族立国最不可少的元素"⑦，"民族

① 张君劢：《中华民族之立国能力》，载《再生》第 1 卷第 4 期。
② 张君劢：《国联调查团对中华民国国格之判断》，《再生》第 1 卷第 6 期。
③ 张君劢：《中华新民族性之养成》，《民族复兴之学术基础》，中国人民大学出版社 2006 年版，第 207 页。
④ 陈先初：《从民族意识之培养到民族国家之建立——张君劢关于中国问题的民族主义思考》，郑大华、邹小站主编：《中国近代史上的民族主义》，社会科学文献出版社 2007 年版，第 207 页。
⑤ 张君劢：《中华民族复兴之精神的基础》，《民族复兴之学术基础》，中国人民大学出版社 2006 年版，第 248 页。
⑥ 张君劢：《中华新民族性之养成》，《民族复兴之学术基础》，中国人民大学出版社 2006 年版，第 221 页。
⑦ 张君劢：《立国之道》，黄克剑等编：《张君劢集》，群言出版社 1993 年版，第 248 页。

性之第一础石"①，并将其比喻成"民族复兴的种子"②，中华民族要复兴首先要树立民族自信心。同时，张君劢对学术创作在民族复兴中的作用给予积极肯定，他考察了主要西方民族国家兴起的例子，认为这些国家思想家的学术创作及其对民众的积极灌输是民族振兴的一个重要原因，中华民族自强也要以此为榜样。

张君劢特别强调民族观念的重要意义："我们相信民族观念是人类中最强的。阶级观念决不能与之相抗。……所以民族观念是深中于人心而较阶级为强。因为民族观念固由于种族本能而生，却依然有深切厉害的背景。"③ "吾们相信民族观念是人类中最强的，阶级观念决不能与之相抗，无论是以往的历史抑或目前的事象，凡民族厉害一达到高度，无不立刻冲破了阶级的界限。日本人压迫吾们到这种地步，虽平日在对抗中的资本家与劳工亦都不由得不联合一气，从事于抵抗。所以民族观念，是深中于人心，而较阶级为强。"④ 虽在政治观点上与国民党存在明显分歧，在经济主张也不与国民政府一致，但是国难当头之际，国家社会党却为了民族利益，承认国民党的合法地位，"更有进者，方今民族存亡，间不容发，除万众一心对于国民政府一致拥护而外，别无起死回生之途。……则处今日强寇方张僭切起之际，尤当追随公等之后，巩固主权，保全国土，使中华民国长保昔日之光荣，且得今后之自由发展。"⑤ "我们以民族作为出发点，其中无论如何厉害错纵，然总可以寻得出一个一致点。"⑥ 正是以此为出发点，国社党努力在国共之间寻找一条可以团结起来的道路。

在张君劢看来，国难当头的关键时刻是培养国民民族意识的最好时机，在《我们所要说的话》中，他指出"中国这个民族到了今天，其前途只有两条路：其一是真正的复兴，其一是真正的衰亡。……内部的纷争每加烈一层，而

① 张君劢：《中华新民族性之养成》，《民族复兴之学术基础》，中国人民大学出版社 2006 年版，第 223 页。

② 张君劢：《从东北热河的失陷说到复兴民族的责任》，《民族复兴之学术基础》，中国人民大学出版社 2006 年版，第 233 页。

③ 记者：《我们所要说的话》，《再生》第 1 卷第 1 期，第 4 页。

④ 张君劢：《国家社会党代表张君劢为表示拥护国民政府共赴国难与蒋介石等往来函》（1938 年 4 月），中国第二历史档案馆编：《中华民国史档案资料汇编》第五辑第二编政治（三），江苏古籍出版社 1991 年版，第 385 页。

⑤ 张君劢：《国家社会党代表张君劢为表示拥护国民政府共赴国难与蒋介石等往来函》，同上书，第 387 页。

⑥ 记者：《我们所要说的话》，《再生》创刊号，第 1 卷第 1 期，第 6 页。

外来的侵略又随之深入一步,直到现在,差不多已将达一个'转机'时期。这个转机不是别的:就是中华民族或则从此陷入永劫不复的深渊,或则即从此抬头而能渐渐卓然自立于世界各国之林。现在且就复兴的方面来说,所谓转机的关键就在以敌人的大炮把我们中华民族的老态轰去,使我们顿时恢复了少年时代的心情。这便是民族的返老还童。"① 一个民族只有在儿童或青年时期才能重建民族的自信心和自信力,中国的确受到了强大的外在敌人的入侵,在置之死地而后生的关键时期,这种客观的刺激条件具备的情况下,能出现什么样的心理变化就要取决于国人自己的努力程度。② 在民族危亡之时张君劢却看到了民族"重生"的希望,《我们所要说的话》成为费希特《对德意志国民之演讲》的中国版。

张君劢认为,在遭受日本侵略的情况下,中国的"民族自觉心"(民族意识)已经觉醒了,中国的前途和出路就在这些有了民族自觉心的民众,那么如何组织这些民族意识高涨的民众就是国家社会党面对的问题。他认为以阶级斗争为立场就是以"恨的哲学"为出发点,这必然引起内部的不安与斗争。在张君劢那里,从民族的立场出发才是"爱的哲学",只有关心"民众心坎中的真正要求",只有以"爱的哲学"为出发点,才能满足"民众心坎中的真正要求",民众为自己切身共同利益出发的真正要求才是力量,一旦这些切身利益受到侵害,那么,从这里生出来的对利益的要求才是最重要的力量。因此,就如何复兴中华民族,国社党的方案是:有一个极大的智慧;是全民心坎中的要求;有由渐而扩大的信用;有最后而决不轻易使用的实力。③ 在他看来,所谓"大智慧"不是指单个人的智慧,而是集合无数人的智慧而成的。"其中,有固定的原则,有全盘的计划;有统一的配置;有分层的步骤;且有修改的余地。"④ 总之,国家社会党的整体方案是:"于政治是把根据效率的科学与个性差别的科学与站在平等原则上的民治主义调和为一;于经济是把易于造产的集产主义与宜于分配的普产主义以及侧重自治的行会主义调和为一;于教育是

---

① 记者:《我们所要说的话》,《再生》创刊号,第1卷第1期,第1~3页。

② 这种对外来挑战做出积极反映的观点,在汤因比的《历史研究》里有详细叙述,汤氏的作品是1934年以后陆续出版,张君劢对汤因比的"文化形态史观"十分推崇,特别是对其"挑战与应战"理论。(可参见阿诺德·汤因比著、曹未风等译:《历史研究》(上册),上海人民出版社1997年版,第109~180页。)《我们所要说的话》出版于1932年,在文中同样表达了面对外来刺激应做出积极回应的思想。

③ 记者:《我们所要说的话》,《再生》创刊号,第1卷第1期,第7页。

④ 同上刊,第8页。

把淑世主义与自由主义调和为一；然后三方面再总综合之，成一整个儿的。"①

张君劢认为，国民党公然主张训政是侮辱全民的人格。从国民党反对中国实行民主政治的观点看来，其持论不外两点：第一点是中国人民知识能力不够实行宪政。第二点是从国家趋势看，很多国家趋向了专政，可见非民主政治是世界的潮流。在国家社会党看来，民主政治是要根据人民社会化水平而决定实现的量度，但是是一定要实行的，人民社会化水平只能是实施时酌量的根据，而决不能作为反对或延缓的借口。② 在日常的政治运行中，民意机关的意思往往为党派而冒名顶替，以致所代表的意思不是人民的公意，而是党派的意思，这是任何民主国家所最易犯的错误。因此国家社会党提出了"修正的民主政治"③ 的政治原则，认为它才是真正的民主政治。那么，如何建立民主政治呢？首先，必须建立一种政治制度，在原则上完全合乎民主政治的精神，在实施上必须使党派的操纵作用不能有所凭藉。民主政治的精神在使国家的实际意思完全等同于人民的共同意思，而代表人民共同意思的机关是民意机关。④ 对制度的改造与构建成为国社党关注的焦点，但是对个人的自由权利在急切的国家自由面前显得微不足道，这正是贡斯当"积极的自由"的再次显现。与此同时在经济上提出了国家社会主义的构想；在教育上提出了现行教育的三种弊端："从第一点说，是数量的漫无标准与分配的毫无比例；从第二点上说，是教育受财产制度的支配不能使人各尽其才；从第三点上说，是教授的内容都适应于现实立国造产的急切要求。" 现在教育的产品都是消费者不是生产者，是制造的是文人，在民族生存上起不到应有的作用。"这些文弱的消费者的民族的生存上简直是赘疣。"⑤ 依据这三点不足，国家社会党的方案是教育的精神在于把教育认为是造成民族团结之唯一方法与再造国民经济之最好途径。⑥ 在其看来，中国人应该普及教育，目的是把他们变成民族国家的总动员之一，将每个人都培养成生产者。简言之，"即目的是把全国的人都变成军事动员之一与生产动员之一。"可见其教育方针并没有将个人对自身自由权利的认知作为教育的目的。因此，其教育原则为："发扬民族文化，普及国民；……励行公

① 记者：《我们所要说的话》，《再生》创刊号，第 1 卷第 1 期，第 49 页。
② 同上刊，第 10～11 页。
③ 同上刊，第 12 页。
④ 同上刊，第 13 页。
⑤ 同上刊，第 40 页。
⑥ 同上刊，第 39 页。

民训练；……实施公民训练，养成国民对于国家负责之观念。"① 这样，教育的三大标准自然就是：军事训练的普遍化，以满足军国民标准；生产能力的普遍化，以满足社会发展的需要；共同生活的新道德习惯的创造与养成，使其具有能与他人合作的精神。

国社党认为，军事训练的普遍化的目的是养成民族自觉心与军人生活的习惯。要养成民族自觉心，公民教育必须与军事教育合一，务使人人都成为作国家主人的良好公民，都成为服从命令的优秀军人，即培养国人参政的能力和服从的习惯。就军人生活而言，要锻造国人强健的体魄、培养国人吃苦耐劳的品质和勇敢、牺牲、服从、奉公守法等精神，而学校是国民养成好的生活习惯的新环境，是造就新人的场所，从长远来看教育远比经济和政治重要。总之，个人培养的终极目标是对国家的奉献与牺牲。

国社党声称，要将此决议作为其以后言论的依据，并"以国家力量使民族有一体之感觉，社会尽协合之机能。个人得自由之发展；并对外取得平等地位——改善国际关系，期达永久平和。"② 无论是政治、经济还是教育，国家社会党指引的方向都是要培养一种新的以民族利益为中心的中华民族性，以此作为民族复兴的基础。

以张君劢为首的国家社会党尽管对国民党专制统治多有批判，但是在既有政权框架下又与之达成了妥协，缺少上升时期资产阶级所倡导的民族主义应有的先进政治内容。他们用"民族"观念掩盖了国家明显的阶级性质，抽去了其阶级内容，助长了国民党一党专制统治，并倒向了国家主义的泥潭，从而也预示了国家社会党未来狭窄的政治路径。当然，他们对民族自强的强调是值得称道的。

六、战国策派"国命整合"的思路

战国策派因 1940 年在昆明出版《战国策》半月刊和在重庆《大公报》上开辟《战国》副刊而得名，主要代表人物是云南大学和西南联合大学的林同济、陈铨和雷海宗教授。他们都有留学德国的经历，所以深受德国思想文化的

---

① 记者：《我们所要说的话》，《再生》创刊号，第 1 卷第 1 期，第 37～38 页。
② 同上刊，第 49 页。

熏染。他们推崇德国 19 世纪的浪漫主义思想以及尼采的"超人"理论，① 他们看到德国从 19 世纪如何由弱变强，认为中国可以从中领悟到民族自强之道。

战国策派深受斯宾格勒和汤因比"文化形态史观"的影响。这种观点把生物的生长规律直接照搬到人类社会，将人类的发展分为"发生"、"成长"、"破坏"、"崩解"和"死亡"几个阶段，以此为根据将世界文明分成不同的文明体系（斯宾格勒曾分为 8 种，汤因比则扩大至 21 甚至 37 种）。汤因比认为这些文明具有共时性和等价性，从而可以通过对比研究揭示文明发展的规律。"文化形态史观"传入中国后，很快被林同济等所接受，林同济指出："研究文化——历史上发生作用的文化——第一步关键工夫就是要断定文化的体系。……历史上真实存在的文化是分有若干体系，分布在各个空间时间的。……以古今来所有真实的文化体系为单位，而有系统有步骤地对他们各方面'形态'作一番详尽精密的比较工夫，认识工夫，这不但是最自然应有的办法，而且可以使我们发现无数大大小小的事实，都充满了无穷的实际意义的。"② 战国策派在对世界文明体系发展的认识基础上来分析中国与西方世界。林同济将人类各个文明体系的发展划分为"封建时代、列国时代、大一统时代"三个阶段，根据这一标准他对中国历史进行划分，在中国殷商后期至西周称为封建时代，春秋战国时代称为列国时代，而将秦至清朝称为大一统时代，因为当时的西方国家正处在"列国阶段的高峰——就是战国时代"，因而抗战时期又可称为"战国时代的重演"③。雷海宗则将历史上的文化形态界定为五个阶段：封建时代、贵族国家时代、帝国主义时代、大一统时代、政治破裂与文化灭亡的末世。④ 在"最后的时代"，"极端的个人主义，自私自利主义，变成社会生活的主要原动力。"内忧之下必有外患，这样的国家必然遭到外来侵略，最后彻底被消灭。基于对人类文明的这种认识，战国策派面对抗战救国的艰巨任务，提出了极端的民族主义思想。

"列国时代一切价值的基础，不在于'上下之别'，乃在于'内外之分'，上下之列虽不完全泯灭，但是降到次要地位了。此时社会上的意识，不注重贵

---

① 尼采本来是一个极端的个人主义者，战国策派却欲从他的理论中试图得出一个国家本位的结论，这是他们无法克服的矛盾，对该问题的详细探讨可参见黄岭峻：《试论抗战时期两种非理性的民族主义思潮——保守主义与"战国策派"》，《抗日战争研究》，1995 年第 2 期，第 107～123 页。

② 林同济：《形态历史观》，《民国丛书》第 1 编第 44 册，上海书店 1996 年版，第 7～8 页。

③ 同上书，第 47 页。

④ 雷海宗：《历史的形态与例证》，《民国丛书》第 1 编第 44 册，上海书店 1996 年版，第 20、22、24、25、27 页。

贱阶级之互异，而最注重国与国间之区别。"① 在列国时代，国家内部成员趋于平等，国家之间则界限分明。面对"大战国时代"，他们提出了"民族至上，国家至上"② 的口号，认为中国缺少"列国酵素"，中国要想摆脱目前的困境，就要从"最丰富的资源——文艺复兴以来的西洋，最亲切的资源——春秋战国时代的中国"获取营养，由此，"列国时代"的精神可以概括为"个性的焕发"与"国命的整合"。

虽然他们通过考察西方国家的历史演进过程而深谙"个性的焕发"与"国命的整合"之间的密切关系，但是联系到中国，他们迅速将国家置于优先的位置。陈铨指出"二十世纪的政治潮流，无疑的是集体主义。大家第一的要求民族自由，不是个人自由，是全体解放，不是个人解放。"③ "中华民族是一个整个的团体，这一个集团，不但要求生存，而且要求光荣的生存。在这一个大前提之下，个人主义社会主义，都要听它支配，凡是对民族光荣生存有利益的，就应当保存，有损害的，就应当消灭。我们可以不要个人自由，但是我们一定要民族自由：我们当然希望全世界的人类平等，但是我们先要求中国人和外国人平等。中国人自有中国人的骄傲，不能听人宰割，受人支配。"④ 林同济也指出："整个国家在世界大政治中的情势看去，则远自鸦片战争以来，就始终是一个彻头彻尾的民族生存问题。说到底，一切是手段，民族生存才是目标。"⑤ 由于对民族独立和自由的强烈向往，他们将国家作为"剪裁"一切的主宰，而不将宗教、文化、民族和阶级等作为在国家范围内进行整合的考量要素，认为这些因素会直接危害国家的存在，"阶级解放终只能在国家的界限内发展而不能打破国界而成为国际的整个运动"。⑥

正是在这种考虑下，"在此种以全体化国力为竞争单位的世界，最重要的是每个人民都要成为国家的有机体的一份子。个个'人民'都得练成一个得力的'公民'。"⑦ 战国策派以塑造"刚道的人格型"的"战士式"的国民为

① 林同济：《民族主义与二十世纪》，《民国丛书》第1编第44册，上海书店1996年版，第50页。

② 《本刊启事（代发刊词）》，《战国策》第2期，1940年4月15日。

③ 陈铨：《五四运动与狂庵运动》，《民族文学》第1卷3期，1943年9月7日。

④ 陈铨：《民族文学运动》，《民族文学》第1卷第1期，1943年7月7日。

⑤ 林同济：《廿十年思想转变与综合》，《战国策》第17期，1941年7月20日。

⑥ 林同济：《民族主义与二十世纪》，《民国丛书》第1编第44册，上海书店1996年版，第65页。

⑦ 林同济：《大政治时代的伦理》，《今论衡》，1938年第1期。

目标，倡导"力"的人生观，以"大夫士"为榜样塑造国人，认为他们与后来的士大夫不同，"大夫士"的人格是以"武德"为核心，"以义为基本感觉而发挥为忠、敬、勇、死的四位一体的中心人生观，来贯彻他们事业的抱负，守职的恒心。"① 用充满力量的精神代替两千多年来大一统局面造成的人文化、官僚化的恶习。同时，他们还通过大量的文学作品塑造了一些典型的英雄人物如《天问》中的林云章、《革命的前一幕》中的许衡山、《野玫瑰》中的夏艳华和《蓝蝴蝶》中的钱孟群等等，从这些充满力量和奉献精神的主人公身上可以洞见创作者们的价值取向。战国策派用文学等方式塑造积极正面的人物，以此来改造国民性，从而实现为国尽忠的目的。

战国策派从文化角度去理解民族主义，认为民族主义（nationalism）是一种社会现象，也是一种政治主张。作为社会现象的民族主义是"一群人受了地理历史及其他种种环境的作用，感觉他们彼此间难然分别言之，厉害难免参差，但从大处着想，却有一种生命上心灵上不可分离的共同根据，于是产生一种渴求，愿望，在政治上要组成一个完整的单位，内在要统一，外在要独立。凡是一群人有了这种感觉和渴求，我们便可以说在这群人们中发生了民族主义的社会现象。承认这种现象是合理的，是'应当'的，并且须设法去培植、增进、加强，使它那种感觉和渴求完全实现的，——这便是把民族主义变为一种政治主张。"② 在这里，民族主义已经摆脱了此前相当多的流派认识上的种族特点，而更具自主性和政治性，并与同时提出的"地缘国家"并用，从而使个人与民族群体密切关联，浑然一体。

战国策派预留给个人的空间更加狭窄，这也反映了文化知识界面对日本大规模入侵救国心理的急切。他们代表了中国近代民族主义发展的极端，也因而遭到了诸多批判，但就其民族主义诉求的本意来看则无可厚非。

七、优生学家"优生救国"的思想

近代中国与西方国家较量的失败使先进的知识分子开始关注中国人的身体素质，与试图通过军国民教育加强体育锻炼培养尚武精神不同，优生学家从

① 林同济：《大夫士与士大夫》，《大公报》（重庆版），1942 年 03 月 25 日。
② 林同济：《民族主义与二十世纪》，《民国丛书》第 1 编第 44 册，上海书店 1996 年版，第 53～54 页。

"优生学相信基因能通过人类的介入加以控制，通过人口结构的人为控制可以繁育出'优秀'种族"① 的论述中受到启发，将优生作为改变民族命运的重要手段，从而为在种族上与西方列强竞争点亮了希望之灯。

近代中国最早关于优生学的论述开始于世纪之交，谭嗣同、康有为、章太炎等在不同的场合提到过。1919 年出现了一本专门致力于优生学的教科书《人种改良学》。② 此后，学者们对优生学的兴趣一直持续下来，其原因可以从胡宗瑗"讲人种学者有曰：种智者主，种愚者奴，种强者昌，种弱者亡"③ 这句话里找到，在他看来，中国要摆脱生存危机，必须对中国人的遗传基因进行改造，从而使中国人走上独立自强的道路。20 世纪 20 年代，周建人和陈长衡的《进化论与善种学》成为畅销一时的优生学著作。陈长衡认为，中国必须提倡优生学，否则将带来种族的退化从而导致民族的衰亡。特别值得一提的一位学者是刘雄，他在著作《遗传学与优生》中引入了阶级的概念，认为优生学应该提高特定阶级的种族健康，"不是民族间的种族优越性，而是民族内部的种族一致性将确保国家的生存。"④ 同时，在刘雄看来，当个人自由与保存种族优良之间发生矛盾时，个人应从属于种族改良。潘光旦将中国近代优生学推向了高潮，他最关心的是如何在生物基础上为中华民族的伟大复兴奠定基础。⑤ 他试图通过"人种改良"的社会过程从而实现"优生救国"。⑥

对于民族、种族、国家这些从西方国家传入的现代词汇之间的关系问题，一直困扰着中国的学者，潘光旦等倡导优生学的民族学家更多地介于"种族"、"民族"和"国家"的三者互动关系中把握"中华民族"概念。潘光旦对三者分别给出这样的界定：同是一种结合，国家的意义是政治的、法律的、经济的；种族的意义是生物学的与人类学的；民族则介乎二者之间。一个人群的结合，在种族的成分上，既有相当的混合性，在语言、信仰以及政、法、经济等文化方面，又有过相当持久的合作的历史……这样一个结合，便是一个民

① 参见冯客著、杨立华译：《近代中国之种族观念》，江苏人民出版社 1999 年版，第 149 页。
② 同上书，第 150～154 页。
③ 同上书，第 155 页。
④ 同上书，第 157 页。
⑤ 吕文浩：《论潘光旦民国时期的中国民族观》，中国社会科学院近代史研究所编：《中国社会科学院近代史研究所青年学术论坛》2002 年卷，社会科学文献出版社 2004 年版，第 763　783 页。
⑥ 闵郁晴：《优生救国——潘光旦思想析论》，台湾国立清华大学历史研究所 2001 年硕士论文。

族。① 潘光旦的"中华民族"概念里既承认种族血缘、又肯定了文化价值和政治因素，从理论上体现了其学理的科学性及完整性。

潘光旦进一步认为，种族、国族、民族这三个人类集体名词都含有"族"字，因此三者都与生物血缘遗传有直接关系。他希望通过生物学意义上的努力来改变这三个词，进而改变近代中国的历史命运，所以他毕生致力于通过优生学来改进整个民族的品质。在他看来，谈论"民族"而不深入到血缘与生物的深度和立场，是"不踏实的'民族议论'"，自然选择是进化论者的研究对象，文化选择则是优生论者所关注的。西方文化的入侵与中国的自然选择过程相抵触，势必会对"中国种族"造成一定的影响。在没有西方文化入侵前，中国基本保持着自然选择的微妙平衡，而西方文化的入侵影响和干扰了中国种族发展的良性发展状态，这种偏差需要优生学来纠正。② 1924 年潘光旦发表的《中国之优生问题》全面反映了上述思想，在文章中他对优生学给予了充分肯定，将家庭作为民族与种族的基本单位，并反对西方国家盛行的个人主义。他将"西学东渐"前后东西方优生状况进行了对比：第一，潘光旦认为随着西方医药卫生之发展，人类的死亡率逐渐下降，但由此低劣、病弱分子获得生存和生殖之机会，人口中劣等人激增。对种族之长久健全来说，医药卫生利少弊多。不过中国有促进医学及卫生知识之万急需要，只要与相当之社会组织之并进，就能补偿而纠正其反选择和反优生的流弊。第二，各种形式的浪漫主义、无后主义、独身主义，这些都是被潘光旦视为危及种族危亡的个人主义流毒。潘光旦认为五四以来无论是对婚姻态度的变革，或是女权运动对于妇女的解放，或是对传统家庭的批判都犯了个人主义色彩太浓的毛病。他激烈反对自由恋爱和婚姻之个人选择，因为年轻人在恋爱时为血气情感所蒙蔽，忽略对象之身心健康的优生筛选标准。潘光旦强调以优生的意义而言，中国传统的包办、门当户对的婚配，正是确保优秀血缘不被劣质品种掺杂的保证。第三，潘光旦高度评价中国家族主义中的"有后主义"之功用与意义，认为"不孝有三，无后为大"的观念保障了民族人口的源源不断。而潘光旦发现西方的生育节制思想传入之后，中国国内优秀分子之生育率已有下降现象。③ 到 20 世纪 40

---

① 潘光旦：《民族的根本问题》，《潘光旦文集》（第 9 卷），北京大学出版社 2000 年版，第 239 页。

② 参见冯客著、杨立华译：《近代中国之种族观念》，江苏人民出版社 1999 年版，第 157～161 页。

③ 潘光旦：《中国之优生问题》，载《东方杂志》，1924 年，第 21 卷 22 期，第 15～32 页。

年代，优生学达到了它在近代中国发展的顶峰，在一些杂志上，优生学也成为讨论的热点，"种族卫生"、"种族改良"、"优生"都成为那个时期的流行词。对种族的关注渗透到社会生活的各个领域，学者们也从社会的不同视角诠释、寻找能够使中国出现良好种族的各种条件。总之，以潘光旦为代表的优生学派不是单纯从生物学角度探讨优生问题，而是将很多文化因素作为其中的重要参数。同时，他们也不是绝对地反对生育节制，而是更看重绝育的标准及相应的提高人口素质的具体方法。优生学派的观点遭到了诸多批判，很多人口学家从教化的角度而否定生理遗传的功效，以周作人为代表的主张生育节制的社会学家还与潘光旦在《东方杂志》和《妇女杂志》上展开论战。

虽然优生学派遭到了批判，但是优生学成为近代先进知识分子藉以改良种族实现民族自强与振兴的一种工具，对民族成员身体的极度关注的落脚点是民族的强盛。正如冯客评价的那样："优生学在有教养的阶级中的盛行，既反映了对民族复兴的关切，也反映了对集团一致性的寻求。对个人主义的猜疑、对民主的不信以及缺乏一种忽视身体特性而注重超越精神的宗教，使得伪科学被方便地采纳。在有教养的学者与无知的农民之间做了明确区分的传统等级制度，也为20世纪20年代到30年代优生学的出现提供了方便。然而，优生学仍然被狭窄地局限于思想领域。它极少获得组织性的表达，也无法影响实际的政策。它的辩护者和批判者是思想家而非科学家。"① 优生学对种族的刻意强调本身蕴含着偏见与歧视，它很快就被代表公正与和谐的思想所代替，进而淡出了人们的视野，成为一种关注民族强盛与振兴的潜流。

八、中国共产党"自力更生，艰苦奋斗"的精神

中国共产党诞生于半封建半殖民地的中国，她勇敢地担当起振兴民族的历史使命。改变中华民族落后的状况是中国共产党领导下的全民族努力的方向，但是敌人的强大以及斗争环境的艰苦使共产党人认识到必须通过民族自强才能实现民族振兴。中国共产党坚持无产阶级的集体主义，这一原则强调个人对集体的奉献，个人只有在奉献中才能体现出自己的社会价值。

首先，中国共产党将提高党员的修养作为实现民族振兴的基础。中国共产党是中华民族利益的忠实代表，为了实现民族振兴，要求"党员（共产党员）

---

① 冯客著、杨立华译：《近代中国之种族观念》，江苏人民出版社1999年版，第171页。

个人的利益服从党的利益，也就是服从阶级解放和民族解放的、共产主义的、社会发展的利益。"① 因此，"共产党员无论何时何地都不应以个人利益放在第一位，而应以个人利益服从于民族的和人民群众的利益。因此，自私自利，消极怠工，贪污腐化，风头主义等等，是最可鄙的；而大公无私，积极努力，克己奉公，埋头苦干的精神，才是可尊敬的。"② 为了达到上述要求，中国共产党必须提高党员的修养。因此，在整个新民主主义时期，中国共产党不断通过理论学习、调查研究和批评与自我批评等方式提高党员的修养，使中国共产党成了实现民族振兴的中坚力量。

其次，在领导中国民族民主革命过程中，中国共产党通过树立典型为全民族树立学习榜样。鲁迅先生是新民主革命时期著名的左翼作家，他以"又泼辣，又幽默，又有力的笔"揭露了帝国主义侵略的本质，因此，"他是一个民族解放的急先锋，给革命以很大的助力。"③ 在陕北公学纪念鲁迅逝世周年的演讲中，毛泽东将鲁迅的精神与共产主义精神联系起来使其一般化，指出："这种先锋分子是胸怀坦白的，忠诚的，积极的与正直的；他们是不谋私利的，唯一地为着民族和社会的解放。"④ 而陕北公学是以"培养抗日先锋队"为己任的。

白求恩是一位加拿大医生，抗战期间来到中国，在极其艰苦的条件下从事医疗工作，最后以身殉职。毛泽东将这种精神概括为国际主义精神，并号召所有共产党员学习这种毫不利己的国际主义精神。同时，为了实现民族振兴，毛泽东将眼光放得更远，"我们要和一切资本主义国家的无产阶级联合起来，要和日本的、英国的、美国的、德国的、意大利的以及一切资本主义国家的无产阶级联合起来，才能打倒帝国主义，解放我们的民族和人民，解放世界的民族和人民。这就是我们的国际主义。"⑤ 将中国革命与世界无产阶级革命联系起来，两者相互推进。

张思德是中国共产党领导下的人民军队的一名普通士兵，后来光荣殉职。毛泽东在他的追悼会上高度赞扬了他："张思德同志是为人民利益而死的，他

---

① 刘少奇：《论共产党员的修养》，《毛泽东、周恩来、刘少奇、朱德、邓小平、陈云论民族文化》，人民出版社1992年版，第228页。

② 同上书，第228页。

③ 毛泽东：《论鲁迅》，《毛泽东、周恩来、刘少奇、朱德、邓小平、陈云论民族文化》，人民出版社1992年版，第3~4页。

④ 同上书，第3页。

⑤ 毛泽东：《纪念白求恩》，《毛泽东选集》第2卷，人民出版社1991年版，第659页。

的死是比泰山还要重的。"① 毛泽东给予普通士兵这样高的评价对于动员全党、全军、全民族都有巨大的号召力。正因为中国共产党是为人民服务的，担负着解放全民族的重任，即使遇到困难的时候，"也要看到成绩，要看到光明，要提高我们的勇气"②，这样，才能解放民族，振兴民族。

马克思主义在19世纪末20世纪初传入中国，又因为这种信仰的特殊性，中国共产党在塑造民族"英雄"的时候不能像维新派与革命派那样，将手伸向遥远的历史，从历史典籍里寻找历史素材，而是将直接现实中的人物典型化。

最后，中国共产党以"自力更生，艰苦奋斗"作为实现民族自强的指导原则。中国共产党在领导全民族反对帝国主义的过程中遇到了各种意想不到的困难，既要打击帝国主义的顽固抵抗，又要应对国民党不断的镇压和围剿，还要克服党及其军队在既无经济后盾又缺少先进武器条件下的恶劣生存环境所造成的困难。中国共产党以"自力更生，艰苦奋斗"作为改变困境的法宝，"我们是主张自力更生的，我们希望有外援，但是我们不能依赖它，我们依靠自己的努力，依靠全体军民的创造力。"③ 根据这一精神，根据地展开了各种促进生产的活动，如采取减租减息的办法、组织劳动互助和军民生产活动，这样不但提高了农民生产的积极性和劳动效率，而且一切部队、机关在工作和作战之余都参加生产，争取实现自给，从而帮助中国共产党及其军队渡过了难关。抗战胜利后，中国共产党继续发扬"自力更生，艰苦奋斗"的精神，"我们的方针要放在什么基点上？放在自己力量的基点上，叫做自力更生。我们并不孤立，全世界一切反对帝国主义的国家和人民都是我们的朋友。但是我们强调自力更生，我们能够依靠自己组织的力量，打败一切中外反动派。"④ 经过多次总结和提升，"自力更生，艰苦奋斗"的精神逐渐上升为中国共产党所特有的思想品质。

在抗战胜利前夕召开的党的第七次全国代表大会上，毛泽东又引用了中国古代"愚公移山"的故事来教育和激励全体党员，要用"毫不动摇，每天挖

---

① 毛泽东：《为人民服务》，《毛泽东选集》第3卷，人民出版社1991年版，第1004页。

② 同上书，第1004页。

③ 毛泽东：《必须学会做经济工作》，《毛泽东选集》第3卷，人民出版社1991年版，第1016页。

④ 毛泽东：《抗日战争胜利后的时局和我们的方针》，《毛泽东选集》第4卷，人民出版社1991年版，第1132页。

山不止"① 的坚韧不拔的精神推翻帝国主义和封建主义，为建立独立民主的国家创造条件。

小　结

实现民族自强和民族振兴是近代中国各种力量的共同目标，为了实现这一目标他们几乎都有意无意地使个人国家化。从维新派到中国共产党，从革命派到南京国民政府，从国家社会党到战国策派，个人逐渐从"沉睡"状态逐渐被激活起来，获得相应的政治活力，但是近代中国社会并没有给这种权利独立发展的空间，而是将其纳入到民族的政治活力中去，成为国家实现政治独立的工具。在他们那里个人与国家之间没有出现困扰西方国家思想家和政治家的巨大难题，而是将国家与个人之间进行了很好的安排，个人成为国家和民族的有机组成部分，个人在对国家和民族的奉献与牺牲中获得自己存在的价值和意义，从而使个人的价值在民族主义的框架和价值追求中得到延续。

---

① 毛泽东：《愚公移山》，《毛泽东选集》第 3 卷，人民出版社 1991 年版，第 1102 页。

第三章

争取民族解放和维护民族独立的基本策略

近代中国的遭遇使他民族的形象在国人的头脑中逐渐清晰起来，国人将西方列强置于对立面，并试图通过各种方式摆脱与西方世界的"主奴关系"，回到常规化的国际政治体系中来。因此，无论在意识形态上的分歧有多大，在争取民族解放和维护民族独立的根本利益上，各种力量的努力方向是一致的。

一、对他民族认知的演变

民族是人类群体在空间上相对隔绝的产物，而民族主义得以产生不仅仅需要在空间上"他者"的存在，更重要的是对"他者"认知的逐渐明晰。近代中国民族主义的兴起与演变正是建立在对他民族认知不断清晰的基础之上。同时，正是对"他者"认知的不同，各种力量在反对帝国主义争取民族解放和维护民族独立的过程中采取了不同的策略。

（一）"他者"理论

正是"他者"的存在，才不断证成自我的意义。黑格尔将自我与"他者"的关系定性为主奴关系，因此，"他者"可以理解为主体以外的一个不熟悉的对立面或否定因素，因为它的存在，主体的权威才得以确定。① 在拉康看来，这个所谓的"他者"不是具体的某个事物，而是一种对主体来说至关重要的权威，需要通过它的承认才能证明主体的存在，"这种承认其实是一种象征认同的关系，拉康于是把我们引入了象征界。在这里，个体被一种由象征关系编织而成的能指之网环绕着，无从逃脱，这个能指之网就是'他者'。"② "他

---

① 艾勒克·博埃默著、盛宁等译：《殖民与后殖民文学》，辽宁教育出版社，牛津大学出版社1998年版，第22页。

② 颜岩：《拉康"他者"理论及其现代启示》，《重庆社会科学》，2007年第2期，第23页。

者"就是环绕在我们周边的象征性的语言符号。哲学以追求同一性为最终目标，以此作为解释世界的基础，从而消除人们内心的恐慌。但是，现实世界的丰富多彩使哲学家在理论上冒极大的风险去构筑他们的形而上学的理论，他们采取要么排斥要么包容的方法试图实现同一。哲学自身的发展又一次证明同一性本身的不真实性和依赖性，从而为"他者"的回归提供了可能。在新的历史条件下，更多的哲学家正视"他者"的存在，并尊重其存在的价值和意义。"他者"话语的兴起，为具体反对以抽象和一般的名义对具体事物进行压制，感性自然反对理性、边缘挑战中心提供了一种有力的工具。

"他者"存在是认识自我的镜子，人来到这个世界上，并"没有带着镜子"，人只有在与他人的社会交往中才能通过"他者"反观自己，并且通过与他者的社会关系获得自我的规定性，"他者"由此成为一个必要的介质。历史上的很多哲学家积极肯定了"他者"的积极意义，认为"自我意识是自在自为的，这由于、并且也就因为它是为另一个自在自为的自我意识而存在的，这就是说，它所以存在只是由于被对方承认。"① "自我意识只有在一个别的自我意识里才获得它的满足。"② "一般地说，人对自身的任何关系，只有通过人对他人的关系才得到实现和表现。"③ "人在看自己的时候也是以他者的眼睛来看自己，因为如果没有作为他者的形象，他不能看到自己。"④ "自我意识是通过排斥一切别人而与它本身同一的。"⑤ 人正是通过"他者"获得了自身的全部意义。不仅人是如此，一种文化、一个国家或一个民族也是如此，"每一个文化的发展和维护都需要一种与其相异质并且与其相竞争的另一个自我的存在。自我身份的构建……牵涉到与自己相反的'他者'身份的构建，而且总是牵涉到对与'我们'不同的特质的不断解释和再解释。每一个时代和社会都重新创造自己的'他者'。"⑥ 而这种对"他者"的不断预设和解释，正是民族主义兴起的重要外部条件。

马克思生活在资本主义上升时期，马克思社会理论的最杰出贡献是他对资本主义社会的深刻批判。他不仅指出了在对象性活动中，通过"他者"能认

---

① 黑格尔著、贺麟等译：《精神现象学》（上册），商务印书馆 1979 年版，第 122 页。
② 同上书，第 121 页。
③ 马克思：《1844 年经济学哲学手稿》（单行本），人民出版社 2000 年版，第 59 页。
④ 雅克·拉康著、褚孝泉译：《拉康选集》，上海三联书店 2001 年版，第 408 页。
⑤ 萨特著、陈宣良等译：《存在与虚无》，生活·读书·新知三联书店 1987 年版，第 315 页。
⑥ 爱德华·萨义德著、王宇根译：《东方学》，三联书店 1999 年版，第 426 页。

识自我、回归自我，而且指出自我与"他者"的关系在资本主义社会中处于异化状态，在"他者"反观下的自我已经是非我，即使在这种异化的状态下，自我也要通过异化的自我获得与"他者"的认同。萨特真实地将非我状态下的自我表述为："我通过我的经验经常追求的，是他人的感觉，他人的观念，他人的意愿，他人的个性。"① 实际上，在完全强势的他者状态下，自我已经丧失了其作为自我存在的价值，拉康的理论同样证明了这一点，他说："主体最终只得承认，他的存在只是想象的产物，这个产物使他什么都无法肯定。因为在他为他者重建的工作中，他重新找到了让他把重建当做他者来做的根本性异化，这异化注定是要由他者来夺走他的重建的。"② 同样，主体与"他者"的关系被殖民者所利用，在殖民者看来，殖民地就是"他者"，并且是被异化了的"他者"，"西方之所以自视优越，正是因为他把殖民地人民看作是没有力量、没有自我意识、没有思考和统治的能力的结果。"③ 西方殖民者的这种看法正是黑格尔将主体与"他者"关系即主奴关系的进一步发展。但是在殖民地国家，西方殖民者所设定的"主奴关系"被颠倒过来，殖民地民族精英认知、观察西方列强这个"他者"世界，随着对"他者"认识的不断深入，不断调整自己的应对策略。

在西方的中世纪，上帝可以成为"他者"，上帝经过垂直关系向世人展示两个不同的认同世界，而在没有宗教传统的中国，这样的观念则无法形成，只能依靠思想空间无限的扩展来对这一问题进行深入思考。在天下观念的影响下，中国只能形成某种在地理空间上无限延展的观念，因此在中国人的头脑中无法预设对象"他者"的真实存在，也就不能通过了解"他者"反观自身，从而形成对自我的认同。西方国家通过启蒙运动，人类用理性这把快刀斩断了与上帝的垂直关系，将人置于核心地位，并通过处于并列位置的他民族获得民族自我的感知，经过资产阶级革命以民族主义为原则建立了民族国家。当这种"列强并立"的民族国家与坚持"自足的主体自我"的中国相遇时，两种截然不同的知识体系给中国人对他民族的认知造成了诸多困难，经过一个漫长的过程，最终"他者"的形象才清晰起来，而摆脱"异化"的命运则成为近代中国民族主义者的历史任务。

---

① 萨特著、陈宣良等译：《存在与虚无》，生活·读书·新知三联书店1987年版，第306页。
② 雅克·拉康著、褚孝泉译：《拉康选集》，上海三联书店2001年版，第259页。
③ 艾勒克·博埃默著、盛宁等译：《殖民与后殖民文学》，辽宁教育出版社，牛津大学出版社1998年版，第22页。

（二）对他民族感知的演变

对他民族的感知随着历史发展不断演变。在前资本主义时期，民族间的交往较少，并且没有对他民族进行深入了解的必要和可能，偶尔的交往更多的是文明相互吸引或自我欣赏，每一个群体都陶醉于自己文化的先进性之中。当早期的英、法移民与印第安人之间刚刚接触时，印第安人对自己的社会准则感到满意，认为自己的文化至少比得上正在入侵中的白人文化。1774 年，当有人在一次会议上提议易洛魁人送他们的一些孩子去威廉斯堡接受欧洲教育时，易洛魁人的反应表明了这一点，他们如此建议："如果英国绅士把他们的孩子送12 个或 24 个到奥农达加，联盟议会会关心他们的教育，用最好的方式抚养他们，使他们成人。"① 所以，本杰明·富兰克林在日记里写到："我们称他们为野蛮人，是因为他们的生活方式不同于我们的，我们认为自己的生活方式是完美的文化；他们也如此看待他们的生活方式。"② 当然也存在各文明间互相羡慕的情况，如意大利人马可·波罗对中国繁荣和富庶的描述，欧洲游客对土耳其的赞美，③ 都具有典型意义。这一时期社会生产能力相对落后，人类在与自然的斗争中不断"按照任何物种的尺度来进行生产"，逐渐将自身与自然区分开来，进而获得人类的整体意识。随着生产力的进步，特别是资本主义生产关系的发展，在尊重自然规律的同时，"随时随地都用内在固有的尺度来衡量对象"，逐渐根据自己的欲望、目的和愿望进行改造对象。"这两个尺度的统一，就是人类实践活动的'合目的性'与'合规律性'的统一、'人的尺度'与'物的尺度'的统一。这种统一，既使自在的自然变成'人化了的自然'，又使人自身实现了自我发展。"④ 在此时，斗争就成为人类内部自我实现应有之意。"没有对立和斗争，自我不能获得它自身的意识"，⑤ 与其他一切可以区分开来的团体作斗争成为写就人类历史的必要步骤，民族之间诸多的不同点和利益的纷争自然使民族间的斗争成为最受瞩目的原则。要在斗争中取得胜利，就

---

① 斯塔夫里阿诺斯著、吴象婴等译：《全球通史——1500 年以后的世界》，上海科学院出版社1992 年版，第 227～228 页。

② 转引自同上书，第 228～229 页。

③ "近代唯一起伟大作用的民族"，"如果有谁见到过他们最得意的这些时代，他就不可能找到一个比土耳其更好的地方"。参见同上书，第 233 页。

④ 孙正聿著：《哲学通论》，辽宁人民出版社 1998 年版，第 202 页。

⑤ 埃里·凯杜里著、张明明译：《民族主义》，中央编译出版社 2002 年版，第 47 页。为了维护多样性的合理性，18 世纪德国哲学家们将"斗争"置于核心地位，成为民族主义产生和发展的重要理论来源。

需要对他民族进行全方位的深入了解。历史上一向被尊崇而俯视一切的中国，在这一转化时期却遭遇了尴尬。

中国历代王朝都对周边少数民族采取羁縻怀柔的政策，这成为维持其中心地位的有效手段。同时，统治者还将这一带有等级色彩的政策施于其他国家，这一思想在对外政策中的集中展示就是明朝朱棣派遣郑和下西洋，以期达到"宣德化而柔远人"的目的。这种状态一直持续到清嘉庆时期，在当时所修的《大清会典》中还将西洋各国称为朝贡国。① 这种高高在上的心态影响深远，使得晚清时期的统治者们拒绝对其他文明进行了解。第一次鸦片战争接近尾声的时候，道光皇帝还这样问道："英吉利到回疆有无旱路可通？""究竟该国地方周围几许？"② 对他民族的茫然无知可见一斑。梁启超和杨度都对中国之所以会形成这种骄傲自大的心理进行了深刻反思："中国环列皆小蛮夷，其文明程度，无一不下我数等。一与相遇，如汤沃雪。纵横四顾，常觉有上天下地唯我独尊之概。始而自信，继而自大，终而自画。至于自画，而进步之途绝矣。不宁惟是，所谓诸蛮族者，常以其牛羊之力，水草之性，来破坏我文明。于是所以抵抗之者，莫急于保守我所固有。中原文献，汉官威仪，实我黄族数千年来战胜群裔之精神也。夫外之既无可师法以为损益之资；内之复不可不兢兢保持，以为自之具。则其长此终古也亦宜！"③ "故中国数千年历史上，无国际之名词，而中国之人民，亦惟有世界观念，而无国家观念。此无他，以为中国以外，无所谓世界，中国以外，无所谓国家，盖中国即世界，世界即中国，一而二二而一者也。"④ 但是"英国的大炮破坏了中国皇帝的权威，迫使天朝帝国与地上的世界接触。"⑤ 鸦片战争的炮声惊醒了沉醉于华夏中心主义迷梦中较为敏锐的人们，他们重新打量这个陌生且令人不解的世界，为此，林则徐组织编撰《四洲志》，魏源编写《海国图志》，徐继畬出版了《瀛环志略》，梁廷楠写《海国四说》，姚莹著《康輶纪行》。这些地理著作虽然粗浅，甚至有错误，但是初步向国人展示了世界的真实状态，这是国人了解世界迈出的第一步，毫无疑问，这有助于破除华夏中心的天下观念。康有为直到 1874 年才

---

① 参见陶绪著：《晚清民族主义思潮》，人民出版社 1995 年版，第 48 页。
② 姚莹：《东溟奏稿》卷 2，转引自陶绪著：《晚清民族主义思潮》，人民出版社 1995 年版，第 16 页。
③ 梁启超：《新民说》，《饮冰室合集》（专集之 4），中华书局 1989 年版，第 56~57 页。
④ 杨度：《金铁主义说》，刘晴波编：《杨度集》，湖南人民出版社 1986 年版，第 214 页。
⑤ 《中国革命与欧洲革命》，《马克思恩格斯选集》第 1 卷，人民出版社 1995 年版，第 692 页。

"始见《瀛环志略》,《地球图》,知万国之故,地球之理。"① 梁启超则于1890年从京师"下第归,道上海,从坊间购得《瀛环志略》读之,始知有五大洲各国。"② 可见其作用之大。随着与西方国家接触的增加,西方国家的面目在先进的中国人心目中也逐渐清晰起来,对"他者"逐步感知,并通过这个介质不断反思"自我",在对比中获得新的不同认识,同时也直接决定了各种类型民族主义的内容和所采取的手段。国人根据西方民族国家扩展的逻辑努力将中国改造成民族国家,并融入到西方国家主导的国际政治体系中来。

对他民族的感知主要在驻外使节和留学生的著作中首先反映出来。在现代西方国家,互派驻公使是主权国家外交再正常不过的事,但这对以自我为中心的清王朝来说是无论如何都不能接受的,一方面中国不需要了解和观察其他国家,另一方面"未能事人,焉能事鬼"的偏见还阻碍着国人了解他民族的步伐。1876年7月,因为英国驻华使馆翻译马嘉里被杀事件,清政府被迫派遣郭嵩焘作为"谢罪使节"出使英国,他是中国历史上第一位驻外公使。作为受中国传统文化熏陶的士大夫③在出国之前,他在参与中国海防、实施厘金政策等过程中,已经开始观察和分析中国与西方国家在一些根本性问题上的不同,"嵩焘窃谓西洋立国有本有末,其本在朝廷政教,其末在商贾,造船、制器,相辅以益其强,又末中之一节也。"④ 出使后,他以日记的形式记录他眼中的西方,特别是著名的《使西纪程》主要从国家制度的角度对西方国家进行了全面分析。

在使西途中,遇到英国军舰,英国军舰停船、列队、奏乐以示礼让,郭嵩焘由此认识到,"彬彬然见礼让之行焉,足知彼土富强之基之非偶然也,"⑤ 而中国则远远不及。他通过仔细观察发现了中西对商业的不同态度:"吾谓西洋赋敛繁重,十倍中国,惟务通商贾之利,营利埠头,使其人民有聚积之资,交

---

① 康有为:《康南海自编年谱》,刘梦溪主编:《中国现代学术经典·康有为卷》,河北教育出版社1996年版,第818页。

② 梁启超:《三十自述》,《饮冰室合集》(文集之11),中华书局1989年版,第16页。

③ 正是基于郭嵩焘的特殊的文化背景,日本学者小野泰教认为从他的奏折和日记等史料中,可以看出郭嵩焘问题意识:士大夫在那时的中国社会应该担负什么任务?他的观察并没有使他离开自己的位置。参见小野泰教:《郭嵩焘与刘锡鸿政治思想的比较研究——以士大夫观和英国政治观为中心》,《清史研究》,2009年第1期,第36~54页。

④ 郭嵩焘:《条议海防事宜》,《郭嵩焘奏稿》,岳麓书社1983年版,第345页。

⑤ 郭嵩焘:《使西纪程》,钟叔河主编:《郭嵩焘:伦敦与巴黎日记》,岳麓书社1984年版,第29页。

易数万里，损益盈虚，皆与国家同其利病，是以其气常固。"① 他认为在一个国家应该民富为先，只有民富才能国强，而不是相反，"岂有百姓穷困而国家自求富强之理？"西方国家正是基于上述认识，国家出现了强势状态，"泰西立国之势，与百姓共之。国家有所举废，百姓皆与其议；百姓有所为利害，国家皆与赞其成而防其患。汽轮车之起，皆百姓之自为利也。自数十里数百里以达数千万里，通及泰西十馀国。其国家与其人民交相比倚，合而同之。民有利则归之国家，国家有利则任之人民，是以事举而力常有继，费烦而国常有馀。"② 而中国却执行着完全相反的政策，"在官来往上下，必以轮船，湘人仕外者亦然，而独严禁绅民制造。然西洋汲汲以求便民，中国适与相反。……今言富强者，一视为国家本计；抑不知西洋之富，专在民，不在国家也。"③ 因此，中国在与西方国家较量中失败也就成为必然。

郭嵩焘的观察并不止于国家的经济政策，而是认为西方国家之所以采取这样的经济政策，正是因为其政治制度才是最根本原因。"西洋立国二千年，政教修明，具有本末。"④ 这里，他所说的"本"指政治制度，"末"指工商业。"此法诚善，然非民主之国，则势有所不行。西洋所以享国长久，君民兼主国政故也。"⑤ 同时他又亲自观看西方国家的议会议事过程，"西洋一切情事皆著之新报。议论得失，互相驳辩，皆资新报传布。执政亦稍据其言之得失而资考证，而行止一由所隶衙门处分，不以人言为进退也。所行或有违忤，议院群起攻之，则亦无以自立，故无敢有恣意妄为者。当事任其成败，而议论是非则一付之公论。"⑥ 政党制度是现代西方民主制度的政治表征，郭嵩焘还对英国的两党制度进行了观察。根据郭嵩焘的观察，英国的两党制度的具体运作是"两党之势力既定，议论同异，相持不下。大率当国者议论行事足以服，则亦转而从之。其初各以其党持议，畿于一成而不可易。"⑦ 在两党竞争的条件下，遇事两党各出其策，择优而定。"西洋君德，视中国三代令主，无有能庶畿者；即伊、周之相业，亦未有闻焉。而国政一公之臣民，其君不以为私。其择官治事，亦有阶级、资格，而所用必皆贤能，一与其臣民共之。朝廷之爱憎无

① 郭嵩焘：《使西纪程》，钟叔河主编：《郭嵩焘：伦敦与巴黎日记》，岳麓书社1984年版，第52页。
② 郭嵩焘著、陆玉林选注：《使西纪程——郭嵩焘集》，辽宁人民出版社1994年版，第157页。
③ 同上书，第154页。
④ 郭嵩焘：《使西纪程》，钟叔河主编：《郭嵩焘：伦敦与巴黎日记》，岳麓书社1984年版，第66页。
⑤ 钟叔河主编：《郭嵩焘：伦敦与巴黎日记》，岳麓书社1984年版，第156页。
⑥ 同上书，第401~402页。
⑦ 同上书，第429页。

所施；臣民一有不惬，即不得安其位。自始设议政院，即分同异两党，使各竭其志意，推究辩驳，以定是非；而秉政者亦于其间迭起以争胜。……朝廷又一公其政于臣民，直言极论，无所忌讳；庶人上书，皆与酬答。其风俗之成，酝酿固已深矣。"① 西方国家的三权分立制度也给郭氏若干启示：其初国政，亦甚乖乱。推原其立国本末，所以持久而国势益张者，则在巴力门（Parliament，议会）议政院有维持国是之义，设买阿尔（mayor，市长）治民有顺从民意之情。二者相恃，是以君与民交相维系，迭盛迭衰，而立国千馀年终以不凋。人才学问相承以起，而皆有以自效。此其立国之本也。② 这种情况与中国相比较，"而巴力门君民争政，互相残杀，数百年久已后定，买阿尔独相安无事。亦可知为君者之欲易逞而难戢，而小民之情难拂而易安也。中国秦汉以来二千馀年适得其反，能辨此者鲜矣！"③

郭嵩焘深入到英法两国的社会基层进行考察，参观了他们的学校、博物馆、图书馆、各类工厂和实验室等各种公共设施，尤其是西方国家的学校"一皆致之实用，不为虚文，"比中国两千余年仅重视"时文小楷"要实用得多。在参观牛津大学时，他对学校的课程安排、上课的具体方式、考试制度等方面进行了认真观察，"仕进者各就其才质所长，入国家所立学馆如兵法、律法之属，积资任能，终其身以所学自效。此实中国三代学校遗制，汉魏以后，士大夫知此义者鲜矣！"④ 基于对国家前途的担忧，他在给沈葆桢的信中指出："人才国势，关系本原，大计莫急于学。……至泰西，而见三代学校之制，犹有一二存者。大抵规模整肃，房屋精详，而一皆致之实用，不为虚文。宜先就通商口岸开设学堂，求为徵实致用之学。……此实今时之要务，而未可一日视为缓图者也。"⑤ 在教育的一实一虚之间，他看到了中、西两种制度的明显不同。

郭嵩焘还将中西哲学和政治伦理观念进行了比较。他是中国传统文化培养出来的传统知识分子，"学问文章，世之凤麟"。他站在未经现代化洗礼的中国传统文化的立场上，对中西的伦理观念进行对比："中国圣人之教道，足于己而无责于人；既尼山诲人不倦，不过曰'往者不追，来者不拒'而已。佛

① 钟叔河主编：《郭嵩焘：伦敦与巴黎日记》，岳麓书社1984年版，第434页。
② 同上书，第407页。
③ 同上书，第407页。
④ 同上书，第379~380页。
⑤ 同上书，第29页。

氏之法，则舍身以度济天下；下及鸟兽，皆所不遗。西洋基督教之教，佛氏之遗也。孟子之攻杨墨，以杨墨者，佛氏之先声也。而其言曰：'逃墨则归于杨，逃杨则归于儒'。以杨氏之为己，尤近于儒也。……圣贤不欲以兼爱乱人道之本，其道专于自守。而佛氏之流遗，至西洋而后畅其绪，其教且遍于天下，此又孔、孟之圣所不能测之今日者也。"① 而（耶稣）为教主于爱人，其言曰，"视人犹己"，即墨氏兼爱之旨也。因推而言之曰……人之生世，继绍乎天以成其事业，实有继事述志之责。故其自视常若天之子；而凡同为人以并生于天地之间者，皆兄弟也。其旨亦近于《西铭》，……固不能逮佛氏之精微，而其言固切近而可深长思也。② 通过对比，他认为中国的儒家思想是趋于保守的，而基督教是开放的、趋于进取的，从而指出了中国传统观念弊端之所在。

同时，郭嵩焘看到了中国自古"人治"与西方"法治"的本质区别：三代有道之圣人，非西洋所能及也。即我朝圣祖之仁圣，求之西洋一千八百七十八年中，无有能庶几者。圣人以一身为天下任劳，而西洋以公之臣庶。一生之圣德不能长也，文、武、成、康，四圣相承，不及百年；而臣庶之推衍无穷，愈久而人文愈盛。颇疑三代圣人之"公天下"，于此犹有歉者。秦汉之世，竭天下以奉一人。李斯之言曰："有天下而不恣睢，命之曰以天下为桎梏"。恣睢之欲逞，而三代所以治天下之道于是乎穷。圣人之治民以德；德有盛衰，天下随之以治乱。德者，专于己者也，故其责天下常宽。西洋治民以法；法者，人己兼治者也，故推其法以绳之诸国，其责望常迫。其法日修，即中国之受患亦日棘，殆将有穷于自立之势矣！③ 他认为中国自古以三代之治作为当政者追求的目标，但是这还是有欠缺的。德治要依赖统治者的个人道德，但是统治者的生命是有限的，正如田文林在分析中东民族主义时所阐述的一样：一代风云人物的领袖风范和个人魅力作为最大的一笔政治遗产，是无法被后来者完全继承的。④ 若非明主，则会出现"竭天下以奉一人"的局面，整个国家要被统治者的个人欲望所左右。但是在法治的条件下，"统治者失去统治的合法性导致了这个体制重新肯定其程序的合法性，"⑤ 就能够保持社会制度的基本稳定和

① 钟叔河主编：《郭嵩焘：伦敦与巴黎日记》，岳麓书社1984年版，第627~628页。
② 同上书，第35页。
③ 钟叔河主编：《郭嵩焘：伦敦与巴黎日记》（叙论），岳麓书社1984年版，第627页。
④ 参见田文林：《从民族主义到原教旨主义》，《世界民族》，1998年第1期，第13页。
⑤ 亨廷顿著、刘军宁译：《第三波》，上海三联书店1998年版，第59页。

经济的持续发展。

基于上述认识，郭氏指出了中国传统"夏夷"观在东西方国家关系中的转变："三代以前，独中国有教化耳，固有'要服'、'荒服'之名，一皆远之于中国而名曰'夷狄'。自汉以来，中国教化日益微灭；而政教风俗，欧洲各国乃独擅其胜。其视中国，亦犹三代盛时之视夷狄也。中国士大夫知此者尚无其人，伤哉！①"这对流传几千年的华夏中心观念具有巨大的挑战性，他指出中国现在已经沦为西方国家眼中的"夷狄"，用人类社会是不断发展变化观念分析世界的具体情况，从而增强了国人的危机意识。

郭嵩焘对"泰西"的观察因封建保守势力的阻止而中断，但是具有先进思想的中国人并没有停止他们探求的脚步，接过他的接力棒的正是与其"论析中西学术政治之异同，往往日夜不休"的严复。严复在1887年到1889年在英国留学，学习机械制造技术，但是严复并不仅仅满足于此，他除较早地直接接触到了资产阶级思想，除在传播资产阶级思想方面作出了重要贡献外，还认真观察西方社会，成为观察西方社会的观察家，并通过对比不断反思中国之所以落后的根本原因。严复已经感受到中国处在一个巨大的转折时期，由于列强的入侵引发了中国社会从内到外的巨大变迁，"呜呼！观今日之世变，盖自秦以来未有若斯之亟也。②"通过亲身感受，他体会到了中西的不同，认识到了国人因为偏见而不能正视西方，"夫与华人言西治，常苦于难言其真。存彼我之见者，弗察事实，辄言中国为礼仪之区，而东西朔南，凡吾王灵所弗届者，举为犬羊夷狄，此一蔽也。③"他认为这种观点在晚清时期还占主导地位，无疑对认识西方极为有害。在他看来，"尝谓中西事理，其最不同而断乎不可合者，莫大于中之人好古而忽今，西之人力今以胜古；中之人以一治一乱、一盛一衰为天行人事之自然，西之人以日进无疆，既盛不可复衰，既治不可复乱，为学术政化之极则。④"并进一步分析西方之所以进步之所在，"公等念之，今之夷狄，非犹古之夷狄也。今之称西人者，曰彼善会计而已，又曰彼擅机巧而已。不知吾今兹所见所闻，如汽车兵械之伦，皆其形下之粗迹，即所谓天算格

---

① 钟叔河主编：《郭嵩焘：伦敦与巴黎日记》（叙论），岳麓书社1984年版，第491页。

② 严复：《论世变之亟》，《直报》1895年2月4日至5日，王栻主编《严复集》（第1册）诗文（上），中华书局1986年版，第1页。

③ 同上书，第2页。

④ 严复：《论世变之亟》，王栻主编《严复集》（第1册）诗文（上），中华书局1986年版，第1页。

致之最精，亦其能事之见端，而非命脉之所在。其命脉云何？苟扼要而谈，不外于学术则黜伪而崇真，于刑政则屈私以为公而已。斯二者，与中国理道初无异也。顾彼行之而常通，吾行之而常病者，则自由不自由异耳。"①

难能可贵的是，严复已经注意到了中西方对于自由理解的根本区别。他认为，是中西之间对自由的不同看法和制度设计造成了中西之间的巨大差距，虽然中国自古与西方有关于自由相似的思想，但是却存在明显不同，"中国理道与西法自由最相似者，曰恕，曰絜矩。然谓之相似则可，谓之真同则大不可也。何则？中国恕与絜矩，专以待人及物而言，而西人自由则于及物之中，而实寓所以存我者也。自由既异，于是群异丛然以生。粗举一二言之，则如中国最重三纲，而西人首明平等；中国亲亲，而西人尚贤；中国以孝治天下，而西人以公治天下；中国尊主，而西人隆民；中国贵一道而同风，而西人喜党居而州处；中国多忌讳，而西人众讥评。其于财用也，中国重节流，而西人重开源；中国追淳朴，而西人求欢虞。其接物也，中国美谦屈，而西人务发舒；中国尚节文，而西人乐简易。其于为学也，中国夸多识，而西人尊新知。其余祸灾也，中国委天数，而西人恃人力。若斯之伦，举有与中国之理相抗，以并存于两间，而吾实未敢遽分其优绌也。"② 他"站在尚未经历近代化变化的中国文化的立场上"，观察已经经历了资本主义较为充分发展的西方社会，对自由的不同判定就是其中一个重要方面。曾经创造了辉煌历史文化的中国如何摆脱目前的窘境，就成为严复无法回避的一个历史性课题。甲午战争后，《马关条约》的签订实际上宣布了洋务运动强国梦的破产，同时也昭示了中国传统制度和文化积淀已无法应付变化了的和正在变化的世界。这需要重新构筑新的世界观和知识体系来释放内心的焦虑和重新解释世界，并为新一轮的改革提供理论支撑。也正是基于上述考虑，他开始了翻译西著的历程。

随着西方列强侵略的不断加深，国人对给中国带来巨大屈辱的西方世界的认识逐渐明晰，他们一方面要根据西方民族国家构建的逻辑改造中国，另一方面反抗其侵略、摆脱其统治的心理就更加强烈，将这些西方国家定性为"帝国主义"。从此，"反帝"成为近代中国进行社会动员的持续性口号。

---

① 严复：《论世变之亟》，王栻主编《严复集》（第1册）诗文（上），中华书局1986年版，第2页。

② 同上书，第3页。在《救亡决论》中，严复也部分重申了中西观念的不同，如"故凡遇中土旱干水溢，饥馑流亡，在吾人以为天灾流行，何关人事，而自彼而论，则事事皆我人谋之不臧。"同上书，第49页。

（三）对帝国主义及其本质的认识

帝国主义是一个历史性概念，随着世界帝国的殖民扩张而不断发展，历史的演进不断被赋予其新的内涵。到 19 世纪 30 年代，帝国主义一词已经频繁出现在法语世界里，与法兰西帝国密切相关，但是，对帝国主义进行理论定性却有赖于大英帝国的殖民扩张。1902 年英国经济学家霍布森发表了《帝国主义研究》（Emperialism：a study），阐述了关于帝国主义的观点。他用"帝国主义"这个概念来表述大英帝国及欧洲列强在世界范围内的扩张。他认为，这种扩张主要表现为在过去的三十多年里，欧洲列强、特别是英国通过直接兼并或政治上的控制，瓜分了亚洲、非洲的许多地区，以及在太平洋上的许多岛屿。① 因为他经历了布尔战争，亲身体会了这一时期资本主义发展的特点，并通过对帝国主义出现的经济根源的研究，总结了帝国主义的涵义：一是帝国主义即意味着欧洲列强对非欧洲世界所进行的扩张；二是帝国主义的扩张主要发生在 19 世纪的最后三十年；三是帝国主义是金融资本推动的结果。② 随着资本主义国家向帝国主义过渡，加紧了世界范围的殖民，同时资本输出的形式发生了明显的变化，以直接投资方式为主。霍布森将帝国主义的出现归因于"消费不足"，无论后人对他的研究提出怎样的批评，他对帝国主义的概括具有普适性，即帝国主义具有扩张和掠夺的本质。因此，他的著作奠定了帝国主义古典理论的基础。列宁在此基础上，将帝国主义从一种政策和经济手段转变为资本主义发展的最高阶段，即是一种社会制度。中国的民族精英们，几乎同时从古典帝国主义理论的角度对西方列强的本质进行了较为透彻地分析，这种分析为近代中国反对帝国主义奠定了理论基础。

梁启超在其著名著作《新民说》中对帝国主义进行了说明，"此主义（民族主义——引者）发达既极，驯至十九世纪之末近二、三十年，乃更进而为民族帝国主义（national imperialism），民族帝国主义者何？其国民之实力，充于内而不得不溢于外，于是汲汲焉求扩张权力于他地，以为我尾闾。"③ 他认为，帝国主义是由民族主义发展而来，④ 而中国必须用民族主义来战胜帝国主义。同时，他指出，今之民族帝国主义与古之帝国主义之明显差别，"夫所谓

---

① 转引自高岱：《帝国主义概念考析》，《历史教学》（高校版），2007 年第 2 期，第 12 页。

② 转引自同上刊，第 13 页。

③ 梁启超：《新民说》，《饮冰室合集》（专集之 4），中华书局 1989 年版，第 3~4 页。

④ 对于民族主义与帝国主义之间的关系，学术界有较多争议，海斯教授认为：民族主义本身既是帝国主义的摧毁者，同时也是新的帝国主义孕育和发起者。

民族帝国主义者，与古代之帝国主义迥异。昔者有若亚历山大、有若查理曼、有若成吉思汗、有若拿破仑，皆尝抱雄图，务远略，欲蹂躏大地，吞并弱国。虽然，彼则由于一人之雄心，此则由于民族之涨力；彼则为权威之所役，此则为时势之所趋。故彼之侵略，不过一时所谓暴风疾雨，不崇朝而息矣；此之进取，则在久远，日扩而日大，日入而日深。吾中国不幸而适当此盘涡之中心点，其将何以待之？曰：彼为一、二人之功名心而来者，吾可以恃一、二之英雄以相敌，彼以民族不得已之势而来者，非合吾民族全体之能力，必无从抵抗也。彼以一时之气焰聚进者，吾可以鼓一时之血勇以相防，彼以久远之政策渐进者，非立百年宏毅之远猷必无从幸存也。"①梁启超将帝国主义对落后国家和地区所采取的侵略手段总结为："其下手也，或以兵力，或以商务，或以工业，或以教会；而一用政策以指挥调护之是也。"②他对帝国主义给中国造成的危害进行了分析。甲午战后，清政府签订《马关条约》，梁启超协助康有为上书光绪帝提出维新派的变法主张，他指出："中国之为俎上肉久矣，商务之权利握于英，铁路之权利握于俄，边防之权利握于法、日及诸国，"③他痛斥帝国主义对中国的种种恶行，"无端而逐工，无端而拒使，无端而索岛屿，无端而揽铁路，无端而干狱讼，人之轻我贱我，野蛮我，奴隶我，一禽兽我，尸居我，其惨酷至于如此其极也。"④在帝国主义的瓜分狂潮到来之际，"敌无日不可以来，国无日不可以亡，数年以后，乡井不知谁氏之藩，眷属不知谁氏之奴，血肉不知谁氏之俎，魂魄不知谁氏之鬼。"⑤他还在给旧金山华人的信中表达自己的心情"方今瓜分之祸，迫在眉睫，家乡故土，已属他人，举国同胞，将成左衽，向小朝廷求生活，实觉无颜。"⑥随着西方主要资本主义国家向帝国主义过渡，资本输出逐渐代替商品输出占据了主导地位，梁启超对其侵略中国的态势进行了分析："以欧人之商业，而欲求主顾于非洲人，虽费尽心血以开通之，其收效必在百数十年以后，而彼其生产过度之景况，殆不可终日，于是欧人益大窘，于是皇皇四顾，茫茫大地，不得不瞬其鹰目，涎其虎

---

① 梁启超：《新民说》，《饮冰室合集》（专集之4），中华书局1989年版，第4～5页。
② 同上书，第4页。
③ 梁启超：《变法通议》，《饮冰室合集》（文集之1），中华书局1989年版，第13页。
④ 梁启超：《论中国之将强》，《饮冰室合集》（文集之2），中华书局1989年版，第12页。
⑤ 梁启超：《南学会叙》，《饮冰室合集》（文集之2），中华书局1989年版，第65～66页。
⑥ 梁启超：《复旧金山中华会馆书》，《饮冰室合集》（文集之5），中华书局1989年版，第67页。

口，以暗吸明噬我四千年文明祖国，二万里膏腴天府之支那。"① 孙中山也提到"什么是帝国主义呢？就是用政治力去侵略别国的主义，即中国所谓'勤远略'。这种侵略政策，现在名为帝国主义。"② 这种"政治力"可以是军事力量，也可以是经济力量与文化力量。1922 年 7 月，刚成立不久的中国共产党在发表的《中国共产党第二次全国大会宣言》中也历数了帝国主义国家对世界扩张和掠夺给被压迫人民造成的巨大伤害，特别是对中国的侵略和剥削而"形成中国目前在国际上的特殊地位"。并以此提出了中国共产党的奋斗目标。③ 可见，帝国主义是对超出自己国家范围的其他国家和地区利益的侵犯，在当时基本已经成为共识。

随着对"他者"观察的深入，民族精英们不断被西方国家的政治、文化、经济和技术所吸引，但同时又面临着自己的祖国遭到这些西方国家不断侵略的厄运。列文森曾这样评价梁启超："由于看到其他国度的价值，在理智上疏远了本国的文化传统；由于受历史的制约，在感情上仍然与本国传统相联系。"④ 如果其言不谬，则颇能代表近代中国民族精英们的心态。而民族精英们因为对自己国家的热爱，最终将这些深深吸引他们的西方国家变成了他们反对的对象。

二、革命派与南京国民政府争取民族解放的方式

现代国际政治体系的主体是主权国家，而维系国际社会运行的法律基础则是国际法、国际惯例和各种条约。国际法的订立要得到大多数国家的同意，是国家集体意志和意思的体现。除在理论上对国际法做出论证外，在实践上的运作始于 1648 年的《威斯特伐利亚和约》，这一合约对民族国家的规定是国际法中主权国家平等原则的滥觞。基于此，"国家同意"就成为订立双边和多边条约的要件，这是国家关系的基本准则。就条约本身而论，在于建立或改变国家之间的权利与义务关系，一切国家行为都以条约规定为其准则，所以，条约

---

① 梁启超：《论近世国民竞争之大势与中国前途》，《饮冰室合集》（文集之4），中华书局1989年版，第58～59页。

② 孙中山：《民族主义》，《孙中山全集》（第9卷），中华书局1986年版，第221页。

③ 中共中央书记处编：《六大以前党的历史材料》，人民出版社1980年版，第2～10页。

④ 约瑟夫·勒（列）文森著、刘伟等译：《梁启超与近代中国思想》，四川人民出版社1987年版，第4页。

是近代以来国际关系的基础。但是，近代中国，一边导入国际关系准则，一边不断与各列强签订不平等条约。当然，这些不平等条约的签订，既有因中外力量悬殊而订立的"城下之盟"，也有因对国际法和国际惯例的无知而签订的。所以，废除不平等条约就成为挣脱帝国主义殖民枷锁的必要步骤。

（一）争取民族解放和维护民族独立的思路

因为近代中国历史发展的国际环境与清王朝自身的特殊性，使中国的民族主义理论在其发展的过程中呈现出双重性的特点，一方面是要推翻满族专制政权的民族主义，一方面反对帝国主义侵略获得民族独立和民族解放的民族主义。维新派主要关注后者，又因为在历史上维新派并没有真正获得与西方国家对话的机会，也就无法深刻体会西方列强如何左右中国政治运作，所以其对西方列强的观点更多的是一种理论性的论述。而以孙中山为首的革命派却一度获得了核心的政治权势，并与诸列强有较多的交往，从革命派的言论中更能体会在内外压力下求得生存的艰辛和各种无奈的妥协。

1908年，章太炎在《革命军约法问答》中认为，西人之祸汉族，其烈千百倍于满洲。[1] 虽然认识到西方列强侵略对中国毁灭性的影响，但是当谈到革命及对西方国家的态度时，他表现出策略性的态度："吾以为今日革命，不能不与外国委蛇。""虽极委蛇，犹不能不使外人干涉。"[2] "不得不姑示宽容，无使清人、白人协以谋我。"[3]

孙中山在创办兴中会的章程中也谈到："我中华受外国欺凌，已非一日"，"方今强邻环列，虎视鹰瞵，久垂涎于中华五金之富、物产之饶。蚕食鲸吞，已效尤于接踵；瓜分豆剖，实堪虑与目前。"[4] 虽然他认识到了帝国主义对中国的危害，但是，当时并未明确提出反帝。孙中山的民族主义一开始只是指向清政府。辛亥革命胜利后，他指出，"今日满清退位，中华民国成立，民族、民权两主义俱达到，惟有民生主义尚未着手，今后吾人所当致力的即在此

---

[1] 章太炎：《革命军约法问答》，张枬等编：《辛亥革命前十年时论选集》（第1卷），三联书店1960年版，第80页。

[2] 章太炎：《驳康有为论革命书》，参见汤志钧编：《章太炎政论集》（上），中华书局1977年版，第194~196页。

[3] 同上书，第81页。

[4] 孙中山：《檀香山兴中会章程》，《孙中山全集》（第1卷），中华书局1981年版，第19页。

事。"① 可见，当时反对帝国主义并没有纳入到孙中山的民族主义的范围之内。但是民国初年空有"共和"招牌，并无实质性的变化，帝国主义依然横行、军阀专制统治依然存在。经过二次革命、护国运动和护法运动，孙中山认真反思其革命思路，他认识到"十二年来，所以有民国之名，而无民国之实者……余请以简单之义语而说明之，曰：此不行革命方略之过也。"辛亥革命之后，由于认为民族、民权已经达到，未经过"荡涤旧污，促成新治所必要之历程。"② 在护法运动后，孙才重提三民主义，五四运动时期，孙才清醒地认识到其民族主义目标之一即反对帝国主义，才认识到国内的军阀与帝国主义之间的关系之深，重拾民族主义口号，并在五四运动爆发时多次对五四运动的反帝爱国行为进行声援。

1919 年 10 月，中华革命党改组成中国国民党，其《规约》中明确恢复"实行三民主义为宗旨"，这里的民族主义是将反对帝国主义作为目标。并提出中国民族主义的"消极目的"与"积极目的"之说，认为推翻清政府只是达到了民族主义的"消极目的"，而"积极的目"则要使中华民族"驾美迭欧而为世界之冠。"③ 1919 年，在对即将赴法留学青年的演讲中，他指出"中国还是一个贫弱的国家，事事都受世界列强的干涉和压迫。我们全国同胞，尤其是知识分子，必须大家齐心参加革命，才能使中国得到独立、自由和平等。"④ 1920 年 11 月，他特意批判了"清室推翻以后，民族主义可以不要"的论调，强调推翻清政府只是民族主义的一个部分，而各个列强还在剥削和压迫着中国，"我们还要积极的抵制……所以我们还是三民主义缺一不可。"⑤ 这样，他就将反帝作为中国民族主义的另一个部分提出来了，从而在理论上完善了近代民族主义理论的内容，为后来"新三民主义"中的民族主义理论的完整提出提供了思想基础。1921 年，孙中山指出，"今则满族虽去，而中华民国国家尚不免成为半独立国……满清虽已推翻，而已失之国权与土地仍操诸外国，未能收回。以言国权，如海关则归其掌握，条约则受其束缚，领事裁判权则犹未撤销；以言土地，威海卫入于英，旅顺入于日，青岛入于德。德国败后，而山东

---

① 孙中山：《在南京同盟会会员饯别会的演说》，《孙中山全集》（第 2 卷），中华书局 1981 年版，第 319 页。

② 孙中山：《中国革命史》，《孙中山全集》（第 7 卷），中华书局 1985 年版，第 66 页。

③ 孙中山：《三民主义》，《孙中山全集》（第 9 卷），中华书局 1986 年版，第 188 页。

④ 孙中山：《与留法学生的谈话》，《孙中山全集》（第 5 卷），中华书局 1985 年版，第 165 页。

⑤ 孙中山：《在上海中国国民党本部会议的演说》，《孙中山全集》（第 5 卷），中华书局 1985 年版，第 394 页。

问题尚复制于日本，至今不能归还。由此现象观之，中华民国固未可谓为完全独立国家也。"① 同年，在广州的一次演讲中"因中国积弱，主权丧失已久，宜先求富强，使世界各强国不敢轻视中国，贱待汉族"，并主张不惜用武力反对列强，"有凌辱我同胞、蔑视我国权者，以推倒满清之手段排之，故不论其为某国抑或任何国也。"② 1923 年 1 月，他在上海指出，"中国形式上是独立国家，实际比亡了国的高丽还不如。……似此，民族主义能认为满足成功否？所以，国民不特要从民权、民生上作工夫，同时并应该发展民族自决的能力，团结起来奋斗，使中国在世界上成为一独立国家。"③ 1924 年 1 月，在《关于建立反帝联合战线宣言》中，"我等同在弱小民族之中，我等当共同奋斗，反抗帝国主义国家之掠夺与压迫。"④ 在与美国公使舒尔曼谈话中进一步揭露帝国主义的本质："不干涉中国内政，为在华会列强所一致赞同。但此不过一种空谈。……实则不干涉内政其名，外交团控制中国如一殖民地则事实也。"⑤ 孙中山《在桂林广东同乡会欢迎会的演说》中讲："民族主义即世界人类各族平等，一种族绝不能为他种族所压制。"⑥

1923 年，他在《中国国民党宣言》中指出，"吾党所持之民族主义……内以促全国民族之进化，外以谋世界民族之平等。……力图改正条约，恢复我国国际上自由平等之地位。"⑦ 同月，他著《中国革命史》一文，在谈及民族主义时指出：对于世界诸民族，务保持吾民族之独立地位，发扬吾固有之文化，且吸收世界之文化而光大之，以期与诸民族并驱于世界，以驯致于大同，此为以民族主义对世界诸民族也。"⑧ 在《民族主义》第一讲中将民族主义直接等同于国族主义。第五讲中，他又提到抵御外辱的方法，"一是积极的，这种方

① 孙中山：《在桂林对滇赣粤军的演讲》，《孙中山全集》（第 6 卷），中华书局 1985 年版，第 24 ~ 25 页。

② 孙中山：《在广东省第五次教育大会上的演说》，《孙中山全集》（第 5 卷），中华书局 1985 年版，第 558 ~ 559 页。

③ 孙中山：《在上海各团体代表祝捷时的演说》，《孙中山全集》（第 7 卷），中华书局 1985 年版，第 33 ~ 34 页。

④ 孙中山：《关于建立反帝联合战线宣言》，《孙中山全集》（第 9 卷），中华书局 1986 年版，第 23 页。

⑤ 孙中山：《与美使舒尔曼的谈话》，《孙中山全集》（第 9 卷），中华书局 1986 年版，第 25 页。

⑥ 孙中山：《在桂林广东同乡会欢迎会的演说》，《孙中山全集》（第 6 卷），中华书局 1985 年版，第 216 页。

⑦ 孙中山：《中国国民党宣言》，《孙中山全集》（第 7 卷），中华书局 1985 年版，第 3 页。

⑧ 孙中山：《中国革命史》，《孙中山全集》（第 7 卷），中华书局 1985 年版，第 60 页。

法就是振起民族精神，求民权、民生之解决，以与外国奋斗。二是消极的，这种方法就是不合作，是消极的抵御，使外国的帝国主义减少作用，以维持民族的地位，免致消亡。"① 1924 年，他谈到民族问题时，主张 "对于国外之侵略强权，政府当抵御之；并同时修改各国条约，以恢复我国际平等，国家独立。"② "对外代表国家利益，要求从新审定一切不平等条约，即取消此等条约中所定之一切特权，而重订双方平等互尊主权之条约，以消灭帝国主义在中国之势力。"③ "且民族主义亦推翻满清而已，凡夫一切帝国主义之侵略，悉当祛除解放，使中华民族与世界所有各民族同立于自由平等之地，而后可告完成。"④ 在 1924 年 1 月 23 日发表的《中国国民党第一次全国代表大会宣言》中，他对国民党的民族主义内容进行了清晰的阐释，"国民党之民族主义，有两方面之意义：一则中国民族自求解放，使中国民族得自由独立于世界，二则中国境内各民族一律平等。……盖民族主义对于任何阶级，其意义皆不外免除帝国主义之侵略。其在实业界，苟无民族主义，则列强之经济的压迫，自国生产永无发展之可能。其在劳动界，苟无民族主义，则依附帝国主义而生存之军阀及国内外之资本家，足以蚀其生命而有余。故民族解放之斗争，对于多数之民众，其目标皆不外反帝国主义而已。"⑤

1928 年中国重新实现了形式上的统一，国民政府继承孙中山的遗愿，通过外交方式完成其维护民族独立和争取民族解放的任务。国民政府于 1927 年 8 月 29 日发布布告，决定暂缓实行《裁撤国内通过税条例》及《国定进口关税暂行条例》等，同时宣布 "关税自主为独立国家主权之行使"，因此，关税自主的政策仍然不变，自本年 9 月 1 日起，全国陆海关税一律自主。⑥ 1928 年 7 月 7 日，南京外交部就重订条约事宜发表宣言，宣布三条原则："一、中华民国与各国间条约之已届满期者当然废除，另订新约。二、其尚未满期者，国民政府应即以相当之手续解除而重订之。三、其旧约业已期满而新约尚未订定者，应由国民政府另订适当临时办法，处理一切。" 9 日，国民政府颁布的

---

① 孙中山：《民族主义》，《孙中山全集》（第 9 卷），中华书局 1986 年版，第 241 页。

② 孙中山：《国民政府建国大纲》，《孙中山全集》（第 9 卷），中华书局 1986 年版，第 127 页。

③ 孙中山：《中国国民党北伐宣言》，《孙中山全集》（第 11 卷），中华书局 1986 年版，第 77 页。

④ 孙中山：《致全党同志书》，《孙中山全集》（第 9 卷），中华书局 1986 年版，第 541 页。

⑤ 孙中山：《中国国民党第一次全国代表大会宣言》，《孙中山全集》（第 9 卷），中华书局 1986 年版，第 117 ~ 118 页。

⑥ 中国第二历史档案馆编：《国民政府为增加关税暂缓的布告》，《中华民国史档案资料汇编》第 5 辑第 1 编，外交（1），江苏古籍出版社 1991 年版，第 9 ~ 10 页。

《中华民国与各外国旧约已废新约未订前适用之临时管理办法》规定："在华外人之身体及财产应受中国法律之保护"，"在华外人应受中国法律之支配及中国法院之管辖"。在中国国民党第三次代表大会开幕词中明确指出：我们国民革命的对象原是帝国主义，而民族主义的最大敌人，格外明显地是帝国主义。……所以在这次大会中，我们必须确定方针，指挥全党同志去负民族主义方面的责任，以应付一切新旧的帝国主义者。① 从此，南京国民政府拉开了"革命外交"的序幕，并试图通过谈判废除此前与各帝国主义国家签订的不平等条约，以实现民族的独立和民族解放。

（二）废除不平等条约的思想历程

不平等条约在近代中国对外关系中具有整体性特征。外国列强主要通过这些条约来维护它们在中国的特殊地位，并以此作为它们试图统治中国的依据。而近代中国反抗帝国主义列强、争取民族解放的重要步骤就是废除不平等条约。之所以有不平等条约之称，正是基于国家主权平等、利益互惠等国际法前提下根据条约内容作出的判断。"何谓不平等条约，凡一条约规定缔约国之一方独享某种权利，缔约国之他方单负某种义务，即谓之不平等条约，故不平等条约是片面的而非相互的，专对一方有利而他方是受害的。"② 也就是说不平等条约是违背国家主权平等这一国际法根本原则的。

不平等条约的签订和维持首先是对国家之间关系的承认，同时也是国家之间关系不对等的一种表现。外国列强通过不平等条约使中国丧失的主权除了割地、赔款外，还有领事裁判权、关税协定权、租界、军舰行使停泊权、海关税务管理权、沿海贸易权、内河航运权、势力范围、外国军队驻扎权、洋员任用权、电信事业权、设厂制造权、最惠国待遇、租借地、外籍引水人、使馆区、银行纸币发行权、开采矿山权、铁路建筑权、限制中国驻军设防权、传教自由权、会审权、观审权、关余保管及关税支配权、森林采伐权等二十余项。③ 同时一些列强任意延伸和滥用特权，更扩大了其危害性。这些不平等条约成为西

---

① 荣孟源主编：《中国国民党历次代表大会及中央全会资料》（上），光明日报出版社1985年版，第617～618页。

② 参见干能模：《旧约即不平等条约之内容》，林泉编：《抗战期间废除不平等条约史料》，正中书局印行1983年版，第3～4页。

③ 参见林泉编：《抗战期间废除不平等条约史料》，正中书局印行1983年版，第3～4页。

方列强侵略中国的"护身符",是帝国主义侵略的工具,也是中国人的"卖身契"①。这些不平等条约严重阻碍了中国国家转型和国家建设的顺利开展。"所以三民主义的革命,一方面要与日寇独占的侵略作生死的斗争,而同时一方面对于其他各国屡次所订的不平等条约,亦同具恐惧的心理,非要求他彻底的废除不可,亦就是这个道理。"② 要获得国家独立和民族解放,首先就要废除这些强加在中国之上的不平等条约,打倒帝国主义,将侵略势力赶出中国。

清政府在与英国签订了《南京条约》后,继续用羁縻怀柔理论解释自己的行为,"从古制夷之道,不外羁縻","仁圣与民休息,耀德而不观兵,并无伤是国体",③ 将不平等条约置于羁縻理论的基础上,将其作为对"远夷"的一种安抚。这种心理致使清政府对外来侵略近乎直接屈服,并通过签订不平等条约不断将国家利益与国家主权拱手让人。随着不平等条约的增加,已经失去实际内容的羁縻怀柔助长了清统治者的虚骄心理,使不平等条约在特定的时空下处于"合理"状态。即使以"自强"、"求富"为目标的洋务派,也是在承认不平等条约的基础上,提出他们的救国方案的,主张以不平等条约作为处理与西方国家关系的准则。丁汝昌认为:"内则力图整顿,不可徒托空言,外则虚与委蛇,不必稍涉虚骄,不惟与泰西各国开诚布公,示之以信,即日本亦宜暂事羁縻,使目前不致决裂。"④ 在"战守一无足恃"的情况下,只能用中国传统的羁縻理论支配下签订的条约来处理与"西夷"的关系,"信义笼络,驯服其性,自图振兴"。在时人的心目中,这些条约虽须割地赔款,但是"无伤国体",并且是怀柔远人的办法,从而使不平等条约获得了合法性。一方面反映了传统政治心理的巨大惯性,另一方面也可以看出他们对国际法知识近于一无所知。所以,对不平等条约认识的不断深化,要依赖于民族主义及相关国际法知识的不断输入以及外交思想的逐渐生成,特别是对国家主权平等原则的深刻认识。"对不平等条约的认识是废除不平等条约运动兴起和发展的前提和基础。不平等条约概念的提出和使用意味着对不平等条约的合法性及效力的怀疑

---

① 孙中山将不平等条约看成是中国的卖身契。可参见《在香港与〈南清早报〉记者威路臣的谈话》,《孙中山全集》(第2卷),中华书局1982年版,第336~337页。

② 蒋介石:《中国之命运》,秦孝仪主编:《先总统蒋公思想言论总集》(第4卷专著),国民党中央党史委员会1984年版,第30页。

③ 《筹办夷务始末》道光朝第53卷,第25页,转引自陶绪著:《晚清民族主义思潮》,人民出版社1995年版,第51页。

④ 丁汝昌:《海防要览》卷上,转引自陶绪著:《晚清民族主义思潮》,人民出版社1995年版,第52页。

与挑战，意义十分重大。"① 以孙中山为首的革命党在对国际法有所了解的基础上，在 20 世纪初提出了不平等条约的概念，并提出不平等条约在将来应该废除或者修改。但是，当时国际法的基本原则还没有获得广泛承认，因此，不平等条约的合法性问题还没有提到日程上来。基于此，革命派认为"于国际法，凡国家间由于条约而生之权利义务，条约之效力未消灭，则权利义务依然继续，旧政府虽倾覆，新政府固当继承之。何也？条约，国家之名义缔结之，非以私人缔结之故也。"② 新政府首先要承认这些不平等条约，而后再为"宣筹撤改"计。

为了得到更多的国际援助并降低西方国家干涉的可能性，革命派声明承认清政府与外国列强签订的不平等条约。早在 1905 年，中国同盟会发表的对外宣言中就宣称："所有中国前此与各国缔结之条约，皆继续有效。"③ 辛亥革命胜利后，孙中山在 1912 年 1 月 5 日发表的《对外宣言书》里宣布："凡革命以前所有满政府与各国缔结之条约，民国均认为有效，至于条约期满而止；凡革命以前，满政府所借之外债及所承认之赔款，民国亦承认偿还之责，不变更其条件；凡革命以前满政府所让与各国国家或各国个人种种之权利，民国政府亦照旧尊重之。"④ "深望各国既表同意于先，更笃友谊于后，提携亲爱，视前有加；当民国改建、一切未备之时，务守镇静之态，以俟其成，且协助吾人，俾种种大计，终得底定。"⑤ 承认不平等条约继续有效的目的是为了换取西方国家的承认，但是，对列强既得利益的承诺并没有换来各国的提携，相反，出现随着权势的转移，政权被北洋军阀所窃取。这样，革命党暂时丧失了通过外交途径解决不平等条约问题的可能。但孙中山在很多场合指出不平等条约之害："中国向来与外人所订条约不良，丧失主权"⑥，"外交之棘手，系因条约"⑦ 等等，为以后其态度的转变埋下了伏笔。

---

① 张建华：《孙中山与不平等条约概念》，《北京大学学报》，2002 年第 2 期，第 115 页。

② 精卫：《驳革命可以招瓜分说》，张枬等编：《辛亥革命前十年间时论选集》第 2 卷，生活·读书·新知三联书店 1963 年版，第 461 页。

③ 孙中山：《中国同盟会革命方略》，《孙中山全集》（第 1 卷），中华书局 1981 年版，第 310 页。

④ 孙中山：《对外宣言书》，《孙中山全集》（第 2 卷），中华书局 1982 年版，第 10 页。

⑤ 同上书，第 11 页。

⑥ 孙中山：《在东京实业家联合欢迎会的演说》，《孙中山全集》（第 3 卷），中华书局 1984 年版，第 18 页。

⑦ 孙中山：《在神户华侨欢迎会的演说》，《孙中山全集》（第 3 卷），中华书局 1984 年版，第 49 页。

在 1919 年的巴黎和会上，北京段祺瑞政府派出人员作为战胜国代表出席，并提出了以下修约要求：1. 废除势力范围；2. 撤退外国军警；3. 裁撤外国邮局及有线无线电报机关；4. 撤销领事裁判权；5. 归还租借地；6. 归还租界；7. 关税自主；8. 废除日本《二十一条》及其换文。但是，中国的合理要求遭到了拒绝。外交失败成为五四运动的导火索。在接下来召开的华盛顿会议上中国的修约要求再次遭到拒绝。经过两次国际会议，帝国主义的嘴脸彻底暴露出来，他们一方面与中国国内的军阀相勾结，企图分裂中国，另一方面不断窃取更多的利益，中国的国家主权进一步遭到破坏。

基于对帝国主义本质的认识，在当时对不平等条约颇有研究的张廷灏看来，打倒军阀、打倒帝国主义才是救中国的唯一方法，同时，他认为打倒帝国主义比打倒军阀更紧要，军阀的存在是靠帝国主义的支持，不首先打倒帝国主义是无法打倒军阀的，但是要打倒帝国主义不能不首先取消帝国主义侵略中国的工具——不平等条约。他在讨论了多次国际会议上中国的合理修约要求遭到拒绝后，揭露了利用国际法原则和平修约的空想性，提出了他废除不平等条约的方法，即请求国民政府根据"情形变更条约不适用"的原则，自动宣布一切不平等条约无效，然后各国政府愿意继续订约的，则另行根据平等互惠的原则订立新约。① 这一提法在中国废除不平等条约史上不能不说是最高标准，除了通过谈判"请求修约"外，还提出了另外一个办法，即"自动宣布一切不平等条约无效"。

虽然历经挫折，孙中山还是对列强充满幻想，他在 1917 年 5 月《中国存亡问题》一文中指出，德国因战败已经退出中国，苏俄忙于国内事务，法国正在恢复元气，在中国最活跃的就是英国、日本和美国。他认为应该求助于美国、日本，"美国之地，虽与我隔，而以其地势，当然不侵我而友我。况两国皆民国，义尤可以相扶。中国无发展之望则已，苟有机会，必当借资于美与日本。无论人才资本材料，皆当之于此两邦……于美国，以政治论又为师弟之邦。"② 他于次年致电美国总统威尔逊："北方官场消息，谓美国愿中国止息内争，如南方不同意，北派武人将引美国势力压抑南方云云。兹为正义、民主、以及为中国和平，特以个人名义声明吾人和平条件之立场。吾人唯一条件，即

---

① 参见张廷灏：《不平等条约的内容及其危害》，《不平等条约概论》，林泉编：《抗战期间废除不平等条约史料》，正中书局印行 1983 年版，第 229、66、67 页。

② 孙中山：《中国存亡问题》，《孙中山全集》（第 4 卷），中华书局 1985 年版，第 94 页。

国会必须能完全自由行使其职权。"① 在对日关系上同样存在幻想，"日本与中国之关系，实为存亡安危两相关联者……为两国谋百年之安，必不可于其间稍存芥蒂。……日本与我同文同种，其能助我开发之力尤多。必能使两国能相调和，中国始蒙其福，两国亦赖以安，即世界之文化，亦将因此以大昌。"② 同年6月，他又致信日本首相寺内正毅"至此时期，贵国能彻底援助主持正义之一方，使其革新遂行无阻，自足以收永远和平之效，而人民亦感激了解贵国之诚意，亲善之实举。"③ 并授意广东省长胡汉民向被英国控制的香港政府示好。但是，这一系列举动并没有换来列强的积极回应。相反，苏维埃俄国却向孙中山伸出了橄榄枝。苏俄政府于1919年7月25日发表《俄罗斯苏维埃联邦社会主义共和国对中国人民和中国南北政府的宣言》，宣布废除与日本、中国和以前各协约国所缔结的一切秘密条约；把沙皇政府独自从中国人民那里掠夺的和与日本人、协约国共同掠夺的一切归还中国人民；拒绝接受中国因1900年义和团起义所负的赔款；废除一切特权，放弃中东铁路，退出外蒙。并"建议中国人民通过自己的政府立即与我们建立正式关系。"④ 并在次年又发表了第二次对华宣言。苏俄的一系列举动，在国际关系实践中践行了国际法的主权平等原则，与其他列强的行径形成了鲜明的对比，也较美国总统威尔逊在国会提出的"十四点和平计划"更具说服力，这样，国人对不平等条约的认识更加深刻。1921年共产国际代表马林在广州两次与孙中山会谈，并提出三项建议：（一）改组国民党联合社会各阶层，尤其是工农大众；（二）创办军官学校，为建立革命武力之基础；（三）国、共两党合作（并）（amalgation）。⑤在经过激烈的思想斗争并在得到苏俄代表越飞的保证后，孙中山于1923年1月26日与其发表了联合宣言，从此走上了联俄与容共的道路。

正是在上述背景下，孙中山对西方列强及不平等条约的态度出现了明显的变化。1923年1月1日，他在中国国民党宣言中称：依三民五权之原则，对国家建设计划及现所采取之政策，谨依此陈述于国民之前：一、前清专制持其

---

① 孙中山：《致美国总统威尔逊电》，《孙中山全集》（第4卷），中华书局1985年版，第513~514页。

② 孙中山：《中国存亡问题》，《孙中山全集》（第4卷），中华书局1985年版，第94~95页。

③ 孙中山：《致日本首相寺内正毅函》，《孙中山全集》（第4卷），中华书局1985年版，第108页。

④ 廖盖隆主编：《中国共产党历史大辞典》（新民主主义革命时期），中共中央党校出版社1991年版，第104页。

⑤ 桂崇基著、沈世平译：《中国国民党与中国共产党》，台湾中华书局印行1980年版，第6页。

"宁赠朋友，不与家奴"之政策，屡牺牲我民族权利，与各国订立不平等之条约，至今清廷虽覆，而我竟陷于列强殖民地之地位矣。故吾党所持之民族主义，消极的为除去民族间之不平等，积极的为团结国内各民族，完成一大中华民族。欧战以还，民族自决之义，日愈昌明，吾人当仍本此精神，内以促全国民族之进化，外以谋世界民族之平等。（甲）厉行教育普及增进全国民族之文化，（乙）力图修改条约，恢复我国际上自由平等之地位。① 在中国共产党的帮助下，1924 年 1 月 31 日，国民党第一次代表大会上通过的《中国国民党第一次全国代表大会宣言》，更为完整地阐述了中国国民党对外政策，明确规定：一切不平等条约，如外人租借地、领事裁判权、外人管理关税权，以及外人在中国境内行使一切政治的权力侵害中国主权者，皆当取消，重订双方平等，互尊主权之条约。又规定：中国与列强所订其他条约有损中国之利益者，须重新审定，务以不害双方主权为原则。中国所借外债，必须以使中国政治上、经济上不受损失为标准。② 在海关方面也有专门决议："外人管理海关，其结果不但使保证政策，无法实行，且使我国实业不能与外国实业在我国境内为同等之发展，其束缚我国实业之发展，以妨碍其生存，为害之大，不可胜言，本党尤当更更进一步，主张收回海关，用种种和平正当之手段，与准备之方法，以求有济。"③ 从此，废除不平等条约成为孙中山矢志不渝的理想之一。为推进北伐战争，同时也为革命胜利后的国家建设设计蓝图，孙中山订立了建国大纲二十五条，在大纲中指出"自辛亥革命以至于今日，所获得者仅中华民国之名，国家利益方面，既未能使中国进于国际平等地位。"在大纲的第四条规定"其三为民族，故对于国内之弱小民族，政府当扶植之，使之能自决自治；对于国外之侵略强权，政府当抵御之，并同时修改各国条约，以恢复我国际平等，国家独立。"④ 在广东大学所作的"三民主义"的著名演讲中，他反复强调不平等条约的危害。在 1924 年 11 月 10 日发表的《北上宣言》中，他再次声明国民党的对外政策是"取消一切之不平等条约"，⑤ 在其最终的遗

---

① 《中国国民党五十年来外交奋斗史》，林泉编：《抗战期间废除不平等条约史料》，台湾正中书局印行1983 年版，第 389 页。

② 参见孙中山：《中国国民党第一次全国代表大会宣言》，《孙中山全集》（第 9 卷），中华书局1986 年版，第 122～123 页。

③ 《中国国民党五十年来外交奋斗史》，林泉编：《抗战期间废除不平等条约史料》，正中书局印行 1983 年版，第 389 页。

④ 同上书，第 390 页。

⑤ 孙中山：《孙中山全集》（第 11 卷），中华书局 1986 年版，第 259 页。

嘱中，也敦促国民党尽快废除不平等条约。

孙中山辞世后，国民党中央执行委员会召开全体会议，决定继承孙中山的遗志，"而遗嘱所吾人于最短期内，实现开国民会议及废除不平等条约之二大目的，为吾人努力之第一程序。"① 同年 6 月 28 日，国民党在主张废除不平等条约宣言中对之前的数次请求修约失败后，北京政府提出的修改不平等条约主张的实质进行了揭露和批判，国民党提出郑重宣言："自帝国主义侵入中国以来，以种种不平等条约束缚中国，使失其平等独立自由，本党不忍中国之沦于次殖民地，故倡导国民革命，以与帝国主义者奋斗，而废除不平等条约，即为奋斗之第一目标。……对于不平等条约，应宣布废除，不应以请求修改为搪塞之具。"② 废除不平等条约国际上早有先例，所以，北伐的首要任务就是废除与列强在此之间签订的不平等条约以实现民族解放。

为了进一步推进废除不平等条约运动，尽快进行国民革命，1925 年 7 月 1 日成立了国民政府。同年 9 月，中国国民党中央执行委员会就召开国民会议和废除不平等条约发出训令，敦促北京段祺瑞政府支持召开国民会与废除不平等条约，并随后发表了告各国人民书，"不平等条约存在一天，中国决不能使国内澄清，因此，我们要求我们的国际地位，此后应改为与其他各国平等之地位，我们人民所要求的，就是他们能在国际关系上与其他各国相平等，能有行使主权之独立，这包涵着治外法权经济特权的废除，这是属于单方面性质的，我们要求修订海关关税，使中国能为发展其经济起见，采必要的经济政策，我们要求收回我们自己的房屋的钥匙。"③ 国民党二届四中全会进一步指出，废除不平等条约是达到民族平等和国家独立的具体方案。

1924 年 5 月《中俄解决悬案大纲协定》正式签字，苏俄宣布废除帝俄政府与中国政府签订的一切不平等条约，放弃帝俄在中国的一切特权。该条约是近代中国历史上的第一个平等条约，条约的签订鼓舞了人们的废约热情，在全国掀起了一场废除不平等条约的群众性爱国运动，各地组织各种团体，通过示威、游行等各种形式进行宣传。1925 年 1 月，国民党中央执行委员会发表宣

---

① 《中国国民党五十年来外交奋斗史》，林泉编：《抗战期间废除不平等条约史料》，正中书局印行 1983 年版，第 392 页。

② 《中国国民党主张废除不平等条约宣言》，林泉编：《抗战期间废除不平等条约史料》，正中书局印行 1983 年版，第 370～371 页。

③ 《中国国民党五十年来外交奋斗史》，林泉编：《抗战期间废除不平等条约史料》，正中书局印行 1983 年版，第 393～394 页。

言，指出："废除不平等条约运动，为今日中国民族求独立之唯一途径，乃实行本党政策之第一步，与以党建国之第一步。故必以此提出于国民会议，任何污蔑、威胁，皆不暇顾，愿同志及国民矢诚拥护。"这样，国民会议运动与废除不平等条约运动相互结合起来。在这种大的历史背景下，1927 年收回汉口和九江英国租界，这也成为国民政府外交上的空前成就。1929 年 3 月 27 日中国国民党第三次全国代表大会通过了外交报告的决议案，总结了过去几年取得的成绩，特别是在关税自主方面，并认为这只是国民党外交工作的开始，而不是全部。决议以国民党全国代表大会第一次会议所规定的三个方面作为废除现有一切不平等条约的原则，并且认为废除现有一切不平等条约是中国恢复在国际间自由平等地位的唯一途径。但是废除不平等条约，有两个先决条件，其一，为全国之真实现统一，即全国人民之意思，必须统一于三民主义之下，全国之内政、外交、军事、财政，必须统一于国民政府之下；其二，全国之建设，必须依照总理著之建国方略，使物质建设，迅速推行，国民经济，日臻稳定，而后国力充实，外交上有胜利可期。① 在国民党看来，扫除掉国内军阀，实现国家统一和国民经济强大，才能为废除不平等条约提供条件。

九·一八事变后，日本在占领沈阳后，又迅速占领了吉林、辽宁两省的重要城市，国民政府提请国际联盟处理此事。国际联盟于 9 月 30 日虽作出了日本从中国撤兵的决定，但日本非但不撤兵，并且变本加厉，扩大侵略范围。11 月 14 日，中国国民党第四次全国代表大会发表对外宣言，指出，如果日本继续其行为，国联无法履行其职责，"中国民族，为保障国联盟约、非战公约，及华盛顿九国条约之尊严，及执行民族生存自卫权，虽出于任何重大牺牲，亦所不恤。为生存自卫而抵抗，为独立国家应有之权利，亦国际公法所允许。"②

国民党在五届三中全会就领事裁判权专门通过"对于撤废各国在华领事裁判权应由政府向有关各国交涉早日实现以维持我法权之完整案"。在《南京条约》中英国得到在中国的领事裁判权后，其他西方国家都援引最惠国条款，获得此项权利，严重破坏了中国的司法独立。自从巴黎和会上中国代表提出撤废领事裁判权后，在 1922 年华盛顿会议上，王宠惠又提出，应成立调查委员

---

① 《中国国民党第三次全国代表大会对于外交报告之决议》，林泉：《抗战期间废除不平等条约史料》，正中书局印行 1983 年版，第 374～375 页；荣孟源主编：《中国国民党历次代表大会及中央全会资料》（上），光明日报出版社 1985 年版，第 651 页。

② 《中国国民党第四次全国代表大会对外宣言》，林泉编：《抗战期间废除不平等条约史料》，正中书局印行 1983 年版，第 379 页。

会，负责调查中国司法状况。根据华盛顿会议提出的要求，中国一一改善和落实。但是，九·一八事变使应该解决的事情又受到影响，"兹因本年各地天灾变故，所有应行筹备事项，尚未就绪，该项管理外人实施条例，应即暂缓进行。"[1] 随着形势的发展，特别是德日法西斯主义的野心日益暴露，到1937年，中国政府认识到"时至今日，从国家主义上、条约关系上，以及我之司法改良成绩上种种方面观察，则领判权之撤废问题，已至无可再缓。允宜衡量情势，在外交上作一切实之努力，庶几多年来之法权约束，或可如我期望，恢复原来状态，杜绝外人侵扰之源。"[2] 但是，日本以偷袭卢沟桥来回答中国的合理要求。所以，在卢沟桥事件后，1938年的中国国民党临时全国代表大会宣言中对外方针作出了新解释，中国政府在政治上以保持主权（包括领土完整）及行政之完整为最低限度，在经济上以互惠平等为合作原则。[3] 太平洋战争爆发后，英美需要中国在中国本土拖住日本，以减轻其在太平洋战场的压力，美国不仅在军事和经济上援助和控制中国，而且英美两国在外交上也联合发表声明，表示放弃其在中国的治外法权和各种特权。国民政府外交部很快与两国政府就新约提出草案，内容主要有：废除英美在华之治外法权及其他有关之特权，并各废止1901年9月7日在北京缔结之辛丑条约，同时英美两国政府宣布上海与厦门公共租界内之行政与管辖权应归还吾国，租界内之所有权利亦均放弃，其与英国签订之条约中，英国政府更放弃天津及广州租界内置各种权益，此外英美两国复将其在吾国内河航运权一并取消。[4] 新约一共8条内容，在两个主要资本主义国家与中国签订新约[5]的情况下，其他小国也相继通过谈判放弃了在中国的各种特权。当然，英美也并未完全放弃在华特权，如英国政府拒绝国民政府提出的收回香港和九龙的合理要求，并在以后签订的新条约中又保持和扩大了部分特权。新约的签订还反映了在特殊历史条件下中国国际地位的提高，在中国百年废约史上具有划时代的意义，正是在此基础上蒋介石写了《中国之命运》。

---

① 《关于撤销各国在华领事裁判权应由政府向有关各国交涉早日实现以维我法权之完整案》，林泉编：《抗战期间废除不平等条约史料》，正中书局印行1983年版，第389~390页。

② 同上书，第382~383页。

③ 《中国国民党临时全国代表大会宣言》，林泉编：《抗战期间废除不平等条约史料》，正中书局印行1983年版，第383页。

④ 同上书，第422~423页。

⑤ "新约"全称为《中美关于取消美国在华治外法权及处理有关问题之条约与换文》、《中英关于取消英国在华治外法权及其有关特权条约与换文》。

三、学术界维护民族独立的独特方式

在中国面临着巨大民族危机的关键时刻，如何为有丰富历史编撰传统的民族重新撰写历史成为摆在历史学家们面前的艰巨任务。在内忧外患的特殊历史时期，非党派知识分子用他们独特的方式为维护民族独立和民族解放同样作出了不朽的贡献。

（一）史学界的民族形成观

进化论思想传入中国后，对中国史学界产生了深远的影响。梁启超掀起了史学革命，他批判中国传统史学"知有朝廷而不知有国家，知有个人而不知有群体，知有陈迹而不知有今务，知有事实而不知有理想。"① 他开始用启蒙的叙述方式来描写中国历史，"历史者何？叙人种之发达与其竞争而已，舍人种则无历史"，② "叙述数千年来各种族盛衰兴亡之迹者，是历史之性质也；叙述数千年来各种族所以盛衰兴亡之故者，是历史之精神也"。③ 他要从民族和种族发展的角度重新书写中国历史，要使中国民族整体从历史中获得未来，着手对中国民族史进行系统性研究，并在研究中不断进行思考。他的史学著作主要有《中国史叙论》（1901 年）《历史上中国民族之观察》（1902 年）《新史学》（1902 年）《中国历史上人口之统计》（1902 年）《中国专制政治进化史论》（1902 年）《中国历史研究法》（1922 年）《历史统计学》（1922 年）《中国历史上民族之研究》（1923 年）《中国历史研究法（补编）》（1926 年）《中国文化史》（1927 年）等。在这些著作中，他援引西方学者关于民族的定义对中国历史上民族的发展进行了线性分析，从而使中华民族这个现代性民族符号获得了丰富的历史资料支撑。

继梁启超之后，傅斯年在 1918 年提出了历史分期问题。与梁启超相似，在傅斯年看来，没有分期的历史是没有意义的。以他为首的历史学家通过历史分期的办法使中国民族历史出现连续性和一致性。针对日本学者桑原骘藏在《支那史要》中提出中国没有统一的主体民族的看法，傅斯年认为中国历史的断层不是秦朝的中央集权，而是发生在公元 4 世纪西晋时期，这一时期中原为

---

① 梁启超：《新史学》，《饮冰室合集》（文集之 9），中华书局 1989 年版，第 3～4 页。
② 同上书，第 11 页。
③ 同上书，第 12 页。

胡人所占据。他断言，在此之前的 2000 多年中，汉族一直保持了它的纯洁性。他称这段时间为"第一中国"，认为之后的隋唐一直到宋明是"第二中国"时期。在西晋王国之后，东晋小朝廷在江南建立。东晋虽然弱小，但却是连接"第一中国"与"第二中国"的微弱而明确的线索，从而在理论上证明汉族的历史连续性，捍卫了汉族在中国民族史发展中的主体地位。"历史学家一般来说很关注民族身份认同形成和发展的过程，而忽略同一过程中其他的身份认同或替代性的（常常是新生的）民族叙述结构被压制和遮掩的事实。一方面，民族已被揭示为一种不稳定和偶然的关系，另一方面，历史却在不断巩固民族是一脉相承的主体这一可疑的论断。"① 正是这种对民族发展连续性过程的不断追求，从理论上为维护民族独立和取得民族解放提供了有力的理论基础，为近代中国民族主义提供了稳固的基础。

日本的大规模入侵给中国历史的叙事结构提出了特殊要求。雷海宗重提傅斯年的问题，他反对按照西方国家的三分法对中国历史进行分期，提出应该根据中国历史的特殊性重新思考这个问题。在对西方国家的历史进行解构后，认为解释历史要将文化与疆界联系起来，在相同区域里不同时间产生的文化只有与他们联系的才能成为历史。因为中国文化的连续性保证了中国是世界上唯一真正具有延续性的民族，他在解构历史的同时重构了中国历史。在他看来，中国文化是唯一与西方历史文化相抗衡的文化，人类历史并不是一元的，中国史学的模式要重新构建。他认为"独具二周的中国文化"是中国能够与西方文化抗衡的根本原因，一是上古（殷商西周）至东晋（公元 383 年），这是华夏（汉族）文化精华的形成时期，也是中国的经典时期；但"二千年来以中原为政治文化重心的古典中国至此已成过去。然而在此后二百年间南北分裂、胡华对立、梵汉合流的黑暗中，却孕育着一个新的中国。"② 二是从 4 世纪到现在，在这个时期，北方的少数民族和佛教多次入侵，产生了一个血统和文化混杂的新社会，一个混杂的中国。在第一个周期中，雷海宗根据当时的考古发现试图证明新石器时代和商、周所处的青铜器时代的连续性，证明新石器时代的居民是华夏族的祖先，"新石器时代与日后的中国在血统与文化上大致可以说是一致的。"他认为淝水之战至关重要，因为东晋对北方胡人的胜利使江南地区与

---

① 杜赞奇著、王宪明译：《从民族国家拯救历史——民族主义话语与中国现代史研究》，社会科学文献出版社 2003 年版，第 15 页。

② 雷海宗编著：《中国通史选读》，北京大学出版社 2006 年版，第 405 页。

中国南方免遭涂炭达几代人之久。在此之后，汉族人广泛传播汉文化，成为汉族人发展到现在的基本条件。①

顾颉刚因为挑战中国历史传统叙事结构而在二三十年代声名鹊起。与傅斯年和雷海宗不同，他的论述重点并没有放在证明汉族血统的纯洁性上，而是放在证明中国古代发展的族源多元性和地域的多元性上，"打破民族出于一元的观念。在现在公认的古史上，统一的世系已经笼罩百代帝王，四方种族，民族一元论可谓建设得十分巩固了；打破地域向来统一的观念；打破古史人化的观念；打破古代为黄金世界的观念。"② 只有这样，才能将湮没已久的古代中国民族的多样性展示出来，积极肯定不同民族集团对中国古文明的历史贡献，激发当时少数民族的御辱热情。试图在对中国历史解构中将其他少数民族自然融入到中华民族的大框架中，认为是少数民族的侵入激起了汉族的活力，"中国民族是否确为衰老抑尚在少壮？这是很难解决的。中国民族的衰老似乎早已成为公认的事实。战国时我国的文化固然为了许多民族的新结合而非常壮健，但到了汉以后便因君主的专制和儒教的垄断把它弄得死气沉沉了。国民的身体大都是很柔弱的，智识的浅陋，感情的单薄，志气的卑怯，哪一处不足以证明民族的衰老。假如没有五胡、契丹、女真、蒙古的侵入，使得汉族人得到的一点新血液，恐怕汉族也不能苟延到今日了。"③ 顾颉刚认为"夷狄"对汉族持续作用主要通过文化的灌输和由通婚而来的融合。他还对当时的民族发展状况作出了新的判断："满蒙回藏诸族现在还在度渔猎畜牧的生活，可以看作上古时代的人民。就是号称文明最早的汉族所居的十八省中，苗瑶等未开化的种族依然很多，明清两代'改土归流'至今未尽。这许多的种族还说不到壮盛，在哪里说得上衰老。就是汉族它的文化虽是衰老，但托了专制时代'礼不下庶人'的福，教育没有普及，这衰老的文化没有和民众发生多大的关系。所以我们若单就汉族中的知识阶级看，我们的思想与生活确免不了衰老的批评，但合了全国的民族而观，还只可说是幼稚。现在国势如此贫弱，是在仅是病的状态不是老的状态，只要教育家的手腕高超，正可利用病了的状态来唤起国民的健康的要求。"④ 少数民族入侵时期恰恰是社会变迁、混乱、竞争的时期，他

---

① 雷海宗：《历史的形态与例证》，《文化形态史观》，《民国丛书》第 1 编第 44 册，上海书店 1996 年版，第 36～44 页。

② 顾颉刚编著：《古史辨（第 1 册）》，朴社 1930 年版，第 96～102 页。

③ 同上书，第 89 页。

④ 同上书，第 89～90 页。

将中国历史上发生巨大的社会变迁、混乱和竞争的时期看成是中国历史上最具活力的时期，而中央集权的政治一统与儒教的制度化造成压抑及衰败。正是异族及异文化的贡献，中华文化才得以延续下来①。这样顾颉刚的研究恰恰补充了前述历史学家民族工程的薄弱环节，将整个中华民族的框架完整起来，演进过程真正连贯起来。他认为展示少数民族参与中国文化创造的历史事实，更有助于汉族和其他民族间之了解和相互尊敬。他认为"民族统一不能以谎言为基础"，所以，他在 1936 年曾指出：民族统一最好是依靠真实而自然的根源——中国历史中各种族长期的混合。②

顾颉刚在进行民族研究的同时，通过学术研究不断呼吁国人御辱图存。1926 年顾颉刚讲到对"生死存亡"这个最大历史问题的关心，他说："我既没有政治的兴趣，……我想就用了这个问题的研究做我唯一的救国事业，尽我国民一分子的责任。我在研究别种问题时，都不愿与实用发生关系，唯有这个问题却希望供给政治家、教育家、社会改造家参考，而获得一点效果。"③ 在民族危亡的关键时刻，他不仅在中国民族形成上的研究完成了历史研究任务，还承担起唤起全民族抵御侵略的历史责任，这方面的贡献主要是对中国边疆史的研究。

（二）对边疆历史与边疆行政的研究

1938 年，顾颉刚、史念海发表了《中国疆域沿革史》。顾颉刚在开篇中指出此书是要详细论述自古中国疆域之损益及其演变的经过，使国人明白创造祖国山河之不易，必须要寸土必争。"近年以来，强邻虎视，欲得我地而甘心，乃谓满、蒙非我旧土，不知汉之辽东、玄菟，实当今辽宁诸地，右北平属县大半皆在热河境内；唐代之安东都护府治所实在今鸭绿江以南，其所辖州郡，亦散布于朝鲜半岛。原强邻侵略之野心，固当抹杀事实，而国人亦数典忘祖，随声附和，岂不谬哉！"④ 可见，此书的目的不仅是揭露日本帝国主义侵略之真相，在唐朝开始汉人就开始在东北、朝鲜和蒙古设立行政机构进行管理，对上述地区拥有主权，戳穿了日本的侵略谎言；同时也是为了教育国人，"使知先民扩土之不易，虽一寸山河，亦不当轻轻付诸敌人。"⑤

---

① 杜赞奇著、王宪明译：《从民族国家拯救历史》，社会科学文献出版社 2003 年版，第 30 页。
② 施耐德著、梅寅生译：《顾颉刚与中国新史学》，华世出版社 1984 年版，第 291～292 页。
③ 顾颉刚编著：《古史辨（第 1 册）》，朴社 1930 年版，第 90 页。
④ 顾颉刚等著：《中国疆域沿革史》，商务印书馆 2000 年版，第 3 页。
⑤ 同上书，第 3 页。

同时，以顾颉刚为首的"禹贡"派在 1934 年创办了禹贡学会的机关杂志《禹贡半月刊》，编者是顾颉刚、谭其骧。英文名字为"The Evolution of Chinese Geograghy"，从第三卷第一期开始，英文名字改为"The Chinese Historical Geograpgy"。这个杂志的创办与中国当时严重的边疆危机关系密切，顾颉刚在发刊词中谈到："历史是最艰难的学问，各种学科的知识它都需要。因为历史是记载人类社会过去活动的，而人类社会的活动无一不在大地之上，所以尤其密切的是地理。历史好比演剧，地理就是舞台；如果找不到舞台，哪里看得到戏剧！所以不明白地理的人是无由了解历史的，他只会记得许多可佐谈的故事而已。……这数十年中，我们受帝国主义者的压迫真受够了，因此，民族意识激发得非常高。在这种意识下，大家希望有一部中国通史出来，好看看我们民族的成分究竟怎样，到底有哪些地方是应当归我们的。但这件工作的困难实在远出于一般人的想象。民族与地理是不可分割的两件事，我们的地理学既不发达，民族史的研究又怎样可以取得根据呢？不必说别的，试看我们东邻蓄意侵略我们，造了'本部'一名来称呼我们的十八个省，暗示我们边陲之地不是原有的；我们这群傻子居然承受了他们的麻醉，任何地理教科书上都这样地叫起来。这不是我们的耻辱？"[1] 他深刻认识到了地理学与民族研究的密切关系，如果地理学不发达，那么就不存在真正意义的民族研究。在他看来，他们所从事的地理研究包括清政府统治范围内的疆域，中华民国的全部领土，民族则包括中华帝国境内的所有民族，他们都是中华民族的成分。但是，历史上的研究并没有站在这个角度上进行地理历史的研究，这为列强侵吞中国边界提供了一个很好的借口。为了证明中国历史上的民族都是中华民族的组成部分，并且是中国领土上的居民，就要重新编写中国通史，这就是历史学家的使命。"顾颉刚锁定的目标就是要考证中华民国的'应有的'领土是怎样进化到现在这样情形的，居住在'应该有'的领土内的居民是怎样进化到'国族'的?"[2]

《禹贡》刊登了大量的专业性反映中国历史地理沿革的考证论文。在 1937 年日本大规模侵华后，其政治色彩更加明显，在民族危机日益严重的情况下，在创刊 3 周年的纪念号上，《禹贡》学会宣布了其研究目的：首先，"我们不愿用策论式或标语式的几句门面话来博取一刹那间泄愤的快意，而要低着头沉重着脚步走路，希望在真实的学识里寻出一条民族复兴的大道来。"其次，要

---

① 顾颉刚：《禹贡半月刊》《发刊词》，第 1 卷第 1 期（1934 年 3 月 1 日）。

② 松本真澄著、鲁忠慧译：《中国民族政策之研究》，民族出版社 2003 年版，第 132 页。

改变以往只重视中原地区的习惯，对祖先开发的土地进行"算一个总账"，"使得荒塞的边疆日益受本国人的认识和开发"，从而使西方列强的野心受到遏制。最后，"我们要把我们的祖先冒着千辛万苦而结合成的中华民族的经过探索出来"，是真实历史的角度证明国内各民族有"可合不可分离的历史背景和时代使命"，彼此休戚相关，相互尊重，共同提携，团结为一个最坚强的民族。……来参加救国的大业"。① 此后，《禹贡》上的文章不再仅仅局限于历史地理和人类学专门著作，对边疆地区，特别是西北少数民族的研究也逐渐增加。

除了对中国历史上的疆域、中国的历史地理进行考察外，抗战后期，对边疆政治治理的重视又促成了《边政公论》的创办，同时，成立了边政学会，民国政府组建了行政院边疆政治研究计划委员会。这一系列的举措"不能不说是复兴国家的一种新气象。"②

吴文藻先生在当时著《边政学发凡》一文指出，研究边政学的目的有二：一是理论的，一是实用的。边政学原理的阐发，可使移植科学迅速发达，专门知识日益增进，举凡人口移动，民族接触，文化交流，社会变迁，皆可追本溯源，探求法则。这是边政学在理论上的功用。边政学范围的确定，可使边疆政策有所依据，边疆政治得以改进，而执行边政的人对于治理不同族不同文的边民，亦可有所借镜。③ 同时，作者指出，目前（抗战期间），对其进行实用研究意义尤大，主要有两点原因：第一是本国的意义，中国这次抗战，显然的是整个中华民族的解放战争，而不是国族内某一民族单位的解放战争。全民族求得解放，达到国际平等地位以后，就须趁早实行准许国内各民族自治的诺言，而共同组成一个自由统一的（各民族自由联合的）中华民族。作者将边疆治理与抗战联系起来，"革新边政，与改进乡政一样，同为有效推行新县制的关键，亦同为加强抗战力量必不可少的基层工作。"④ 只有将边疆正式纳入到国家行政管理的脉络之中，才能有效联合边疆少数民族共同抗战，才能有效防止帝国主义对边疆的觊觎。

根据作者的解释，边政广义即边疆政治，狭义为边疆行政。边疆政治就是

---

① 顾颉刚：《纪念词》，《禹贡》第7卷第1、2、3合期。
② 吴文藻：《边政学发凡》（1942年），载《边政公论》第1卷，第5、6合期，收入《吴文藻人类学社会学研究文集》，民族出版社1990年版，第263页。
③ 同上书，第263～264页。
④ 同上书，第265页。

管理边民的公共事务。边政学就是研究关于边疆民族政治思想、事实、制度，及行政的科学。① 边疆政治与一般的地方政治有何异同？具体哪些地区属于边疆？吴文藻认为：边疆地方政治是地方政治的一种，但是又不同于地方政治，一个是施政的环境不同，另一个是施政的对象不同。边疆民族在民族性格、语言文字、风俗习惯、宗教信仰、文化方式上都与内地不同，所以研究边疆民族是研究边疆政治的关键所在。边政学所指的边疆同时包括政治上的和文化上的两种含义。具体而言边疆是指：中部十八省以外而临近外国的地方而言，如蒙藏及辽吉黑热察绥新宁青康等省是；中部十八省中住有苗夷羌戎各少数民族的荒僻之区而言，如陕甘湘粤桂川滇黔等省之边区是。② 正是由于边疆民族独特的民族性格、风俗习惯、语言文字等，对其进行治理必须尊重少数民族的文化传统。从而组成一个多民族的国家就成为作者的应有之义。"今人虽有主张一民族一国家之说，而附和之者甚少，大多数人相信以数个民族自由联合而结成一大民族国家，其团体生活更为丰富，其文化精神更为优越。"③ "尊重少数民族的文化传统"是治理好边疆地区的基本条件。在民国政府一心建立单一民族国家的政治强势下，作者能提出这一点实属难能可贵。

"从前我国民漠视边疆，以为建设中国，应先内地而后边疆，经过此次战争之惨痛教训，当知建设边疆较之内地更为重要。"④ 民国政府的政治权力触角实际上并没有真正延伸到边疆地区，无法形成对边疆地区的有效管理，而是一度采取一种放任的政策。学术界对边疆政治的重视在理论上弥补了现实的不足，边政学在其后几年中得到迅速发展。

四、中国共产党争取民族解放和维护民族独立的基本策略

根据马克思主义经典作家的设想，无产阶级只有解放全人类，才能最终解放自己，无产阶级以在全世界铲除剥削、实现共产主义为宗旨。马克思、恩格斯最初将世界范围内无产阶级取得胜利的希望寄托于西方发达国家无产阶级，特别是英国无产阶级身上，认为无产阶级的胜利也是"一切被压迫民族获得

---

① 吴文藻：《边政学发凡》（1942年），载《边政公论》第1卷，第5、6合期，收入《吴文藻人类学社会学研究文集》，民族出版社1990年版，第266页。

② 同上书，第268~269页。

③ 同上书，第270页。

④ 凌纯声：《中国边政改革刍议》，《边政公论》，第6卷第1期，1947年3月。

解放的信号。"① 随着爱尔兰、波兰民族解放运动巨大能量的释放，他们逐渐修正了此前的观点，认为民族解放运动不仅仅是无产阶级革命的同盟军，还是推动和加速无产阶级取得胜利的决定性力量，在谈到爱尔兰民族解放运动对英国影响时，他们指出："爱尔兰丧失了，不列颠'帝国'也就完蛋了。"② 希望通过爱尔兰民族解放运动激发处于低迷状态的英国工人阶级运动。而波兰的特殊的地理位置和革命传统使波兰人民的民族革命斗争具有特殊意义，是加速俄罗斯帝国灭亡的"第一个因素。"③ 民族解放运动在民族国家力量彰显的时代获得了特殊意义，成为推动世界无产阶级运动，推翻帝国主义世界统治的巨大力量。

在半封建半殖民地的中国，中国共产党建立后确立了推翻国际帝国主义的目标，但是仅将帝国主义作为无产阶级的敌人，不是将其作为全民族的敌人，将帝国主义阶级化和整体化，而不是将帝国主义作为民族主义基础上的各个民族国家实力的自然延伸。因此，反对一切帝国主义成为中国共产党的首要任务，而不是利用矛盾，各个击破。这种观点直接影响了中国共产党如何认识和处理帝国主义问题，当然在实际操作中出现过教条主义的倾向。"这种情况的改变和中共独特的反帝革命思想的基本形成，只是随着共产国际自身观念的改变和中共与共产国际关系的日益疏远才开始发生。"④ 特别是经历了抗日战争，中国共产党逐渐形成了较为灵活的处理国际关系的外交思想。

中国共产党诞生之初力量极其弱小，组织处于秘密状态，缺少与帝国主义实际接触的机会，因而尚未制定确定的反帝方针和可行的措施，所以在很长时间里对帝国主义的"他者"只是理论预设。第一次国共合作后，特别是领导"五卅运动"等工人运动后，中国共产党才逐渐获得了接触帝国主义的机会。但是，随着四·一二事件的发生，中国共产党再次转入地下，一直到抗日战争爆发，作为帝国主义的"他者"才近距离的出现在中国共产党面前。随着抗日民族统一战线的建立，中国共产党的反帝思想逐渐成熟起来。主要体现在两个方面，一方面既坚持了反帝的原则性，又善于利用矛盾各个击破，坚持了策略的灵活性，另一方面，逐渐抛弃对其他阶级阶层及其政党的敌视态度，以民

---

① 中国社会科学院民族研究所编：《马克思恩格斯论民族问题》（上），民族出版社 1987 年版，第 116 页。

② 《马克思恩格斯全集》（第 32 卷），人民出版社 1974 年版，第 646 页。

③ 《马克思恩格斯全集》（第 21 卷），人民出版社 1965 年版，第 642 页。

④ 杨奎松著：《马克思主义中国化的历史进程》，河南人民出版社 1994 年版，第 324 页。

族统一战线的方式凝聚全民族的力量共同抗日。

（一）中国共产党反帝策略的演变

坚决反对和打倒一切帝国主义是中国共产党不可动摇的政治信仰，如何使这一信仰在实践中灵活起来，中国共产党经历了一个探索过程。

中国共产党在建党之初，特别强调自己的阶级性，以及对共产国际领导权的承认。中国共产党第一次代表大会于 1921 年 7 月 23 日在上海召开，会议通过了《中国共产党第一个纲领》与《中国共产党第一个决议》两个文件。《纲领》明确规定党的基本任务是"以无产阶级革命军队推翻资产阶级"，[①] 而帝国主义国家是国际资产阶级统治的工具，中国无产阶级革命是世界无产阶级革命的组成部分，中国首要的任务就是推翻这些帝国主义国家，进而为世界无产阶级革命事业作出贡献。《纲领》第三点主张联合国际无产阶级运动的领导机构——第三国际，《决议》第四点重申了同第三国际的关系，"党中央委员会应每月向第三国际报告工作，""在必要时，应派遣 1 名特命全权代表前往设在伊尔库茨克的第三国际远东书记处。"而对国内其他政党，"应该采取独立的攻击的政策。在政治斗争中，在反对军阀主义和官僚制度的斗争中，在争取言论、出版、集会自由的斗争中，我们应始终站在完全独立的立场上，只维护无产阶级的利益，不同其他党派建立任何关系。"强调对现有各政党应采取独立、攻击、排他的态度。[②]《中国共产党宣言》进一步指出："劳动解放绝不是一个地方、一个国家、一个民族的问题，乃是世界的社会问题，马克思的社会主义乃是国际的社会主义，……中国的阶级斗争，就是国际的阶级斗争。"[③]在与国内各党派划清界限的基础上，既然"全世界可视为一个资本家压迫的机关"，那么反对一切帝国主义就成为中国共产党的首要责任。

1920 年，共产国际第二次代表大会通过了列宁提出的《民族和殖民地问题的提纲初稿》及补充提纲，还通过了《民族和殖民地问题委员会的报告》。这些决议的中心思想就是要求殖民地半殖民地国家中处于运动萌芽状态的无产阶级与资产阶级民主派结成联盟，形成统一战线，通过"民族主义"实现本国反帝目标，而不能孤军奋战；同时保持自己在思想上、政治上和组织上的独

---

① 廖盖隆主编：《中国共产党历史大辞典（新民主主义革命时期）》，中央党校出版社1991年版，第 107 页。

② 同上书，第 107 页。

③ 《中国共产党宣言》，杨奎松著：《马克思主义中国化的历史进程》，河南人民出版社 1994 年版，第 325 页。

立性；一切民族殖民地解放运动只有同社会主义苏联和先进资本主义国家的无产阶级紧密联合起来反对共同的敌人——世界帝国主义，才能取得胜利。但是同时强调无产阶级的革命目标是世界无产阶级专政；无产阶级革命必须与农民运动发生关系，支持农民运动，与最广大的农民建立最为广泛的联盟。在一个被分为压迫阶级、统治者与被压迫阶级、被剥削者的历史条件下，与资产阶级结盟而进行的民族斗争就具有了策略性和暂时性，从而将被压迫民族对压迫民族的斗争纳入到世界无产阶级革命的斗争中来。这些决议给处于幼年时期的中国共产党以指导。

根据共产国际的指示，中国共产党第二次全国代表大会于 1922 年 7 月 16 日到 23 日在上海举行，发表了《中国共产党第二次全国代表大会宣言》，指出现阶段的革命任务是："（一）消除内乱，打倒军阀，建立国内和平；（二）推翻国际帝国主义的压迫，达到中华民族完全独立；（三）统一中国本部（东三省在内）为真正民主共和国。"① 较第一次大会斗争任务更为明确，并将革命任务确立在一国反帝的基础之上。大会还通过《关于"民主联合战线"的决议案》，提出建立民主联合战线的主张，决定同国民党实行"党外联合"。大会通过的关于工会、妇女和少年运动等决议案，明确指出党不仅要领导他们进行经济斗争，还要领导他们进行反对帝国主义和封建军阀，实现民族独立和人民民主而斗争。逐渐在理论上扩大了反帝斗争的革命队伍。大会还决定中国共产党加入第三国际，为"国际共产党之中国支部"，② 直接接受共产国际的领导。1922 年 8 月 29 至 30 日在杭州西湖召开的特别会议上，中国共产党第二届中央执行委员会将国共两党"党外联合"的方针变更为"党内合作"的方针，③ 随后提出"以工人农人及小资产阶级革命的党派或分子为主力军，向一切帝国主义者加以攻击；同时亦可联合半民族运动的党派，向一派帝国主义者作战（例如资产阶级反对日本时）。"④ 中国共产党在革命实践过程中扩大反帝队伍，并尝试将资产阶级作为统战的对象，在当时是具有战略眼光的，这为30 年代广泛的抗日民族统一战线的建立提供了经验。

---

① 廖盖隆主编：《中国共产党历史大辞典（新民主主义革命时期）》，中央党校出版社 1991 年版，第 47 页。
② 同上。
③ 同上书，第 48 页。
④ 《中国共产党对于目前实际问题之计划》（1922 年 11 月），中央档案馆编：《中共中央文件选集》第 1 卷，中央党校出版社 1991 年版，第 121 页。

　　虽然中共二大确定了较为明确的历史任务，但是在中国共产党看来，民族主义是资产阶级的价值原则和奋斗目标，而无产阶级的历史任务是在世界范围内实现共产主义。共产国际进一步强化了这种认识，它使中国共产党人相信：今天的世界已经划分成截然对立的两部分，即"国际资本帝国主义"和"国际共产党和苏维埃俄罗斯——领导的世界革命运动和各被压迫民族的民族革命运动"，人们或者站在以苏俄和共产国际为中心的革命运动一边与国际帝国主义为敌，或者站在国际帝国主义一边与苏俄为敌，二者必居其一。① 在国共合作的历史条件下，中国共产党希望通过国民党实现反对帝国主义的目标，共产国际也不断与国民党接触推动其反帝。孙中山在遭到前述的帝国主义的种种冷遇后，接受了这一要求。中国共产党确信"反帝国主义的运动，在中国国民革命运动中，比反军阀运动更为切要"，甚至当"军阀与帝国主义有冲突时，吾人得助军阀以抗外力，断不得借外力以倒军阀。"② 这可以从当时中国共产党的主要领导人陈独秀那里得到证实。他在 1923 年 4 月 18 日发表的《怎样打倒军阀》一文中认为，军阀在中国能掌握政权、横行无忌的最主要原因是帝国主义的后援，因而要打倒军阀，"必须做民族独立运动，排除外国势力，造成自主的国家，以根绝军阀之后援。"③ 这种对帝国主义的分析正是中国共产党坚决反帝的认识基础。中国共产党将国内日益严重的阶级斗争与国际帝国主义的斗争结合起来，用阶级分析法将国内与国际反动势力联系起来，并指出，国内反动势力是国际帝国主义统治中国的工具，他们对帝国主义存在严重依赖，因此要推翻国内各种反动势力须先打倒国际帝国主义。

　　在国民革命过程中，中国共产党直接领导了群众性反帝爱国运动"五卅运动"。"五卅运动"的失败以及在收回租界过程中遇到的巨大阻力，使共产国际和中国共产党认识到这种强硬地反帝并不能取得好的效果，而国内军阀与帝国主义相互勾结是革命顺利进行的一大障碍。在认识到建立政权和根据地重要性的前提下，中国共产党在反对帝国主义的政策方面作出了调整，认为为了"获得喘息的机会"要进行必要的局部的和暂时性的妥协，并开始公开承认过去"把口号提得过高，完全不懂得斗争的战术"，结果不仅"不能统一革命的

---

① 杨奎松著：《马克思主义中国化的历史进程》，河南人民出版社 1994 年版，第 326 页。

② 《国民运动进行计划决议案》，《中国共产党党报》，1923 年 11 月 30 日。杨奎松著：《马克思主义中国化的历史进程》，河南人民出版社 1994 年版，第 328 页。

③ 陈独秀：《怎样打倒军阀》，中共中央书记处编：《六大以前党的历史材料》，人民出版社 1980 年版，第 53~55 页。

势力"，反而"分裂了革命的战线"，认识到今后"从零碎的解决汇合到总的解决"。① 他们开始注意利用帝国主义国家之间的矛盾。在同年7月的《国民革命的目前行动政纲草案》中，提出了较为具体的反帝方案：反对列强武装干涉中国，要求其撤出海陆军队，收回租界，取消外国银行特权，关税自主，收回海关，取消列强根据不平等条约所拥有的一切特权，并对国家的财政、经济做出一系列的说明。② 从而将反帝目标具体化，这实际是对中国共产党在建党之初提出的反帝目标的一次修正。另外，中国共产党还将"五卅运动"作为掀起民族运动反对帝国主义的旗帜，从而使其对民族解放运动的领导获得巨大的历史力量。在纪念"五卅运动"一周年时，中国共产党给"五卅运动"极高的评价："是被压迫的中国人民站起来对压迫者帝国主义作大规模反抗之第一次，是全国各阶级民众反帝国主义的联合战线之开始，是中国历史上空前的壮举。"③

第一次国内革命战争的失败证实了毛泽东在1925年对民族资产阶级的分析，④ 促使中国共产党重新评估国内各阶级的力量，但是对帝国主义的态度还是一如既往。1931年，中华苏维埃共和国临时政府在对外宣言中，主张取消一切帝国主义过去同中国地主资产阶级政府所订的不平等条约，一切中国的统治者为了镇压中国民众运动与屠杀民众借用的外债；主张一切帝国主义的租借地都应该无条件的取回，一切帝国主义的海陆空军都应该滚出中国去。尤其要根本消灭帝国主义在中国的统治力量，主张没收一切帝国主义在华的银行、工厂、矿山与交通工具等。⑤ 同时，《中华苏维埃共和国宪法大纲》也规定，它的对外政策只以工人和农民的利益为根据，它只要求无条件地废除帝国主义在华的一切政治经济特权、不平等条约和外债，无条件地收回一切租界和租借地，没收帝国主义手中的一切银行、海关、铁路、航运业、矿山、工厂等，只

---

① 《我们今后怎样工作》，转引自杨奎松著：《马克思主义中国化的历史进程》，河南人民出版社1994年版，第331页。

② 《国民革命的目前行动政纲草案》，中共中央书记处编：《六大以前党的历史材料》，人民出版社1980年版，第879~880页。

③ 《中共中央为'五卅'周年纪念告全国民众》，中共中央书记处编：《六大以前党的历史材料》，人民出版社1980年版，第494页。

④ 毛泽东在1925年12月1日写了《中国社会各阶级的分析》一文，在文中他详细分析了当时中国各阶级的状况，特别指出农民阶级是中国革命的最忠实和最广大的同盟军，并指出了民族资产阶级的动摇性。可参见《毛泽东选集》第1卷，人民出版社1991年版，第3~11页。

⑤ 《中华苏维埃共和国临时政府对外宣言》，中共中央书记处编：《六大以前党的历史材料》，人民出版社1980年版，第168页。

允许外国企业在苏维埃法令下重新订立租界条约继续生产，苏维埃共和国只与无产阶级专政的苏联结成联盟。① 并在对外宣言中宣布可以与帝国主义国家订立完全平等的条约。对帝国主义的这种态度一直到1936年之后才逐渐开始变化。

瓦窑堡会议通过的《目前政治形势与党的任务决议》，重点强调要采取民族统一战线的方式反抗日本帝国主义的侵略，在未改变对其他帝国主义的基本判断的前提下，分析了帝国主义之间的矛盾，认为日本试图单独吞并中国必然引起其他帝国主义国家特别是美国对日的仇视，"太平洋战争是必然的结果。"② 而利用帝国主义的矛盾"各个击破"的策略，还未作出具体说明，这有待于抗日形势的进一步发展。

1936年1月，（在苏联已经公开向资本主义世界提出建立集体安全体系之后的第三个年头），中华民族革命同盟驻莫斯科的代表胡秋原发表文章提出"所谓外交不过利益的结合"、"敌人的敌人就是我们的朋友"等观点后，中共代表团团长王明才发表文章再次肯定"灵活地、正确地和及时地""利用敌人内部矛盾"，"去打击当时当地最危险的、最受全体人民痛恨的、最少帮助和外援的敌人。"③ 紧接着，中共代表团发表"中华苏维埃政府主席毛泽东和人民外交委员长王稼祥最近谈话"，第一次公开宣布承认"国际外交"的必要。在"最近谈话"中，他们宣布"我们的国际外交是以保护中国的独立自主，拥护人民利益为原则的"，"只要对我们反日战争能善守中立的，都是我们的友邦，我们都乐于和它成立平等友好的外交关系"，除日本外，"其他国家的对华不平等条约之废除"，都"可以用外交方式解决"。他们甚至认为中国尤其"有与各工业先进国提携的必要。"④ 毛泽东也开始将以美国为首的反战的西方列强称为"资本主义民主国家"。从此，中国共产党灵活的外交政策逐渐形成。

作为新中国临时宪法的《共同纲领》宣布："中华人民共和国必须彻底取消帝国主义国家在中国的一切特权"。同时又规定："对于国民党政府与外国政府所订立的各项条约和协定，中华人民共和国中央政府应加以审查，按其内

---

① 《中华苏维埃共和国宪法大纲》，中共中央书记处编：《六大以前党的历史材料》，人民出版社1980年版，第171页。

② 《目前政治形势与党的任务决议》，中共中央书记处编：《六大以前党的历史材料》，人民出版社1980年版，第734页。

③ 杨奎松著：《马克思主义中国化的历史进程》，河南人民出版社1994年版，第342页。

④ 《中国苏维埃政府主席毛泽东和人民外交委员长王稼祥最近谈话》，《救国时报》，1936年1月29日。

容，分别予以承认，或废除，或修改，或重订。……对中华人民共和国政府采取友好态度的外国政府，中华人民共和国中央人民政府可在平等、互利及互相尊重领土主权的基础上，与之谈判，建立外交关系；中华人民共和国可在平等和互利的基础上，与各外国的政府和人民恢复并发展通商贸易关系。"① 至此，中国共产党的外交政策逐渐成熟并趋于稳定。

20 世纪 30 年代，国家社会党曾批评中国共产党不坚持民族主义以抵抗日本帝国主义，而实际情况是当时国民党的围追堵截使共产党没有机会直接接触日本帝国主义和国际社会。这个时期，中国共产党既无外交责任也无外交经验，其反帝理论也仅仅停留在理论层面。直到第二次国共合作后，中国共产党才有机会正式对敌，抗日民族统一战线才逐步形成，反帝从无产阶级的任务转变成全民族的事业。

（二）维护民族独立与争取民族解放的策略：统一战线思想及应用

反对帝国主义是中国共产党与生俱来的阶级任务。列宁在领导俄国无产阶级革命和建设过程中，不断声援中国的民族解放斗争，并认为无产阶级革命与民族解放运动只是在不同的战线上反对帝国主义。十月革命胜利后，他根据殖民地半殖民地国家的具体情况，要求这些国家的无产阶级首先与资产阶级民主派结成联盟，哪怕是暂时的、动摇的甚至不可靠的同盟者都需要联合，从而实现反帝国主义的目标。在 1922 年 1 月召开的远东劳动者代表大会上，共产国际的领导人批评中国共产党不应该在当时提出共产主义的奋斗目标，而应该联合国内民主派反对共同的敌人——帝国主义和军阀。列宁直接约见了国共两党的代表，明确提议两党联合起来。② 共产国际代表马林建议中国共产党与国民党实行"党内合作"，但是当时针对胡适等提出的"好人政府"的主张，中国共产党在《第一次对时局主张》中就指出"中国共产党的方法是邀请国民党等革命的民主派及革命的社会主义各团体，开一个联席会议……共同建立一个民主主义的联合战线，向封建式的军阀继续斗争。这种联合战争，是解放我们中国人受列强和军阀两种的战争，是中国目前必要的不可免的战争。"③ 中国

---

① 《中国人民政治协商会议共同纲领》，德辰主编：《光荣与辉煌：中国共产党大典》（上卷），红旗出版社 1996 年版，第 1450 页。

② 实际上与国内的其他阶级联合起来，在当时的中国共产党内部也同样得到了部分党员的赞同，这一主张对一个只有 200 左右党员的中国共产党更具实际意义。参见杨奎松著：《马克思主义中国化的历史进程》，河南人民出版社 1994 年版，第 122～123 页。

③ 德辰主编：《光荣与辉煌：中国共产党大典》（上卷），红旗出版社 1996 年版，第 64 页。

共产党主张民族联合战线的"党外联合"形式。在共产国际的建议和要求下，中国共产党采取"党内合作"的方式组织统一战线。但是在复杂的国内环境里，"谁是我们的敌人？谁是我们的朋友？这个问题是革命的首要问题。"① 在对敌友的不断判断和选择过程中，中国共产党付出了巨大的代价，并逐渐成熟起来，进而采取了统一战线的形式联合国内力量进行反帝斗争，以维护民族独立和争取民族解放。

根据共产国际指示，中国共产党在第二次全国代表大会上确立了建立民主联合战线的方针，并在西湖会议上接受了共产国际关于共产党员与青年团员以个人身份加入国民党的建议，党的政治主张进行了重大调整，从"党外联合"转变为"党内合作"。中国共产党第三次全国代表大会通过决议，确定全体党员以"党内合作"形式加入国民党的策略原则，因而第一次国共合作主要通过改组国民党的形式出现。国民党改组从 1922 年 9 月到 1924 年 1 月基本结束。为了改组国民党，孙中山在上海召开了三次会议讨论国民党改组，成立了由丁惟汾、覃振、陈独秀、张秋白等 5 人组成的国民党改进案起草委员会，起草党章和总章，并经过第二次和第三次会议的审查和增修，于 1923 年 1 月 1 日发表《中国国民党宣言》。成立的改组委员会于 11 月 29 日发表《中国国民党改组宣言》，并在广州重新进行党员登记。1924 年 1 月 20 日中国国民党一大召开，大会通过党章和宣言，以及组织国民政府案，批准接纳共产党员和青年团员以个人名义加入国民党；选举了有中国共产党党员参加的执行委员会。国民党一大的召开标志着两党合作关系的建立，国民党的改组工作也基本完成。中国共产党通过以个人身份加入国民党，直接影响了孙中山，使其最终确立了反帝的民族主义目标。"经过改组的国民党成为工人、农民、小资产阶级和民族资产阶级联盟的统一战线的组织形式。"②

第一次国共合作实现后，发动了以打倒军阀为直接目标的北伐战争。1926年发表的《北伐宣言》宣布：帝国主义者之侵略及其工具卖国军阀之暴虐，是中国人民一切困苦之总原因，决定出师以剿除卖国军阀之势力。在国共的密切配合下，工农运动与北伐军事行动相呼应，革命势力很快就从珠江流域推进到长江流域，并且在武汉政府的配合下，推进到黄河流域。帝国主义为维护其

---

① 毛泽东：《中国社会各阶级的分析》，《毛泽东选集》第 1 卷，人民出版社 1991 年版，第 3 页。
② 廖盖隆主编：《中国共产党历史大辞典》（新民主主义革命时期），中共中央党校出版社 1991 年版，第 139 页。

在华利益，寻找新的代理人统治中国，最终选择了蒋介石为首的国民党右派，他们勾结起来竭力破坏统一战线。当时的中共领导人放弃了革命的领导权，甚至放弃了一手组织起来的工农武装。在"四·一二"和"七·一五"反革命政变后，共产党员的数量从6万多锐减到1万多。共产党重新转入地下，并及时调整战略方针，开始创建工农红军，开展武装斗争，将战略重点转向广大的农村进行土地革命，与农民结成永久性的联盟，使其成为进行反对帝国主义的重要力量。

卢沟桥事变爆发，中华民族处在生死存亡的危机关头，抗日救国、实现中华民族解放的历史任务成了国共实现第二次合作的政治基础，全民族共同抗日使中华民族在抗日斗争中获得了完整的内涵。这次民族统一战线的范围与第一次国共合作不同，经过了一个从小到大的过程。早在1933年初，中国共产党就指出，应"尽可能造成全民族的反帝统一战线，来聚集和联合一切可能的，虽然是不可靠的动摇的力量，共同的与共同的敌人——日本帝国主义及其走狗斗争"①。"华北停战协定"签订后，中国共产党明确提出了建立反帝统一战线的主张："只有团结与统一工人、农民及一切劳苦群众，才是民族抵抗的力量与胜利的保证。"② 1935年华北事变后，中日之间的矛盾逐渐上升为主要矛盾，民族矛盾压倒阶级矛盾上升为主要矛盾。中国共产党和国民党都开始调整政策，逐渐向"停止内战，一致对外"的方向发展。1935年8月1日，中共驻共产国际代表团以中共中央和中华苏维埃政府的名义，发表了《为抗日救国告全体同胞书》（即著名的"八一宣言"），号召全国人民团结起来，停止内战，抗日救国，组织国防政府和抗日联军。紧接着，中共中央于12月下旬在瓦窑堡举行政治局会议，批判了党内的关门主义错误，通过了《关于目前政治形势与党的任务决议》，确定了抗日民族统一战线的策略方针。"党的策略路线，是在发动、团结与组织全中国全民族一切革命力量去反对当前主要的敌人——日本帝国主义与卖国贼头子蒋介石。不论什么人，什么派别，什么武装队伍，什么阶级，只要是反对日本帝国主义与卖国贼蒋介石的，都应该联合起来展开神圣的民族革命战争，驱逐日本帝国主义出中国，……取得中华民族的彻底解放，保持中国的独立与领土完整。只有最广泛的反日民族统一战线

---

① 杨奎松著：《马克思主义中国化的历史进程》，河南人民出版社1994年版，第341页。

② 《中央致各级党部及全体同志的信》，中共中央书记处编：《六大以来党内秘密文件》（上），人民出版社1981年版，第390页。

（下层的与上层的），才能战胜日本帝国主义与其走狗蒋介石。"并对抗日统一战线的成分进行了分析，还将抗日反蒋并提。① 毛泽东又在《论反对日本帝国主义的策略》的报告中全面阐述了这一方针，"党的基本的策略任务是什么呢？不是别的，就是建立广泛的民族革命统一战线。"② 他认为不仅包括此前的工人、农民和城市小资产阶级，还包括一切其他阶级中愿意参加民族革命的分子，"这个政府的成分将扩大到广泛的范围，不但那些只对民族革命有兴趣而对土地革命没有兴趣的人，可以参加，就是那些同欧美帝国主义有关系，不能反对欧美帝国主义，却可以反对日本帝国主义及其走狗的人们，只要他们愿意，也可以参加。"③ 毛泽东的这一论述实际上进一步扩大了民族统一战线的范围。1936 年 8 月、9 月，中共中央根据形势的变化，发出致国民党书和《关于逼蒋抗日的指示》，明确提出实现第二次国共合作，组成两党合作为基础的全民族的抗日统一战线，并将"反蒋抗日"改为"逼蒋抗日"，进一步扩大了抗日民族统一战线的范围。国民党也相应地对其之前的"攘外必先安内"政策作出调整。蒋介石在 1935 年 11 月举行的国民党第五次全国代表大会上发表的对外关系演讲中表示："和平未到完全绝望的时期，决不放弃和平；牺牲未到最后关头，亦不轻言牺牲。"如果日本无止境地侵略，他只有"听命党国，下最后之决心"并表示"打通与共产党的关系"。1936 年 7 月，他在国民党五届二中全会讲话：任何国家要来侵扰我们的领土主权，我们绝不能容忍，我们绝对不订立任何侵害我们领土主权的协定，并绝对不容忍任何侵犯我们领土主权的事实，从而对五届大会中提出的"牺牲的最后关头"作了"最低限度"的解释。国民党在中日外交谈判中采取了比较强硬的态度，还调整了对苏联的政策，蒋介石亲自同苏联驻中国大使进行了改善两国关系的谈判。

在两党气氛缓和的情况下，两党开始通过各种渠道接触，派出代表进行谈判，增进相互了解。西安事变发生后，中共领导人周恩来同国民党领导人宋子文和蒋介石进行直接对话。蒋介石表示接受中共提出的"停止内战、合作抗日"的要求，为两党第二次握手创造了条件。1937 年 2 月到 9 月，两党代表

---

① 抗日战争的爆发，在民族矛盾面前，国内的各政党、阶级、基层、民族重新调整了他们之间的相互关系，八年抗战也使各种力量获得了调整自己的空间。中国共产党的民族理论恰恰在这一时期成熟起来，为新中国建立后的民族政策的全面实施提供了条件。《中央关于目前政治形势与党的任务决议》，中共中央书记处编：《六大以来党内秘密文件》（上），人民出版社 1981 年版，第 734～745 页。

② 毛泽东：《论反对日本帝国主义的策略》，《毛泽东选集》第 1 卷，人民出版社 1991 年版，第 152 页。

③ 同上书，第 156 页。

分别在杭州、西安、庐山和南京进行了6次谈判，国民党同意将中国工农红军改编为国民革命军第八路军，共四五万人，由朱德和彭德怀任正副总指挥。中国共产党承认国民政府是全国性合法政府，国民党承认中国共产党领导的陕甘宁根据地政府为地方性合法政府。9月22日，国民党中央通讯社公布《中共中央为公布国共合作宣言》，次日，蒋介石发表了《对中国共产党宣言的谈话》，承认共产党的合法地位。至此，国共第二次合作形成，中国共产党的政策也相应由"逼蒋抗日"转变到了"联蒋抗日"。

近十年的国共合作并非一帆风顺，中国共产党不仅注意统一战线的全民族的广泛性，尽量争取尽可能多的力量抗日，也时刻注意统一战线内部的阶级性、不平等性和斗争性。张闻天对统一战线的特点进行了总结：（A）它的民族的广泛性；（B）它在抗战中的进步性；（C）它的内部包含着敌对阶级，敌对党派，他们有过合作与斗争的经验；（D）在抗日战争中，在进步中包含着严重的斗争。① 中国共产党不断与国民党的动摇、破坏进行斗争，并在斗争中求团结。"统一战线的原则有两个：第一个是团结，第二个是批评、教育和改造。"② 坚持有理、有利、有节的斗争，"在统一战线中，投降主义是错误的，对别人采取排斥和鄙弃态度的宗派主义也是错误的。"③ 从而维持了抗日民族统一战线，促成了全民族空前团结，为抗日战争的胜利创造了基本条件。抗战中后期，随着两党在抗战中实力对比的变化，中国共产党开始要求在抗战胜利后，组成各党派的联合政府④。这一根据实际力量对比提出的合理要求遭到获得美国政府强有力支持的国民党的拒绝，它坚持自己的一党专制。中国共产党一直在统一战线的范围内与国民党展开斗争，争取到了中间力量的支持，很快就使具有强大实力的国民党众叛亲离，黯然离开中国大陆，西方侵略势力也随着全国解放的推进被"打扫干净"。他们要与中国建立新的外交关系，就要等到在新中国建立后。

统一战线思想经过多年的运用已经成为中国共产党的克敌制胜的"法

---

① 《关于抗日民族统一战线的与党的组织问题》，中共中央书记处编：《六大以来党内秘密文件》（下），人民出版社1981年版，第170页。

② 毛泽东著：《毛泽东选集》第3卷，人民出版社1991年版，第1012页。

③ 同上。

④ 根据学者占善钦的研究，认为中国共产党对建立独立政府也进行了充分的酝酿和准备，建立联合政府的两种诉求之间是相互配合、相互支持。最终将两种诉求进行了融合，使联合政府主张增添了具有指导性的组建独立政府的内容。参见占善钦：《论抗战后期中国共产党政权诉求的演变》，《抗日战争研究》，2009年第3期，第5～15页。

宝"，在反对帝国主义的过程中发挥了巨大的作用，正如中国共产党对民族统一战线所作的总结：所谓长期合作就是长期的民族统一战线，所有阶级，从资本家到工人，所有政党，从国民党到共产党，所有民族，从汉族到苗瑶弱小民族，所有军队，从中央到八路军，所有政府，从国民政府到陕甘宁边区政府，只有民族叛徒除外，一切都在内，而且是长期在内的。① 在接下来的解放战争和新中国建设时期，统一战线仍然发挥着不可替代的作用。

小　结

无论是以孙中山为首的革命派还是以梁启超为首的维新派对西方侵略势力的态度都极为复杂，他们既羡慕西方国家的强大，又痛恨西方列强对中国侵略所带来的严重民族危机。他们都对帝国主义的侵略本质有一定的认识，接受民族主义理论，并将它作为反对帝国主义，解决中华民族与帝国主义矛盾的武器。孙中山晚年高举民族主义的大旗，努力通过外交谈判的途径废除羁绊中国发展的不平等条约，为后来南京国民政府利用外交手段废除不平等条约奠定了基础。

国民党和共产党在几十年时间里，分分合合，既有战争又有合作。如果将两党的第一次合作和三十年代的抗日民族统一战线作一比较，就会发现两党在实现民族独立和民族解放这个关键性问题上具有一致性。国民党在民族独立问题上秉承了孙中山的思想，也在一定程度上承担了维护民族独立的职责，在废除不平等条约历程中作出了贡献，捍卫了国家主权。而中国共产党作为一个马克思主义的政党，在革命的过程中不断成熟，提出了建立民族统一战线的思想，并经过不懈努力最终促成了第二次国共合作，取得了抗日战争的胜利。

在民族生死存亡之际，不仅国共两党其他党派、知识界也努力克服各种苦难，在维护民族独立和国家主权过程中作出了特殊的贡献。

需要指出的是，资产阶级民族主义者虽然对帝国主义的本质有所揭露，但同时又对帝国主义抱有幻想。我们在梁启超的作品中还能找到这样的字句："吾观美国政府颁发各国之公文，谓美国愿开通中国门户，愿保全中国土地及自主之权，此诚光明正大，济困扶危，真仁君子之用心也……美国向守前总统门罗之誓言，不与闻美洲以外之事，近乃锄强扶弱，救民水火，遂援古巴之艰

---

① 中共中央统战部编：《民族问题文献汇编》，中共中央党校出版社1991年版，第596页。

危，收夏威夷为郡县，仁义之声，天下钦仰，与我国通商以来，未曾占我寸土，尤为中国人所深信重。今日高扯头旗，救我四万万人于深渊者，舍美国何属哉？"① 孙中山也曾一边积极倡导反帝，一边又不断通过私人关系向西方列强示好。这说明，中国资产阶级民族主义者对西方列强有矛盾心理，他们既有革命的一面，又有妥协动摇的一面，是革命不彻底性在国际层面的表现。而彻底地反对帝国主义的革命任务是由中国共产党来完成的。

---

① 梁启超：《论今日各国待中国之善法》，《饮冰室合集》（文集之5），中华书局1989年版，第54～55页。

第四章

关于民族形成理论及"中华民族"内涵的确立

　　民族主义的政治主张是民族的边界与国家的边界重叠，与此相联系的一个重要命题是民族的"真实"存在，随后便是回答"我们从何处来"，通过对历史的回顾发现"真实"的自己，确定民族的起源，为"我们是谁"，为什么要以这样的民族范围建国提供历史依据。这几乎是所有民族主义者在提出其民族主义思想时绕不开的主题。这样所谓的"真实"就牵扯出两个相关的命题，一个是"真实也是原始与本土的意思"，另外一个是"纯粹和不混杂"。[①] 同时，用一些要素将所指向的民族与原初状态"真实"的民族勾连起来，从而使民族的形成和发展具有历史连续性，并成为无法回避的历史力量。由此，"真实"的民族在民族主义者心目中就演变成民族的主观意愿，由民族成员内在的自我所决定，内在的自我是一种康德所谓的"道德自主性"，是真正的自由，那么拥有"真实"族源的民族在群体意志上就应该是自由和自决的，而衡量一个民族自由和自决的基本尺度就是是否能建立主权国家。

　　近代西方资产阶级将民族作为建国原则，并确立起了"一族一国"的建国理念。自此，对民族的界定就成为一个具有明显政治意义的行为，也成为各种政治力量在进行民族建国活动中明确建国范围的必要步骤。所以，在近代中国国家转型时期，什么是民族及其如何形成必然成为各种力量争论的焦点。

　　但是，西方经典民族主义理论遇到中国多民族国家的事实，需要有一个更高层次的概念将多个民族容纳进来，为现代国家构建提供理论基础并形成与西方国家对抗的力量。因而，"中华民族"概念的提出、发展以及内涵的确立就成为历史必然。

---

　　① 安东尼·史密斯著、叶江译：《民族主义：理论，意识形态，历史》，上海世纪出版集团2006年版，第30页。

一、"民族"形成理论的历史演变

关于"民族"一词在汉语中出现的时间,在我国学术界曾引起广泛争论。迄今为止,已证明在中国古典文献中多处使用了"民族"一词,19世纪30年代的文献中就在现代意义上运用。① 但是,"民族"的现代性内涵还有待于民族主义理念的传入。随着民族主义理论的传入,出于各种政治需要,清末民国时期的各种力量对"民族"的现代涵义提出了各种观点。

(一)西方经典"民族"形成理论的中国化

1901年,梁启超首次将民族主义概念引入中国,并开始逐步关注民族建国问题,"今日吾中国所最急者,……民族建国问题而已。"② 民族概念迅速纳入到他的研究视野。

梁启超介绍了德国思想家伯伦知理对于民族的观点,"民族者民俗沿革所生之结果也,民族最要之特质有八:(一)其始也同居于一地;(二)其始也同一血统;(三)同其支体形状;(四)同其语言;(五)同其文字;(六)同其宗教;(七)同其风俗;(八)同其生计。"③ 梁启超将这八个特质作为判断一个人类群体是否成为一个民族的标准。他说:"有此八者,不识不知之间自与他族日相隔离,造成一特别之团体,固有之性质,以传诸其子孙,是之谓民族。"④ 其实,这八点标准既有民族形成的条件又有构成民族的要素,伯伦知理将民族形成条件与构成民族的要素混为一谈了。在民族形成之初,地域和血统因素无疑是基本条件,但是随着民族流动和通婚,原初状态自然会被打破。梁启超恰恰注意到了这一点,在他看来,随着民族间不断地交往与融合,"地域"与"血统"自然发生变化,"同地域"只是民族最初形成的条件,以后"或同一民族而分居各地,或异族而杂处一地"。"血统"更是如此,"久之则吸纳他族互相同化,则不同血统而同一民族者有之。"因此,这些构成民族的条件不足以成为判断民族的标准。经过长时间思考和对民族史的研究,根据中

---

① 参见邱永君:《"民族"一词非舶来,正史见于〈南齐书〉》,《中国民族报》,2004年2月20日第6版理论版;郝时远:《中文"民族"一词源流考辨》,《民族研究》,2004年第6期,第60页。

② 梁启超:《新民说》,《饮冰室合集》(专集之4),中华书局1989年版,第44页。

③ 梁启超:《政治学大家伯伦知理之学说》,《饮冰室合集》(文集之13),中华书局1989年版,第71~72页。

④ 同上书,第72页。

国具体实际，梁启超进一步明确指出了民族、种族和国民的关系，他通过对中国各民族的来源、分布、迁徙和融合的历史轨迹等重要理论问题的研究，超越了伯伦知理关于民族的定义，提出：民族既与种族不同，也与国民不同。"种族为人种学研究之对象，以骨骼及其他生理上之区别为标识，一种族可析为无数民族……一民族也可包含无数种族"；"国民为法律学研究之对象，以同居一地域有一定国籍之区别为标识，一民族可析为两个以上的国民……一国民可包含两个以上之民族。"① 民族形成后，因为各种原因，当初民族形成的条件总会变化甚至消失，这造成了民族与种族、民族与国家之间极为复杂的关系。所以，梁启超在强调血缘、地域、语言等客观条件和因素重要性的同时，更看重民族意识这种主观因素对民族的凝聚重要性，"民族成立之唯一要素，在'民族意识'之发现与确立。"② 在他看来，当一个民族的成员对自己所属民族具有了自我体认，就证明其民族意识的觉醒，即"凡人类之一员对于所隶之族而具此意识者，即为该民族之一员"。梁启超对民族意识的强调恰恰反映了当时中华民族经过半个多世纪抗争民族意识觉醒，他看到了民族觉醒的巨大力量。当然，对民族意识和民族精神的强调也反映了中国在国际体系中的弱势地位，艾恺揭示了这种现象的普遍性，"这些民族主义思想中，'精神'和'文化'占了最高的地位，成了超越任何经济与政治现实的实体，尤有进者，自己的民族文化常常是被描写成比起军事和政治上的主宰者的物质上的优越要高超得多。相比之下，在英、法两国的民族主义思潮中，'精神'和'文化'就没有这么重要的地位。因为他们有触手可及的光辉往事，不需要以研究语言和民俗来找他们的民族特性，他们的民族特性认同早在建立民族国家之时就已确立了。"③ 梁启超对民族意识的特殊强调代表了近代中国民族主义的发展方向，为弥合满汉之间矛盾、加强民族团结提供了理论基础。

国民党早期重要的理论家汪精卫较早地阐述了"民族"的含义。1905 年他所写的《民族的国民》发表在《民报》的创刊号和第 2 号上，他与梁启超对民族意识的强调不同，更强调血统等客观因素，他的观点对后世产生了深刻影响，当然其论战性质也不能忽视。他在文章中首先指出："民族者，人种学

---

① 梁启超：《中国历史上民族之研究》，《饮冰室合集》（专集之 42），中华书局 1989 年版，第 1 页。

② 同上。

③ 艾恺著：《世界范围内的反现代化思潮》，贵州人民出版社 1991 年版，第 36 页。

上之用语也。……民族者，同气类之继续的人类团体也。"① 他用"气类"这一抽象化的词汇概括出民族的构成要素，"一同血系（此最要件，然移住婚姻，略减其例），二同语言文字，三同住所（自然之地域），四同习惯，五同宗教（近世宗教信仰自由，略减其例），六同精神体质。"② 显然，伯伦知理民族理论对他产生了巨大影响。同时，他强调民族是"继续"之团体，即民族具有历史性和相对稳定性，这种稳定性是基于同一个民族内部成员之间没有压迫与剥削，是平等的这一前提。

汪精卫对"国民"一词也进行了解释，认为国民是法律用语，是构成国家这个团体的分子，从法律上国民有国法上的人格，所以从个人角度来说，国民是独立、自由的，而从国家的角度看，部分要服从整体，权利和义务结合起来即是国民之真谛。显然，国民则是政治概念，而民族却是族类概念，两个非"同物"概念之间的关系可以分为两种。其中的理想状态就是"以一民族为一国民"，这样的国家更容易实现真正的"天然的平等"和自由，他举例世界上典型的民族国家形成而迅速崛起的例子，以此来证明只有单一民族的民族国家才能走向强盛。同时，还存在一种"民族不同，同为国民"的多民族形成的国民的国家，这类国家又分为两种：一种是不改变民族特征的情况下，实现政治上的统一。在这样的国家要么在各民族平等的基础上建立国家，比较典型的是瑞士，要么是多个民族屈服于一个民族，他举了波兰和芬兰屈从于俄国的例子。另外一种是不同的民族同化成一个民族而建立单一民族的国家，汪氏列举了四种情况来概括可能的历史境遇：1. "以势力同等之诸民族融化而成一新民族"；2. "多数征服者吸收少数被征服者而使之同化"；3. "少数征服者以非常势力吸收多数被征服者而使之同化"；4. "少数征服者为多数被征服者所同化"。③ 他将达尔文社会进化论进行了创造性的应用，不仅仅是为了说明世界范围内的种族变迁的过程，而主要是通过分析中国历史进程推理出他所需要的目的，即弱小民族要同化于汉族。在民族关系类型化的基础上，他认为除了两个相对较短的历史时期，中国直到满族入关前基本是属于第二类社会，占多

---

① 汪精卫：《民族的国民》，张枬等编：《辛亥革命前十年间时论选集》第 2 卷，生活·读书·新知三联书店 1963 年版，第 83 页。

② 同上。

③ 同上书，第 85 页。

数的汉人同化了少数民族。① 满族入关后，汉族面临着被少数征服者同化的危险，有变为第三类社会的危险。好在汉族的民族主义意识已经觉醒，认识到保种的重要性，满族人要么被同化，要么被消灭，从而出现第四类社会，在汪精卫看来，第四类是最理想的社会。至此，汪氏已经明确指出，单一民族组成的国家与多民族组成的国家相比，存在明显的优越性，而多民族国家最好的出路也是经过民族同化，成为单一民族国家。那么，中国要改变被动状况和多民族国家的现实，唯一有效的办法就是民族同化。他还列举了进行民族同化的方法，"不外使生共通之关系。社会的生活之共通，政治社会的生活之共通，或由于引诱，或由于强迫，皆足纳之于同化之域者也。"② 他据此分析当时的中国社会，认为除了蒙古族和满族，其他少数民族已经完成了同化于汉族的过程。

在区分民族与国民的基础上，汪精卫进一步指出了国民主义与民族主义的不同，"国民主义从政治上之观念而发生，民族主义从种族上之观念而发生，二者固相密接，而绝非同物。设如今之政府为同族之政府，而行专制政体，则对之只有唯一之国民主义，踏厥政体而目的达矣。然今之政府为异族政府，而行专制政体，则驱逐异族，民族主义之目的也；颠覆专制，国民主义之目的也。民族主义目的达，则国民主义之目的亦必达，否则终不能达。乃国民梦不知觉，日言排满，一闻满政府欲立宪，则辗然喜，是以政治思想尅灭种族思想也。"③ 在汪精卫看来，有民族压迫就一定有不平等与不自由，解决了民族压迫问题，政治上的自由与平等就能达到，将政治问题附着在民族问题上，这与孙中山"毕其功于一役"的提法有些相似。

汪精卫和孙中山关于民族的界定及民族同化等问题的论述为革命派的民族主义话语体系奠定了基础，强调民族客观要素特别是血统的重要性，这种强调血统、种族的宗族主义观念一直或明或暗地支配其民族理论，以孙中山思想继承人自居的蒋介石的"宗支论"与此一脉相承。这种观点在抗日战争时期曾有所变化，开始强调民族的主观要素，开始向梁启超的观点转向。总之，社会达尔文主义已经成为革命派民族理论的基础，使其民族想象合法化。但是，西方经典的民族主义理论与中国现实的错位使革命派民族理论出现了无限的纠

----

① 汪精卫：《民族的国民》，张枬等编：《辛亥革命前十年间时论选集》第 2 卷，生活·读书·新知三联书店 1963 年版，第 87 页。

② 同上书，第 85 页。

③ 同上书，第 97~98 页。

结，这一点在孙中山那里表现得最为明显。

孙中山要仿照西方世界建立民族国家，也将民族主义理念应用到中国，提出了民族形成诸要素，他认为民族是由天然力造成的，"自然力便是王道，用王道造成的团体，便是民族；国家是用武力造成的，武力就是霸道，用霸道造成的团体便是国家。""造成……民族的原因，概括的说，是自然力。分析起来，便很复杂。当中最大的力是血统。……次大的力是生活。……第三大的力是语言。……第四个力是宗教。第五个力是风俗习惯。我们研究许多不同的人种，所以能结合成种种相同民族的道理，自然不能不归功于血统，生活，语言，宗教和风俗习惯这五种力。这五种力，是自然进化而成的，不是用武力征服得来的。所以用这五种力和武力比较。便可以分别民族和国家。"① 他又认为"祖先是什么血统，便永远遗传成什么族的人民"，"血统"无疑与"种"紧密相关，出于"排满"的政治需要，他最看重"血统"在民族形成中的作用，满汉不同血统、不同种正是推翻满清统治恢复汉族的正统地位进行革命的重要理由，也是反对立宪派满汉同源论的需要。孙中山的民族主义最初无疑是汉族的民族主义，最初他主张建立的中华民国也是仅限于十八个省范围内的国家。当面对中国多民族的现实，他曾主张"五族共和"，但很快又否定"五族共和"的倾向，认为其他四族没有能力实现与汉族共建国家。在汉族中心地位和多民族的现实面前，孙中山最终还是选择由汉族同化其他少数民族的思路，从而又回到了经典西方民族主义的道路上来。在构成民族的五个要素中，孙中山认为汉人可以通过"血统"同化其他各少数民族，"即汉族当牺牲其血统、历史与夫自尊自大之名称，而与满、蒙、回、藏之人民相见于诚，合为一炉而冶之，以成一中华民族之新主义。"② 他积极为汉族同化其他少数民族寻找理由，其一就是其他四族缺少自卫能力，"所谓五族共和者，直欺人之语！盖藏、蒙、回、满，皆无自卫能力（关于缺乏自卫能力的原因：讲到他们底形势，满洲既处日人势力之下，蒙古向为俄范围，西藏亦几成英国底囊中物，足见他们皆无自卫底能力）。发扬光大民族主义，而使藏、蒙、回、满同化于人汉族，建设一最大之民族国家者，是在汉人之自决。"③ 其二就是汉族在人口上占绝对多数，"讲到五族底人数，藏人不过四五百万，蒙古人不到百万，

---

① 孙中山：《民族主义》，《孙中山全集》（第9卷），中华书局1986年版，第187~188页。
② 孙中山：《三民主义》，《孙中山全集》（第5卷），中华书局1985年版，第187页。
③ 曹锦济选编：《民权与国族孙中山文选》，上海远东出版社1994年版，第272页。

满人只数百万，回教虽众，大都汉人。……汉族号称四万万，或尚不止此数，而不能真正独立组一完全汉族底国家，实是我们汉族莫大底羞耻，这就是本党的民族主义没有成功。由此可知本党尚须在民族主义上做功夫，务使满、蒙、回、藏同化于我汉族，成一个大民族主义的国家。"① 基于上述两个原因，他认为汉族同化其他少数民族是必然的历史过程。

同时，孙中山将中国传统的宗族观念作为凝聚整个民族的力量，在谈到中国人缺少民族凝聚力时，他认为"中国人最崇拜的是家族主义和宗族主义，所以中国只有家族主义和宗族主义，没有国族主义。外国旁观的人说中国人是一片散沙。"② 正是因为宗族观念深入人心，对家族和宗族的关注使国人只知道为家族和宗族的利益而努力，对国家的生死存亡置之不理，"所以中国人的团结力，只能及于宗族而止，还没有扩张到国族"。③ 由于严重的民族危机，孙中山并不主张首先应将个人从家族和宗族中解放出来，而是主张直接借助家族和宗族并在其基础上，"参加水和士敏土，要那些散沙和士敏土彼此结合来成石头，变成很坚固的团体，"④ 从而实现从家族直接向国族的过渡。所谓的"士敏土"正是他认为的构成民族的五个要素。家族、宗族等这些封建中国时代的象征在国家现代化的过程中本来应该成为根除的对象，"在古代中国，家庭、宗族、乡学等是礼仪展开的最初的和最基本的场所，也是地方性生成并得以维护的基本场所。这一场所构成了个人与国家之间的'中间地带'。它是世界借以展开自身的地方性维度的实体。但现代性的"居住方式"恰恰以根除'地方'作为其目的。"⑤ 而在孙中山那里为了构筑国族的需要进一步固化了它的存在，而构筑的粘合剂也是民族的五个要素，从而在家族、宗族到民族再到国族的发展中，实际上使构成民族的五个要素在两个层面上发挥作用。但是，整个国族的构建基础恰恰是拟家族的血缘，而非获得个人自由权利的国民。他对血统的强调被国民党继承和修正，认为整个中华民族由各个宗族组成，而各个民族只是中华民族统一血统下的宗支，维系各个宗族关系的除了血统，还有婚姻关系，关于南京国民政府时期民族思想后边还要讲到。在探讨血

① 孙中山：《孙中山全集》（第5卷），中华书局1985年版，第473~474页。
② 孙中山：《孙中山全集》（第9卷），中华书局1986年版，第185页。
③ 同上书，第185页。
④ 同上书，第278页.
⑤ 陈赟：《天下观视野中的民族——国家认同》，《世界经济与政治论坛》，2005年第6期，第98页。

统等因素的同时，孙中山也看到了民族意识和民族意志对振兴国家的重要性，"迨中国同胞发生强烈之民族意识，并民族能力之自信，则中国之前途，可永久适存于世界。"[1] 他说："民族主义之范围，有以血统、宗教为归者，有以历史习尚为归者，语言文字为归者，复乎远矣。然而最文明高尚之民族主义范围，则以意志为归者也。如瑞士之民族，则合日尔曼、以大利、法兰西三国之人民而成者。此三者各有血统、历史、语言也，而以互相接壤于亚剌山麓，同习于凌山越谷、履险如夷，爱自由、尚自治，各以同声相应、同气相求，遂组合而建立瑞士之山国，由是而成为一瑞士之民族"。[2] 虽然孙中山也在一些地方提及民族精神、民族意志在民族形成中的作用，但是并没有改变他一直对血统等因素的强调。

以往对孙中山民族主义的研究很少从其对民族的定义入手，而对民族的定义恰恰反映了他讨论的民族主义目标，即民族国家的实现范围。孙中山终其一生也没有在民族形成的条件和要素上有丝毫的松动和转变，一直都在围绕种族和血统做文章，这恰恰是其一直主张民族同化的原因。虽然在中国共产党的帮助下，他在晚年承认"国内各民族一律平等"，但是并没有改变他民族同化的一贯主张。孙中山关于民族的观点虽然前后有所变迁，但是基本性质没有改变。南京国民政府统一全国后，在民族问题上的理论并无大的变化，这种情况一直持续到抗日战争时期才有所调整。

学者齐思和1937年在《禹贡半月刊》三周年纪念号上发表了名为《民族与种族》的文章，他总结了孙中山民族主义观点，指出其不足，同时提出了自己关于民族问题的观点。因为"民族问题的研究是禹贡学会的重要工作之一"，在抗日战争这一关键时期需要重新阐述了《禹贡》的研究目的，杂志开始从专业的历史地理与人类学的研究向为政治服务转变，齐思和这篇文章恰恰是这一转向的具体呈现。齐思和肯定了从清末革命派提出"以为中华种族请命"口号到国难当头时"唤起民族意识"口号转变的巨大历史意义，"大家的思想已经由狭隘的种族主义进到了民族主义，大家的目标已经由种族之间的倾轧转到了全民族的奋斗。这不能不说是我们的一大进步，大觉悟。"[3] 正是因为有意义，才需要在使用极为混乱的情况下理论上重新澄清"究竟什么是民

---

[1]　孙中山：《中国之铁路计划与民生主义》，中国国民党党史委员会、中央委员会党史委员会编订：《国父全集》第 2 册，中国国民党党史委员会、中央委员会党史委员会出版 1973 年版，第 89 页。

[2]　孙中山：《孙中山全集》（第 5 卷），中华书局 1985 年版，第 186 ~ 187 页。

[3]　齐思和：《民族与种族》，顾颉刚、谭其骧主编：《禹贡半月刊》，第 7 卷 1、2、3 合期。

族？什么是种族？二者之间有什么区别？"

首先，齐思和认为只有100多年历史的新概念"民族主义"最早由孙中山介绍到中国来，并使民族主义在当时成为一种巨大的社会力量。"民族主义的发生在西洋本是近百年来的事情，而于我们则是一个新的概念。在中国提倡民族思想最早影响最大的自然是孙中山先生，现在一般国人对于民族主义的认识大抵也是由他的三民主义中得来。"① 但是孙中山在辛亥革命前，所倡导的却是倾向于"种族"的革命。"当酝酿革命的时候，中山先生所号召的本也是极褊狭的种族主义，"这一点从其军政府宣言中能体现出来。同时，民国建立后，以孙中山为首的革命者认为民族革命已经完成，也正好印证了他所倡导的民族主义是"极褊狭的种族主义"。之所以会出现这样的状态，齐思和认为孙中山的民族主义最重要的缺陷是他民族的观念的陈旧以及对民族与种族之间区别的忽略，这正是孙中山民族主义理论的缺点，也是他不断受到理论攻击的根本原因。齐思和用世界民族发展的实际情况对孙中山提出的构成民族的五种"自然力"一一进行了驳斥，证明这五种"自然力"中的任何一种都不是形成民族的绝对条件。并且在吸收当时最新的人类学和民族学研究成果的基础上，认为："形成民族的最重要的力量是命运共同体一员的情绪。"在他看来，民族的构成是精神的，非物质的；是主观的，非客观的。……这种情绪的形成，内部的原因是由于共同的历史背景，共同的忧患经验，和共同的光荣和耻辱的追忆，外部的原因是由于外侮的压迫激起了内部团结的情绪，民族意识就是在这样的基础上形成的，这种民族意识才能得以高涨。② 他正是根据中国当时所处的境遇提出了这样的观点，这一观点也反映了随着日本侵略步伐的加快，中国国内民族意识高涨的事实，也体现了他为实现全民族团结抗日的良苦用心。在他看来，"民族"的形成和民族情绪的高涨，外国势力的压力是不可或缺的。他引用了泰戈尔在《西方的民族主义》中的论述：西方的雷声隆隆的大炮在日本的门前说道：我要一个民族……一个民族于是乎出现了。

对于"种族"，他对各种种族的特征进行批判，如骨骼、肤色和相貌等等，并认为这种划分标准是从欧洲发展而来的种族优劣论，是为其侵略扩张进行政治宣传和张目的工具，本身并没有科学的根据，也没有意义，不过只是一种想象。他区分了民族和种族两个概念，"而种族则是有史以来既有的老观

---

① 齐思和：《民族与种族》，顾颉刚、谭其骧主编：《禹贡半月刊》，第7卷1、2、3合期。
② 参见松本真澄著、鲁忠慧译：《中国民族政策之研究》，民族出版社2003年版，第134页。

念，并且人类文化愈幼稚，种族观念也愈强列（烈）。……种族的区别除是供政客的宣传外，在科学家看来几乎同民族一样，也仅是一种想象而已。不过二者之间自有重要的区别：第一，种族是物质现象，指着人的骨骼形态而言；民族是心理现象，指着一个人群团结的情绪而言。第二，种族是生物现象，他的形成是由于遗传和环境；民族史政治现象，他的构成是由于内部的联系和外部的压迫。第三，种族的区别是先天的，不是人力所能改易的；民族是后天的，可以改变的。第四，种族是自然环境现象，客观事实；民族是精神的，主观的。二者之间的区别本来极为明显。"① 既然民族和种族都是"一种想象"，那么对一个国家内的人群进行人为划分就没有实际意义，从而进一步发展了梁启超民族形成的观点。

他批判了孙中山在《中国国民党第一次全国代表大会宣言》中承认的"中国以内的各民族的自决权"。他认为，区别民族的界限很难，因为没有科学的根据，所以，给"五族"以自决权没有意义。应该不分种族，建立"一个民族的国家"。他沿着孙中山的思路，认为既然孙用血统、种族等观念来区分满汉，那么国内各民族的划分也肯定是基于血统和种族。既然种族的划分只是一种想象，那么在《中国国民党第一次全国代表大会宣言》中"中国各民族自由平等"就没有实际意义，倒不如不去人为划分，而建立民族国家。他将民族定义成心理、政治、精神现象，从而抹掉了在中国内部进行民族划分的必要性，使中国人团结成一个大的民族，形成抵抗外来压迫的巨大力量。"齐思和否定孙文的'血统'、'生活'、'语言'、'宗教'、'风俗习惯'这样的'民族'基准，把反帝国主义的共同感情看成是'民族'的基准，批驳种族主义＝人种差别主义，这大概是中国国民向更加平等主义的实现所迈出的一大步。"② 齐思和在西方先进人类学和民族学基础之上，超越了孙中山和汪精卫提出的民族的客观要素，将民族的形成置于精神和心理的层面。不难看出，这受到梁启超民族意识的影响，是梁启超关于民族的描述在新的历史条件下的进一步升华。这种观点被国民党部分吸收，为其进一步推进民族整合提供了依据。

以蒋介石为代表的南京国民政府将孙中山的"三民主义"思想奉为纲领，并在实际政治实践中具体实施。作为对孙中山民族思想的继承，蒋介石在

---

① 齐思和：《民族与种族》，顾颉刚、谭其骧主编：《禹贡半月刊》，第 7 卷 1、2、3 合期。
② 松本真澄著、鲁忠慧译：《中国民族政策之研究》，民族出版社 2003 年版，第 135～136 页。

1942 年一次演讲中重现了孙中山构建中华民族（国族）的思路，"我们集许多家族而成为宗族，更由宗族合成为中华民族。国父孙中山先生说：'集合 4 万万人为一个坚固的民族'。我们中华民国，是由整个中华民族所建立的，而我们中华民族，乃是联合我们汉、满、蒙、回、藏五个宗族组成一个整体的总名称。我说我们是五个宗族，而不是五个民族，就是说我们都是构成中华民族的分子，像兄弟结合成家庭一样。……我们中华民族是整个的，我们的国家更是不能分割的。我们这次对日寇作战，奋斗到 5 年以上，能够造成这样一个胜利的基础，这完全是由于我们全中国同胞，不论宗族，不论宗教，大家都知道都是我们五千年来中华民族的根源，及其不可分割的关系，都知道抵御外辱，复兴民族，是我们人人应负的使命，和应尽的责任。"[1] 对孙中山思想继承和修正的集大成是蒋介石于 1943 年《中国之命运》中对中国民族问题的阐述，全面展示了国民党民族政策的时代背景和理论依据。抗日战争爆发后，面对强敌，为了从理论上增加中华民族的凝聚力，国民政府遂将典型的西方民族国家的理念应用到多民族的中国，吸收了齐思和对民族心理和精神方面的强调，并将孙中山的血统观进一步扩大，阐述了国民党关于民族的新观点。将全体国民通过"血统"这个纽带民族化，用"中华民族"这个当时极具号召力的词汇来概括，把国内的各民族，包括汉族在内的清末以来，特别是民国之初已经受到普遍认可并取得现代民族身份的满、蒙、回、藏等称为"宗族"将这些民族血统化，认为它们是中华民族的宗支，"我们中华民族是多数宗族融合而成的"，"各宗族之间，血统相继之外，还有婚姻的系属"。[2]

（二）马克思主义经典作家"民族"形成理论的中国化

1. 马克思主义经典作家"民族"形成理论

在马克思主义看来，民族主义是资产阶级的基本原则，是与无产阶级的国际主义相对立的世界观，但从不否认民族存在的事实。根据历史唯物主义的基本观点，人是从猿经过自然淘汰进化而来的，人类社会是整个自然界长期发展的产物，是一种"自然历史过程"。这种观点也在马克思主义经典作家关于民族现象的观察与叙述中体现出来。在他们看来，民族作为人类共同体要经历产

---

[1]　蒋介石：《中华民族整个共同的责任》，转引自松本真澄、鲁忠慧译：《中国民族政策之研究》，民族出版社 2003 年版，第 140 页。

[2]　蒋介石：《中国之命运》，秦孝仪主编：《先总统蒋公思想言论总集》（卷 4 专著），中国国民党中央委员会党史委员会 1984 年版，第 2 页。

生、发展、融合等过程而最终走向消亡，所以，列宁指出："要给'没有历史的民族'找一个范例，是任何地方都找不到的（除非在乌托邦中寻找），因为所有的民族都是有历史的民族。"①

马克思、恩格斯在摩尔根的《古代社会》基础上对民族的形成进行说明，并认为民族的形成与国家的形成有密切关系，国家在民族形成中发挥了重要作用，"从部落发展成了民族和国家，"②"部落联盟是与民族最近似的东西。"③他们认为民族是随着阶级和国家产生而产生的，在《论封建制度的瓦解和民族国家的产生》一文中，恩格斯进一步指出："从中世纪早期的各族人民混合中，逐渐发展起新的民族［nationalitäten］，"随着历史的发展，"一旦划分为语族，很自然，这些语族就成了建立国家的一定基础，民族［nationalitäten］开始向民族［nation］发展。"与这两种民族形式的转化并行的是"日益明显日益自觉地建立民族国家［nationale Staaten］的趋向。"④马克思、恩格斯实际上指出了民族族体在资本主义上升时期出现质的飞跃。列宁对殖民地半殖民地民族问题和民族自决问题的论述，给世界无产阶级，特别是处于殖民地半殖民地国家和地区的无产阶级极大的帮助。斯大林则在总结民族问题经验的基础上提出了民族的定义，即"民族是人们在历史上形成的一个有共同语言、共同地域、共同经济生活以及表现于共同文化上的共同心理素质的稳定的共同体。"⑤与马克思、恩格斯有所不同，列宁和斯大林认为民族产生于资本主义时代，即资本主义上升时期，列宁认为，"民族是社会发展的资产阶级时代的必然产物和必然形式。"⑥并在与民粹派分子米海洛夫斯基关于民族的错误观点进行论战过程中⑦对民族之所以产生于资本主义时代进行了论证。斯大林在《马克思主义与民族问题》中进一步指出，"封建制度消灭和资本主义发展的过程同时就是人们形成民族的过程。"⑧在对梅什柯夫的另一个极端的民族观

---

① 中国社会科学院民族研究所编：《列宁论民族问题》（上），民族出版社1987年版，第308页。

② 中国社会科学院民族研究所编：《马克思恩格斯论民族问题》（下），民族出版社1987年版，第653页。

③ 马克思著：《摩尔根"古代社会"一书摘要》，人民出版社1965年版，第96页。

④ 中国社会科学院民族研究所编：《马克思恩格斯论民族问题》（下册），民族出版社1987年版，第818～819页。

⑤ 中国社会科学院民族研究所编：《斯大林论民族问题》，民族出版社1990年版，第28～29页。

⑥ 《列宁选集》第2卷，人民出版社1995年版，第441页。

⑦ 中国社会科学院民族研究所编：《列宁论民族问题》（上），民族出版社1987年版，第1页。

⑧ 中国社会科学院民族研究所编：《斯大林论民族问题》，民族出版社1990年版，第33页。

点进行批判的基础上再次阐述了相似的观点,"世界上有各种不同的民族。有一些民族是在资本主义上升时代发展起来的,当时资产阶级打破封建主义和封建割据局面而把民族集合为一体并使它凝固起来了。这就是所谓'现代'民族。"① 所以,列宁、斯大林所指的民族是资本主义上升时代民族国家构建的结果,而不是此前的民族形式,从这个意义上发展了马克思、恩格斯的民族形成理论。

2. 中国共产党关于"民族"形成的观点

在建党之初,中国共产党就认识到了我国的民族问题,并将民族问题的解决看成是中国革命问题的重要组成部分。中国共产党成立后虽然从弱到强,但是基本处于战争和不断战略转移状态,没有进行理论建设的环境,一直没有根据马克思主义关于民族问题的基本观点对民族的形成、发展和特征等一般性的理论问题进行研究,这种状况一直到延安时期才出现变化。

1938 年,时任中共中央宣传部副部长的杨松开设了"民族殖民地问题讲座",在讲授列宁、斯大林关于殖民地民族问题的基本观点时,将其与中国当时民族问题相结合阐发了中国共产党关于民族形成问题的一些基本思路。他在1938 年 8 月写了《论民族》一文,文章开篇写道:"什么是民族呢?民族不是原始共产社会、奴隶社会的部落、氏族,也不是封建社会的宗族、种族;而是一个历史的范畴,是随着封建主义的崩溃与资本主义的发展过程,从各种不同的部落、氏族、种族、宗族等等结成为近代的民族。"② 他据此认为英、美、法、德、意等现代民族都是由部落、氏族、种族、宗族等结成的。他将民族看成是在前资本主义社会和将来的共产主义社会之间的社会形态中存在的人类实体,"在人类社会这中间一段历史中形成了、形成着并将形成近代许多民族。"③ 在征引了斯大林的民族定义后,他断定无论是从理论上还是从行动上看,"中国人是一个近代的民族",但是由于中国是半殖民地半封建国家,从而中国近代民族正处于形成中。在他看来,"近代的中国人是从汉人、满人、

① 中国社会科学院民族研究所编:《斯大林论民族问题》,民族出版社 1990 年版,第 395 页。马克思主义经典作家对民族问题的观点传入到中国后,出现两个发展方向,一个是"nation"层面的,一个是"nationalities"层面的,这两个层面的探讨恰恰为"中华民族多元一体的格局"提供了理论支撑。关于斯大林民族定义的精彩讨论可参见郝时远:《重读斯大林民族定义——读书笔记之一、二、三》,载《世界民族》,2003 年第 4、5、6 期。

② 杨松:《论民族》,中共中央统战部编:《民族问题文献汇编》,中共中央党校出版社 1991 年版,第 763 页。

③ 同上书,第 763 页。

汉回人、汉番人、熟苗人、熟黎人及一部分蒙古人（土默特蒙古人）等等共同组成的,"① 同时,汉族也是由许多不同血统的人组成,汉族已经与上述这些人形成一个新的近代民族——中华民族。他将中国境内所有民族都纳入到中华民族中来,认为中国人是一个近代民族并不是说中国只有一个民族,"中国是一个多民族国家",中华民族主要是对外来说的,"中华民族代表中国境内各民族,因而它是中国境内各民族的核心,它团结中国境内各民族为一个近代国家。"② 在中国境内还存在着处于不同社会发展阶段的各个民族,"就民族来说,是各个不同的民族;但就国籍来说,都是中华民国的国民,都是共同祖国的同胞,而且都是日寇侵略之对象。"③ 中国共产党在承认各少数民族民族身份的前提下,反对民族特权,主张中国境内一切民族平等与民族和平,反对同化政策,主张中国境内各民族自决,各民族一律平等,并在驱逐日本的基础上建立一个各民族自由联合统一的中华民主共和国。

为了维护民族独立和团结各民族抗日,杨松从两个层面使用了斯大林民族的概念,并在层次上做了安排,通过自上而下的"各民族一律平等"政策和自下而上的"各民族自由联合"将全国各民族与作为各民族代表的中华民族紧紧地联系在一起。

1939 年中共中央在延安成立了西北工作委员会,设立了民族问题研究室,分设"回回民族问题"和"蒙古族问题"两个研究组,按照六届六中全会的精神,担负起以马克思主义民族理论为指导系统研究国内少数民族,特别是回族和蒙古族问题的任务。这一时期的理论探索的成果集中反映在 1940 年 4 月出版的《回回民族问题》和 1946 年出版的《蒙古民族问题》中。

在《回回民族问题》的序言明确指出,回族是一个有着八百多年悠久历史的民族,具有英勇斗争的光荣传统,在抗战建国运动中占有重要的地位。但是,当时日本挑拨回族分立运动,而国民党却执行大汉族主义民族压迫政策,认为回回民族问题是宗教问题,从而为日本的挑拨提供了口实。中国共产党一贯的承认回回是一个民族,主张以民族平等的原则,团结回回民族共同抗日。④ 根据斯大林构成民族四要素的分析,回族并不是现代民族,而中国共产

---

① 杨松:《论民族》,中共中央统战部编:《民族问题文献汇编》,中共中央党校出版社 1991 年版,第 766 页。

② 同上书,第 767 页。

③ 同上书,第 767 页。

④ 民族问题研究会编:《回回民族问题》,民族出版社 1980 年版,序言。

党创造性地应用了斯大林的定义，赋予回族民族身份。当时，"不但许多汉人怀疑回回是一个民族，对于回族和回教的来源及其相互关系，不能了解，甚至某些回人中也存在着同样的怀疑和不了解，"① 因此，该著作根据马克思主义民族观点对回族的族源、发展和现状等问题进行了系统梳理。"本书的主要任务，也正在于说明回回是民族，回回问题是民族问题。以此立场来求得问题的解决，来破除与肃清一切关于回回民族、关于回回民族问题的不正确的见解，以及各种谬论。"② 该著作根据当时所能得到的历史资料认为，中国的回回是元朝时从波斯等地迁移到中国来的。唐宋时期，就有因经商等来中国的波斯人，并有部分留居中国，但主要来源是元朝时期来中国的回回，在其发展过程中，经过通婚等方式，大量的汉人，可能还有回鹘和回纥人加入其中。还对当时各种对回族人的称呼进行了分析，回顾了回族在长期的民族压迫中不断斗争的历史过程，"从元以后，历史上已经不把回回当作外国人看待"，回族逐渐被纳入到中国大家庭中。长期的斗争使回族成为一个"英勇的有丰富革命传统"、"坚强的民族意识"的民族，伊斯兰教在回族斗争历史上发挥了重要作用。经过对回族历史的具体分析，"认为回族经过明、清的发展，已经是具有一定社会阶级构成的民族，……回族所以能够在反异民族压迫斗争上团结一致，这说明了民族的矛盾，仍然高于回族内部的社会矛盾，如果外来的势力不但侵犯了回族的下层而同时也侵犯了它的上层的利益的时候，回族上层是能够以民族代表的资格出头反抗的。"③ 指出回族在民族矛盾尖锐的情况下团结一致的可能性，"历史证明，回族的解放同中华民族（这是中华各民族的总称）的解放不可分离。回族革命是中国革命的一部分，没有回族的解放，中华民族即不会有真正的自由，反之，回族如不积极参加全中华民族解放的斗争，争取中国新民主主义革命的胜利，也就不可能获得自己民族的真正解放。"④ 将回族作为中华民族的重要组成部分，从而将回族自身的解放纳入到中华民族的解放中来。在空前的民族危机面前，"历史上从来没有过像今天这样明显的指示给我们，中华各民族只有联合一致，坚持抗日民族自卫战争，才能给中华各民族的解放事业开辟一条广阔的道路。"⑤ 处于三座大山压迫下的回族的解放也

① 民族问题研究会编：《回回民族问题》，民族出版社1980年版，序言。
② 同上书，第96页。
③ 同上书，第33～34页。
④ 同上书，第35页。
⑤ 同上书，第83页。

是中国革命总潮流的组成部分，也必须以抗日为首要任务，"这就是回回民族在严重的历史关头唯一正确的出路。"①

但是，在实践中存在着两条战线的斗争，"表现着日寇分裂回回民族的阴谋和抗日民族统一战线政策的斗争；而在抗战阵营中则又表现着民族平等政策与大汉族主义民族压迫政策的斗争"。②《回回民族问题》批判了国民党坚持的"回回汉化"与"回回问题是宗教问题"等错误观点，通过陕甘宁边区对回族人民的各项政策，首次全面展示了中国共产党所坚持的"民族平等"原则在解决民族问题上的生命力。同时，通过对当时所能掌握的历史资料的梳理，在回族的发展来源、宗教、回族发展的现状、在空前民族危机情况下回族的出路等方面，该作全面展示了中国共产党对民族的形成、构成民族的要素的基本观点。通过"陕甘宁边区的回族"部分，将中国共产党在其执政地区民族平等、民族团结的政策呈现给世人，鼓舞了少数民族特别是回族团结抗战的勇气，并为建国后大规模的民族识别和民族大调查奠定了基础，为更大规模的民族制度设计和民族政策的实施提供蓝本。另外，对回族发展阶段和回族宗教上层在回族群众中的影响力的分析，为建立民族统一战线和后来的民主统一战线也奠定了基础。将回族作为一个少数民族纳入到中国来，回族问题成为国内民族问题，实际上也反映了中国共产党在民族政策上的一个明显的考虑，即从民族自决到民族自治的转变。学者松本真澄认为这正是毛泽东在1938年发表的《新民主主义论》中关于抗日战争胜利后新民主主义统一国家论的继承和发展，确定了抗日战争胜利后各少数民族群体的地位。③毋庸置疑，《回回民族问题》是中国共产党在国内民族问题转变中的重要一环。

《蒙古民族问题》也是以延安民族问题研究会的名义编写的对蒙古民族问题进行理论研究的著作之一，分为蒙古民族的起源、蒙古历史与社会的发展、蒙古民族解放运动、蒙古民族问题及抗日战争中的蒙古问题、反对国民党的大汉族主义及中国共产党团结蒙古民族抗日的政策等几个部分。

蒙古族在中国历史上建立过全国性的政权，并且建立过横跨欧亚的大帝国。蒙古族从族源到语言文字、风俗习惯，从生活地域和经济生活状态，再到民族心理作为一个民族是不容置疑的。所以，该著作首先批判了蒋介石国民政

---

① 民族问题研究会编：《回回民族问题》，民族出版社1980年版，第93页。
② 同上书，第96页。
③ 松本真澄著、鲁忠慧译：《中国民族政策之研究》，民族出版社2003年版，第241~242页。

府的大汉族主义，根据西方"一族一国"理论，蒋介石认为中国只有一个民族组成，即"国族"，其他都是这个民族的"宗支"①。对于蒙古族这个在历史上和当时明显存在的民族，不可能像否定回族存在那样，要么"蒙古人和汉人是同一起源，是同一种族，是同一祖先，"② 要么"就是说蒙古民族已同化于汉族，现在已经没有所谓蒙古民族。"③ 从这个角度出发，国民党认为不存在蒙古民族问题。而中国共产党将蒙古民族问题纳入到中国总问题之中，并承认蒙古民族的自决权。这样，就存在着对待蒙古问题的两条道路：解放蒙古民族的道路和继续压迫蒙古民族的道路。

同样处于三座大山压迫的蒙古族，受到西方民族主义和孙中山反清思想的影响，尝试着用各种方法获得民族解放和独立建国。外蒙古独立后，内蒙古民族的解放运动既然是中国革命运动的一部分，在中国革命问题上，蒙古民族问题又是作为中国国内民族问题而提出的。在中国革命的任务与中国革命的过程中，都提出了蒙古民族问题，蒙古民族问题和国内其他民族问题一样，成为中国革命基本问题之一。④ 因此，蒙古民族与中国各民族的命运相连，离开中国革命总任务，"而单独求得民族独立生存是不可能的。"⑤ 这实际上否定了蒙古族在当时要求民族自决的可能。中国共产党不是不承认民族自决权，"不承认民族自决权就难以团结蒙古民族共同抗日，但中国共产党目前解决蒙古民族问题的政策不是立即主张实行自决，而是实行民族平等政策，团结蒙汉各民族抗战，共求生存。"⑥

根据斯大林的民族定义，蒙古民族符合民族的四个要素。针对蒙古民族的强烈的民族意识，中国共产党根据当时的任务，肯定蒙古民族问题的存在，并将蒙古民族的解放与各民族的解放结合起来，将蒙古问题作为中国总问题的组成部分。为中国共产党民族政策从"民族自决"到"民族区域自治"提供了契机，从而为民族区域自治制度的设计和实施提供了基础。

通过两部具有代表性的著作可以看出，中国共产党既继承了马克思主义关于民族问题的基本观点，又将这些观点灵活运用到中国民族问题的实际中，其

---

① 详见蒋介石：《中国之命运》，秦孝仪主编：《先总统蒋公思想言论总集》（第4卷专著），国民党中央党史委员会1984年版。

② 民族问题研究会编：《蒙古民族问题》，民族出版社1993年版，第6页。

③ 同上书，第5页。

④ 同上书，第29页。

⑤ 同上书，第30页。

⑥ 民族问题研究会编：《蒙古民族问题》，民族出版社1993年版，第30页。

关于民族形成和民族问题的基本观点，为后来民族区域自治制度的实施奠定了基础。

二、"中华民族"符号的提出与内涵的确立

中华民族作为一个中国境内各民族密切联系而构成的有机整体，其族体是在漫长的历史长河中，在各民族相互交流、融合中逐步形成、发展和壮大起来的，这是一个在各个政权交替和整合中自然形成的历史过程。同时，在中国历史上中华民族整体观念的形成与发展是大一统观念的重要组成部分，那么，在近代中国代表中国各民族整体的"中华民族"这一现代民族符号如何提出，经历怎样的历史演变，又如何根据民族国家构建的需要不断填充现代思想内容，正是本节要阐述的一个重要内容。

（一）"黄帝"的建构

如果说中华民族是代表中国各民族的现代民族符号，那么"黄帝"[①] 曾经作为中华民族的始祖在近代中华民族的建构中发挥了核心作用。"黄帝"究竟是怎样被建构出来的，已成为考察中华民族观念形成不能回避的问题。

"20世纪初叶，在排满主义的洪水猛兽之中，'汉族'作为一个拥有'想象'上共同祖先的假想的血缘集团迅速诞生，既而刺激和鼓舞汉族民族主义的诸多工具亦相继出台。"[②] 其中"黄帝"就是重要工具之一。"黄帝"作为一个具有特殊历史地位的人物，最初是从人种学角度被建构的，继而作为汉民族集体记忆的浓缩象征，在中华民国建立后逐渐转变为中华民族的始祖，并一直受到各种政治力量的礼遇。始祖"黄帝"的出现为近代中华民族国家的构建解决了族源问题。

根据学者杨宽的考证，春秋以前的文献如《诗经》、《书经》等著作所载最古之帝王皆止于禹，不曾提及黄帝、尧、舜，《论语》、《墨子》、《孟子》等书则上溯至尧、舜而不及黄帝，后者传说的盛行是始于战国时代。[③] 司马迁

---

① 尽管"中国人是黄帝子孙"这个充满种属色彩的词不断受到质疑，但是不能否认其中包含的凝聚价值。

② 石川祯浩：《20世纪初年中国留日学生"黄帝"之再造》，《清史研究》，2005年第4期，第52页。

③ 杨宽：《中国上古史导论》，顾颉刚等编：《古史辨》7册上编，《民国丛书》第4编（70），上海书店1996年版，第65～421页。

在《史记》中将黄帝置于帝系之首，而未将其作为民族始祖，在历史上也找不出黄帝与民族族源的直接联系。因为中国传统中强烈的文化主义色彩，以"文明/非文明"作为判断两个人类集团的界标，这种观念必然以存在文明的中心为前提，文明涟漪式地向四周扩散，注定这个体系是开放的，集团之间界限也是模糊的，在以儒家价值观为核心的中国传统文化中，孔子必然是中心人物。只有中心民族汉族与其他少数民族出现剧烈冲突的情况下，才需要建构人种学意义上的先民，划清民族界限，当然这里的边界不一定是地理边界，而是主要是由各类符号所构建的"社会边界"，并为其反异族行为提供正当性。所以，直到明清民族矛盾异常激烈之时，王夫之才在中国古典文献中请出黄帝。他首先在《黄书》中提出"畛"的观念："人不自畛以绝物，则天维裂矣。华夏不自畛以绝夷，则地维裂矣。"[1] 在此基础上将黄帝塑造成华夏畛域的界定者，"昔者轩辕之帝也……建万国，树侯王，君其国，子其民"，对其他族系只"讲其婚姻，缔其盟会……甥舅相若，死丧相闻，水旱相周，兵戎相卫……名系一统，实存四国。"[2] 王夫之为划清满汉的界限而将黄帝置于汉族始祖的位置，以此使自己的论证获得了历史依据，王夫之对黄帝华夷畛域划分在明清之际的沦丧痛心疾首。

清末再次请出黄帝的首先是维新派。随着民族危机的不断加深、种族观念的传入，天下主义终于在康梁那里唱起了终场曲。为了应付民族危机，康有为将孔子的历史任务转交给了黄帝："夫我中国非可以国名也，不过黄帝相传之一族，所谓神明之裔者，凡我黄种皆是也。"[3] 康有为将黄帝与黄种联系起来，与日本当时盛行的"大亚洲主义"相呼应。梁启超很快识破日本"大亚洲主义"超民族主义口号的实质，开始关注国家，并在国家层面讨论黄帝，梁启超在《中国史叙论》中指出："汉种，即我辈现时遍布于国中，所谓文明之胄，黄帝之子孙是也。"[4] 作者在这里将中国史范围内的人种主要分为苗种、汉种、图伯特种、蒙古种、匈奴种等，而将黄帝作为汉族的始祖来看待。欧榘甲也曾指出："合中国汉族之始祖，黄帝也；合中国汉族各族姓所自出，黄帝

---

① 王夫之：《黄书》，船山全书编辑委员会：《船山全书》（第12册），岳麓书社1992年版，第501页。

② 同上书，534页。

③ 《保教大清皇帝公司序例》，上海市文物保管委员会编：《康有为与保皇会》，上海人民出版社1982年版，第244页。

④ 梁启超：《中国史叙论》，《饮冰室合集》（文集之6），中华书局1989年版，第6页。

之子孙也。"① 这种基于一种古时对民族类别的说法,在反清势力那里却成为反清的重要历史根据。"黄帝"作为汉族的始祖并成为建立中华民国的民族象征,是由主张革命推翻清王朝的革命势力来完成的。有学者将20世纪初出现在留学日本华人中的黄帝崇拜称为"黄帝热",并概括为几个方面:1. 采用黄帝纪年刊物的出现;2. 黄帝肖像画的制作及流传;3. 有关黄帝事迹论说的出版等。② 通过各种方式建构出黄帝的形象,并将黄帝置于汉族始祖的位置,从此,黄帝的历史地位得到了确认。

随着革命形势的发展,中华民国成立后,将汉族的始祖黄帝又装扮成中华民族的始祖,"黄帝"与"中华民族"都从只指汉族的始祖与汉族,扩充到中国境内的各民族的始祖和各民族的总称。与黄帝历史叙事并行的是中华民族现代民族符号的形成,只是中华民族符号从提出到确立经历了更长的历史过程。

(二)"中华民族"符号的提出与内涵的确立

一般认为"中华民族"观念起源于"华夷一统"思想,这种思想可以追溯到三代,并经过统一国家中央集权的整合得到进一步发展和完善。③ 随着清朝末年西方国家的入侵,使这种处于自发状态的整体意识走向自觉。严复是较早提出"合群"、"保种"的近代中国思想家。梁启超受进化论思潮和严复思想的影响,从民族竞争自存的角度,也明确提出了"合群"、"合种"的思想,在为满族人创办的"知耻学会"写的"叙"中,他就指出中国四万万"轩辕之胤"(包括满人)应耻于"为臣为妾为奴为隶为牛为马于他族"④。同时,他号召海内外同胞要通过不断的自我训诫合群以自强,以此来"振兴中国,保全种族"。⑤ 要自强则必求变,要求变则须"必自平满汉之界始",仅仅除满汉界还只是第一步,"非合种不能与他种敌",国内各个种族尤其是满汉两

① 太平洋客:《新广东》,《辛亥革命前十年间时论选集》第1卷,读书·生活·新知三联书店1960年版,第306页。

② 石川祯浩:《20世纪初年中国留日学生"黄帝"之再造》,《清史研究》,2005年第4期,第53页。介绍清末革命派对"黄帝"构建经过的著作颇多,可参见沈松桥:《我以我血荐轩辕——黄帝神话与晚清的国族构建》,《台湾社会研究季刊》,1997年第28期;王春霞著:《"排满"与民族主义》,社会科学文献出版社2005年版,第61~71页。

③ 黄兴涛、刘正寅:《"中华民族"观念形成和中华民族伟大复兴》,《北京日报》(理论周刊),2002年11月11日。

④ 梁启超:《知耻学会叙》,《饮冰室合集》(文集之2),中华书局1989年版,第67页。

⑤ 梁启超:《致伍秩庸星使书》,《饮冰室合集》(文集之3),中华书局1989年版,第5页。

族，甚至是整个黄种都应该"合体"同外族竞争。① 但是，这时期，受到日本"大亚洲主义"的影响，梁启超的种族观念还很模糊。在福泽谕吉和中江兆民国家主义和西方民族主义思想的影响下，梁启超开始从民族主义角度来思考问题，并冲破超民族主义的宣传，将民族主义思想与中国传统的"华夷一统"的整体思想结合起来，从而实现了对中国民族共同体认识上的突破。1901 年梁启超在《中国史叙论》中指出："第一，上世史，自黄帝以迄秦之一统，是为中国之中国，即中华民族自发达、自竞争、自团结之时代也"；"第二，中世史，自秦统一后至清代乾隆之末年，是为亚洲之中国，即中华民族与亚洲各民族交涉、繁赜、竞争最激烈之时代也"；"第三，近世史，自乾隆末年以至于今日，是为世界之中国，即中华民族合同全亚洲民族与西人交涉、竞争之时代也"。② 从三个时段的划分可以看出作者观念的明显转变，即从"天下"观到"国家"观的巨大转变，中国逐渐从天下变成世界中的一个国家。在一个群雄并立的时代，"中华民族"只是世界中的一员，以国家为界限的整体观念在梁启超那里已经相当明确。梁启超在 1902 年的《中国学术思想变迁之大势》一文中，先对"中华"一词的内涵作了说明，"立于五洲中之最大洲而为其洲中之最大国者，谁乎？我中华也；人口之居全地球三分之一者，谁乎？我中华也；四千余年之历史未尝一中断者，谁乎？我中华也。"③ 接着，他将民族与中华勾连起来，"齐，海国也。上古时代，我中华民族之有海权思想者，厥惟齐。故于其间产出两种观念焉，一曰国家观；二曰世界观。"④ 同年，梁启超在《历史上中国民族之观察》一文中，7 次以上使用了"中华民族"一词（简称为"华族"）。他指出，"今之中华民族，即普通俗称所谓汉族者"，它是"我中国主族，即所谓炎黄遗胄。"同时，他还分析叙述了先秦时中国除了华夏族之外的其他 8 个民族，并用他们最后大都融化进华夏族的史实来论证"中华民族"的混合特性。在文中，他"悍然下一断案曰：中华民族自始本非

---

① 梁启超：《论变法必自平满汉之界始》，《饮冰室合集》（文集之 1），中华书局 1989 年版，第 77 ~ 83 页。

② 梁启超：《中国史叙论》，《饮冰室合集》（文集之 6），中华书局 1989 年版，第 11 ~ 12 页。

③ 梁启超：《中国学术思想变迁之大势》，《饮冰室合集》（文集之 7），中华书局 1989 年版，第 1 页。

④ 梁启超：《中国学术思想变迁之大势》，《饮冰室合集》（文集之 7），中华书局 1989 年版，第 21 页。

一族，实由多数民族混合而成"。① 1903 年他清晰地赋了"中华民族"较为科学的内涵，他在介绍政治学家伯伦知理民族概念之后，将伯伦知理的民族主义主张称之为"小民族主义"，同时又提出一个"大民族主义"概念。他说："吾中国言民族者，当于小民族主义之外，更提倡大民族主义。小民族主义者何？汉族对于国内他族是也。大民族主义者何？合国内本部属部之诸族以对于国外之诸族是也。……合汉合满合蒙合回合苗合藏，组成一大民族。"② 在这里，梁启超将西方的民族主义理论与中国具体实际相结合，将中国多民族国家的事实纳入民族主义所强调的"一族一国"之中，只是这里的"族"是更高层的，"即从'民族'的意义上升到'国族'的高度，为建立近代民族国家奠定了重要的理论基础。"③ 在1922 年写成的《中国历史上民族之研究》是梁启超晚年的重要著作，首开中国民族史研究之先河。他对中国境内的民族进行了归类，认为有"中华族（即汉族）、蒙古族、突厥族、东胡族、氐羌族、蛮越族。"通过归类，他看到民族的族源和演变极其复杂，有多源多流、同源异流、异源同流等多种情况，"若一一寻其历史上之渊源，则各族所自出及其相互之关系，殆复杂不易理，即如我中华族，本已由无数之族混成，其血统与外来诸族杂糅者亦不少。"④ "诸部落以联邦式的结合，在'群后'中戴一'元后'，遂以形成中华民族之骨干。"⑤ 他将先秦时期的民族分为诸夏组、荆吴组、东夷组、苗蛮组、百越组、氐羌组、群狄组、群貊组等八个组，并将这八个组与从现代角度分类的六组相对照，建立起内在联系。他认为，现代的中华族与古代的诸夏组和东夷组有关，现代的蒙古族与群狄组有关，突厥族与群狄组有关，现代的东胡族与群貊组有关，现代的氐羌族和古代的氐羌组一脉相承，现代的蛮越族和荆吴组、苗蛮组、百越组有关。这是他对 20 年前在《历史上中国民族之观察》中提出的观点的修正和补充。虽然这些论证中的"中华民族"基本上指汉族，但是汉族的开放性为中华民族涵盖中国境内的所

---

① 梁启超：《历史上中国民族之观察》，《饮冰室合集》（专集之41），中华书局1989 年版，第 4 页。

② 梁启超：《政治学大家伯伦知理之学说》，《饮冰室合集》（文集之13），中华书局1989 年版，第 75 ~ 76 页。

③ 张顺昌：《梁启超与中国近代民族主义理论研究》，《贵州民族研究》，2007 年第 3 期，第 3 页。

④ 梁启超：《中国历史上民族之研究》，《饮冰室合集》（专集之42），中华书局1989 年版，第 6 页。

⑤ 同上书，第 4 页。

有民族提供了可能。梁启超断言,作为汉族代称标志的中华民族,也将继续吸收其他民族,"中华民族"实际上也意味着最终还将是未来民族共同体的名称。①

杨度作为晚清立宪派的重要人物,在其著作中也较早使用了"中华民族"一词。在为《中国新报》②作的"叙"中谈到国民能力问题时,杨度认为国民程度各不相同,"而其所以为差异者,则大抵由于种族之别。合同国异种之民而计之,大抵可以分为汉、满、蒙、回、藏五族。而五族之中,其已进入国家社会而有国民之资格者,厥惟汉人。若满、蒙、回、藏四族,则皆尚在宗法社会,或为游牧之族人,或为耕稼之族人,而于国民之资格,犹不完全。"③按照社会学家甄克思的进化理论,这四个民族还处于宗法社会,"有民族主义而无国家主义"只有汉族"而与国家同有国家主义而无民族主义",但是中国之能采取君主立宪而不能采取民主立宪,民主立宪势必造成四个民族的独立或为列强所并,因此应采取君主立宪为宜,汉族要承担起"先忧后乐"之责任,"而以汉满平等④,蒙回同化,以实行国民统一之策焉。"⑤ 1907 年 1 月 20 日到 5 月 20 日,他在《中国新报》上连续发表了《金铁主义说》,具体阐述其基本主张。在讲到德国和意大利统一利用了民族主义时,他认为其中的"民族"亦为广义之文化民族,而非狭义之血统民族。他认为,学者们要么从血统界定民族要么用文化界定民族,"中国向来虽无民族二字之名词,实有何等民族之称号。今人心目中国最旧之民族曰汉民族,其实汉为刘家天子时代之朝号,而非其民族之名也。中国自古有一文化较高、人数较多之民族在其国中,自命其国曰中国,自命其民族曰中华。即此义以求之,则一国家与一国家之别,别于地域,中国云者,以中外别地域远近也。一民族与一民族之别,别于文化,中华云者,以华夷别文化之高下也。即此以言,则中华之名词,不仅非

---

① 黄兴涛:《现代"中华民族"观念形成的历史考察》,《浙江社会科学》,2002 年第 1 期,第 131 页。

② 《中国新报》于 1907 年 1 月 20 日在日本东京创刊,由杨度任总编撰员,主张实行君主立宪,要求清政府速开国会。也是与《民报》进行论战的重要阵地之一。

③ 杨度:《〈中国新报〉叙》,刘晴波编:《杨度集》,湖南人民出版社 1986 年版,第 208 ~ 209 页。

④ 杨度在《金铁主义说》中进一步说明,讲"汉满平等"而不言"汉满同化",是因为汉满已经同化,只有政治上不平等而已。此观点可参见刘晴波编:《杨度集》,湖南人民出版社 1986 年版,第 305 页。

⑤ 杨度:《〈中国新报〉叙》,刘晴波刘晴波编:《杨度集》,湖南人民出版社 1986 年版,第 211 页。

一地域之国名，亦且非一血统之种名，乃为一文化之族名。故《春秋》之义，无论同姓之鲁、卫，异姓之齐、宋，非种之楚、越，中国可以退为夷狄，夷狄可以进为中国，专以礼教为标准，而无亲疏之别。其后经数千年混杂数千百人种，而称中华如故。以此推之，华之所以为华，以文化言，不以血统言，可决知也。故欲知中华民族为何等民族，则于其民族命名之顷，而已含定义于其中。与西人学说拟之，实采合于文化说，而背于血统说。"① 既然中华民族如此形成，按照这一原则，其他各少数民族也会经过大致相同的路径融入到中华民族中去，"不仅国中久已无满、汉对待之名，亦已无蒙、回、藏之名词，但见数千年混合万种之中华民族，至彼时而更加伟大，益加发达而已矣。"② 那么，他在"叙"所讲的"国民统一之策"便可告成功。

他在文中多次强调，虽然汉、蒙、藏、回、满发展程度不一，但都是中国的民族，说："故中国之在今日世界，汉、满、蒙、回、藏之土地，不可失其一部，汉、满、蒙、回、藏之人民，不可失其一种，必使土地如故，人民如故，统治权如故……人民既不可变，则国民之汉、满、蒙、回、藏五族，但可合五为一，而不可分一为五。分一为五之不可，既详论之矣。至于合五为一，则此后中国，亦为至要之政。"③ 他主张通过君主立宪使落后的民族成员逐渐成为合格国民，"其始也，姑以去其（指蒙、回、藏等族人——引者）种族即国家之观念；其继也，乃能去其君主即国家之观念，而后能为完全之国民，庶乎中国全体之人混化为一，尽成为中华民族，而无有痕迹、界限之可言。"同时，他也看到实现这一目标的长期性，"此其事虽非甚难，然亦不可期于目前"。④ 虽然，杨度还是在梁启超的意义上使用中华民族，但是在其基础上运用西方民族理论的文化论分析了中华民族进一步融合其他民族的趋势，并将中华民族的发展方向和趋势建立在君主立宪的基础之上，不仅将梁启超的中华民族观念向前推进了一步，并为中华民族填充了现代思想内容。

孙中山在决心推翻清政府之时，也用中华民族指代汉族，在1902年"我们一定要在非满族人的中国人中间发扬民族主义精神，这是我毕生的职责，这

① 杨度：《金铁主义说》，刘晴波编：《杨度集》，湖南人民出版社1986年版，第373～374页。
② 同上书，第369页。
③ 同上书，第304页。
④ 同上书，第372页。

种精神一经唤起，中华民族必将使其四亿人民的力量奋起，并永远推翻满清王朝。"① 革命胜利后，建立了民族国家意义上的中华民国，面对中国多民族的事实和严重的边疆危机，孙中山在《中华民国临时大总统宣言书》中宣告："国家之本，在于人民。合汉、满、蒙、回、藏诸地为一国，即合汉、满、蒙、回、藏诸族为一人。是曰民族之统一。武汉首义，十数行省先后独立，所谓独立，对于清廷为脱离，对于各省为联合，蒙古、西藏亦同此。行动既一，决无歧趋，枢机成于中央，斯经纬周于四至。是曰领土之统一。"② 这段文字一改以往一直坚持建立汉族18省的国家的主张，将中华民族扩充为各民族总称，并因"五族共和"之说而影响深远。同时，通过宪法民主主义性质内容的规定，淡化了国内各民族的界限，《中华民国临时约法》规定："中华民国人民一律平等，无种族、阶级、宗教之区别"。武汉起义而应者数省，民国初建，政治权力的实际运作并没有真正开始，出于对西方民族国家理念的推崇，必然追求国家政治整合的效果，但是国家整合的多元主义需要政治经验同时也需要良好的社会环境。在当时情境下，从主张建立汉族国家到多民族国家的实际之间，"五族共和"就必然成为向民族同化转变的一个过渡，"五族共和"成为当时中华民族建构过程中的重要步骤。在孙中山提出的"五族共和"的政治影响下，出现了几个非常重要的组织，它们对中华民族的进一步构建、对消除民族隔阂起到了积极的促进作用，如"中华民国民族大同会"，后改为"中华民族大同会"、"五族少年同志保国会"、"汉、满、蒙、回、藏五族共进会"、"五大民族共和联合会"和"五族国民合进会"等等。

在梁启超成立进步党后，他的追随者吴贯因于1913年在《庸言》上发表了《五族同化论》一文。他继承并发展了梁启超的观点，认为"不仅汉族是多民族融合的结果，而且其他四个民族也非单纯之种族，而实由混合而成之民族也。夫人种相接近，由种族之事故，而融合交通，世界历史上实数见不鲜，固非独中国而已。而我中国先民，既能融合汉土诸小族，而成一汉族；融合满洲诸小族，而成一满族；融合蒙疆诸小族，而成一蒙古族；融合回部诸小族，而成一回族；融合藏地诸小族，而成一西藏族，况今日国体改为共和，五族人民负担平等之义务，亦享受平等之权利，既已无所偏重，以启种族之猜嫌，自

---

① 孙中山：《发扬民族主义精神建立共和政体》，中国国民党党史委员会编：《国父全集补编》，中国国民党党史委员会1985年版，第116页。

② 孙中山：《临时大总统宣言书》，《孙中山全集》（第2卷），中华书局1982年版，第2页。

可消灭鸿沟，以使种族之同化。则合五民族而成一更大之民族，当非不可能之事。这样，今后全国之人民，不应有五族之称，而当通称为中国民族 chinese nation，而 nation 之义既有二：一曰民族，一曰国民，然则今后我四万万同胞，称为中国民族也可，称为中国国民也亦可。"① 在这里，作者将"五族共和"向前推进了一步，将中国民族具体称为"更大之民族"。此后，中华民族一词作为五族的总称不断出现在当时的报纸和杂志上。常乃德在 1928 年出版的《中华民族小史》一书，对中华民族的由来进行了说明："民族之名多因时代递嬗，因时制宜，无一定之专称。非若国家之名用于外交上，须有一定之名称也。中国自昔为大一统之国，只有朝代之名，尚无国名。至清室推翻，始有中华民国之名也出现。国名既无一定，民族之名更不统一。或曰夏，或曰华夏，或曰汉人，或曰唐人，然夏、汉、唐皆朝代之名，非民族之名。惟'中华'二字，既为今日民国命名所采纳，且其涵义广大，较之其他名义之偏而不全者最为适当，故本书采用焉。——惟今日普通习惯，以汉族与其他满、蒙诸族土名并列，苟仅以汉族代表其他诸族，易滋误会，且汉本朝代之名，用之民族，亦未妥洽，不若'中华民族'之名为无弊也。"② 抗日战争时期是中华民族观念进一步发展的关键时期。各民族在抵抗日本帝国主义入侵的过程中，不仅加深了解，而且不断融合，从而强化了对"中华民族"这个族称的认同。"中华民族"成为各民族的总称从此被普遍认同和接受。

"中华民族"从作为汉族代称被提出到作为中国境内各民族的总称，经历了一个复杂的历史过程。这个过程受到西方民族主义的"一族一国"理论明显影响。正如孙隆基所指出的："中华帝国历来是一个多民族的世界帝国，在清末强被纳入'民族国家'这件紧身衣。因当时满汉矛盾的环境，汉族中心思想势不免成为此转化之机制。这个偏失，在民国成立后曾用'五族共和'的公式去补救。"③ 对中华民族的提出和内涵的确立做出理论贡献的人们，在经典的民族国家理论和中国多民族事实面前试图将中国庞大的身躯装进这件"紧身衣"，在如何处理多民族与一个民族之间的矛盾时，他们很快都将"同化"作为唯一的出路，"五族共和"的暂时性便可想而知。经过这个历史过

---

① 《庸言》第 1 卷，第 8、9 号，转引自黄兴涛：《现代"中华民族"观念形成的历史考察》，《浙江社会科学》，2002 年第 1 期，第 136 页。

② 常乃德著：《中华民族小史》，爱文书局 1928 年版，第 5、6 页，转引自黄兴涛：《现代"中华民族"观念形成的历史考察》，《浙江社会科学》，2002 年第 1 期，第 138 页。

③ 孙隆基：《清季民族主义与黄帝崇拜之发明》，《历史研究》，2000 年第 3 期，第 79 页。

程，中华民族的外延得以确立，对各个民族团结一致，共同对外做出了贡献，同时，出于对西方民族国家理论的一种实践，也需要从整体上整合各个民族，这也是国家构建的重要内容之一。中华民族外延的确立为后来的民族国家构建提供了方便。但是，民国政府在填充中华民族现代内容时，一方面以西方国家的个人自由、民主等口号消解少数民族的集体权利，另一方面又利用民族危机为一党专制和独裁剥夺个人的自由与民主辩解。这样不但不能使中华民族的整体力量得到发挥，而且因为急于进行民族同化，使民国政府失去了少数民族的支持，失去了广泛的社会基础。

（三）中国共产党对"中华民族"符号的接纳

中国共产党从历史唯物主义立场出发，接纳并创造性地对"中华民族"的内涵进行概括，为国人提供了民族认同的重要思想资源。"马克思主义和中国共产主义革命运动为中华民族提供了成为完整'民族'概念的全部要素：历史动因，形成机制，神话过程，文化结构，以及一系列政治文化符号。"[1] 中华人民共和国的建立，无疑为"中华民族"作为现代政治符号提供了更为坚实的政治基础。不过，中国共产党对"中华民族"符号的接纳也经历了一个历史过程。

在共产国际第二次代表大会精神的指导下，中国共产党召开了第二次全国代表大会。"中华民族"一词最早见于该会形成的《中国共产党第二次全国代表大会宣言》，《宣言》称：中国现阶段的革命任务是：……（二）推翻国际帝国主义的压迫，达到中华民族完全独立。"[2] 从宣言可以看出，中国共产党在建立之初，对中国国内民族的认识程度还不高，认为除汉族还有四个民族，但是这并不影响其对各民族整体利益的判断。随着日本侵略步伐的加快，特别是"九·一八"事变之后，在中华苏维埃共和国临时中央政府宣布的对日宣言中指出：中国共产党的民族革命任务是彻底争得中华民族真正的独立与解放。[3] 在瓦窑堡通过的决议案中，面对日本企图完全吞并中国的形势，中国共产党再次用"中华民族"作为号召全民族抗战的口号。

与瓦窑堡会议几乎同时的《中华苏维埃中央政府对内蒙古人民宣言》揭

---

① 徐迅著：《民族主义》，中国社会科学出版社 2005 年版，第 268 页。

② 廖盖隆主编：《中国共产党历史大辞典》（新民主主义革命时期），中央党校出版社 1991 年版，第 47 页。

③ 中共中央统战部编：《民族问题文献汇编》，中共中央党校出版社 1991 年版，第 182 页。

露了日本的侵略企图，并指出，"中国红军战斗的目的，不仅是把全中华民族从帝国主义和军阀的压迫之下解放出来，同样的要为解放其他的弱小民族而斗争，首先就是要帮助解决内蒙古人民的问题。"① 在这里"中华民族"还主要指汉族。1936 年 10 月 8 日，在甘肃会宁第一、二、四方面军会师时，宣布"我有五千余年光荣历史的中华民族，处于空前未有的危机存亡的时候，……将向全世界一切被压迫的国家与民族，证明我们是他们反对帝国主义的好朋友，最后我们将向苏联共和国、外蒙古共和国、内蒙古人民、西北回人，证明我们是与他们共同奋斗，反对日本帝国主义与世界侵略者的最切近的好朋友。"② 电文将主力红军称为"我民族革命战争的先锋队"，这里的民族无疑是指"中华民族"，此时，"蒙古人民、西北回民"并未纳入到中华民族中来，而是与中华民族并列的民族。

1937 年 5 月 1 日，时任中共中央总书记兼中央宣传部部长的张闻天发表了《我们对于民族统一纲领的意见》。他指出，我们认为提出御辱救亡的具体纲领，作为全民族各党派各阶级各团体的共同奋斗的目标，民族独立方面就是为了获得中华民的独立。在谈到对待少数民族的政策时，他主张对国内少数民族则应该承认他们民族自决权，根据平等互助原则，以巩固中华民国内各民族的联合。在这里，中国共产党承认三民主义，并承认中华民国范围内的所有民族都是中华民族的成员，这表明中国共产党实际上已经开始接纳在辛亥革命后得到逐渐确立的"中华民族"符号的外延。随着对"民族自决"问题认识的深入，及各民族在中国范围内的权利与义务的确定，中华民族的范围也就明确起来。在建立抗日民族统一战线的实践中，中华民族逐渐被确定为各民族的总代表，"中国是一个多民族的国家，中华民族是代表中国境内各民族之总称。"③

在第二次国共合作开始后，中国共产党将实现孙中山的三民主义作为自己的任务，"中国共产党从来就赞助革命的三民主义。……因为中华民族独立自由解放的民族主义，给人民以民主权利的民权主义，改善人民生活和发展国民经济的民生主义，是与共产党的主张相容的。因此，中国共产党现在依然赞助

---

① 中共中央统战部编：《民族问题文献汇编》，中共中央党校出版社 1991 年版，第 323 页。
② 同上书，第 432 页。
③ 同上书，第 808 页。

革命的三民主义，主张恢复孙中山先生的三民主义，继续孙中山先生的革命精神。"① 毛泽东在 1938 年 9 月召开的六届六中全会上作了题目为《论新阶段》的报告，具体阐述了三民主义的任务，并提出了国共建立统一战线长期合作，建立一个三民主义的共和国的目标。其中，民族主义的三民主义国家，是一个民族主义的国家，是一个独立国，不受任何外国干涉，同时也不去干涉任何外国。……对国内各民族，给予平等权利，而在自愿原则下互相团结，建立统一的政府。毛泽东指出："我们的抗日民族统一战线，不但是国内各个党派各个阶级的，而且是国内各个民族的。针对着敌人已经进行并还将加紧进行分裂我国内各少数民族的诡计，当前的第十三个任务，就在于团结各民族为一体，共同对付日寇。为此目的，必须注意下述各点：第一，允许蒙、回、藏、苗、瑶、夷、番各民族与汉族有平等权利，在共同对日原则之下，有自己管理自己事务之权，同时与汉族联合建立统一的国家。第二，各少数民族与汉族杂居的地方，当地政府须设置由当地少数民族的人员组成的委员会，作为省县政府的一部门，管理和他们有关事务，调节各族间的关系，在省县政府委员中应有他们的位置。第三，尊重各少数民族的文化、宗教、习惯，不但不应强迫他们学汉文汉语，而且应赞助他们发展用各族自己言语文字的文化教育。第四，纠正存在着的大汉族主义，提倡汉人用平等态度和各族接触，使日益亲善密切起来，同时禁止任何对他们带侮辱性与轻视性的言语，文字，与行动。上述政策，一方面，各少数民族应自己团结起来争取实现，一方面应由政府自动实施，才能彻底改善国内各族的相互关系，真正达到团结对外之目的，怀柔羁縻的老办法是行不通了的。"② 明确赋予国内各少数民族自治权利；在杂居地区成立少数民族委员会；并获得与汉族拥有平等的地位；纠正大汉族主义，汉族与少数民族共同建立统一国家。因为《论新阶段》所阐述的基本观点与"三民主义"的内容相似，所以其民族政策的基本点也能从《中国国民党第一次全国代表大会宣言》中找到依据，这些论述与自称是孙中山"三民主义"继承者的蒋介石国民政府的民族政策形成鲜明的对比，"当时在蒋介石指挥下的国民政府继续向单一的'国族'的形成方向，强化着同化政策。因此，ethnic 群体的政治权利以及文化权利当然都被无视。"③ 中国共产党将各少数民族从

---

① 《国民党三中全会后我们的任务》，中共中央书记处编：《六大以来党内秘密文件》（上），人民出版社 1981 年版，第 818 ~ 819 页。

② 中共中央统战部编：《民族问题文献汇编》，中共中央党校出版社 1991 年版，第 595 页。

③ 松本真澄著、鲁忠慧译：《中国民族政策之研究》，民族出版社 2003 年版，第 229 页。

政治上正式纳入到中华民族中来，并通过统一多民族国家内部的民族自治的政治制度安排解决少数民族的平等权利问题，从而实现中国共产党所主张的从民族自决到民族区域自治的历史性转变，这为中华民族填充了更为具体的现代政治内容。中国共产党用马克思主义的视角在新的历史条件下，阐释了三民主义，并解决了多民族国家如何保证各民族平等权利的基础上统一国家的问题，松本真澄称之为"新的中华民族观念"①，这也成为今天中国共产党民族政策和国家结构安排的起点。

随着抗日战争的深入，中国共产党逐渐将中国传统文化作为振奋民族精神的重要武器。在六中全会上，王明作了《目前抗战形势与如何坚持持久战争争取最后胜利》的报告。他首先列举了日本所谓侵略中国的理由：国小土地少；人口过剩；原料缺乏；本国市场小；防共（中共和苏联）；安定中国秩序；维持东亚和平；帮助满洲民族"自决"。② 他用斯大林关于民族的定义的四个标准认为满族大部分已经被汉族所同化，"满洲百分之九十以上是中国人"，不是完整民族没有自决的必要性了。日本提出满洲自决、蒙古自决实际上是分裂中国的借口，要小心提防。他认为这与中国历史上的元朝和清朝不同，日本是异族，而蒙古和满族是中华民族的一部分，蒙古、满消灭汉族君主政权，仅仅是中华民族内部的政权更替，是少数民族接受先进中原文化的过程，而日本则要覆灭整个中华民族。在这里，王明进一步在杨松论证的基础上，从中华民族的完整视角度揭露日本的侵略企图。他认为，只有从中华民族的高度才能避免日本的"分而治之"、"以华治华"的阴谋，维护整个中华民族的独立地位。在如何维护中华民族的独立上，显示了中国共产党对中国传统文化的态度，并开始借助中国传统文化充实中华民族的内容。在此，民族主义思想成为中国共产党号召抗日的工具，中国共产党与国民党在全民抗日问题上达成了理论上的一致。"五千年的民族美德和民族精神真正发扬着，忠、孝、仁、勇、礼、义、廉、耻，由被封建势力曲解了利用了为统治阶级服务的道德，在民族自卫战争中发扬为真正大中华民族的优秀传统。"③ 他认为"处于危机中的中华民族的衰退的原因是因为各民族的不团结"，主张"中华民族以继承中国文化的优秀传统（从孔子到孙中山）来抵抗日本。……儒教伦理是

①　松本真澄著、鲁忠慧译：《中国民族政策之研究》，民族出版社2003年版，第229页。
②　王明：《目前抗战形势与如何坚持持久战争争取最后胜利》，中共中央书记处编：《六大以来党内秘密文件》（上），人民出版社1981年版，第973～974页。
③　同上书，第976页。

优秀的中华民族的有利之点，因为有了这个共同的伦理才能抗日。"他认为"过去充满不信任和仇恨之念的汉、满、藏、苗、夷、番等各民族，已经成为紧密团结一致抗日的中华民族。"他十分肯定地认为，只有发扬"为公忘私"、"为国忘家"等中华民族的传统美德，才能完成"杀身成仁"、"舍生取义"的事业，中国共产党人"要在这一伟大历史斗争中从事实上证明他们是中华民族的优秀儿女的一部分，是最能为民族解放国家独立事业而战斗而牺牲的英勇、坚决、先驱模范的战士"。① 与以往最明显的不同，就在于对中国传统儒家文化的态度，中国共产党在这里积极肯定了中国传统文化是促成和连接各民族团结一致，并取得抗战胜利的根本支点，实际上从中国传统文化那里找到了与国民党、民族主义的价值理念联系起来的结合点。将马克思主义的集体主义精神融合进了中国传统文化中的美德之中。中国共产党开始真正拥抱基于中国传统文化的民族主义精神，将援引传统文化资源为抗战救国提供精神动力。最后，在反思和调整党以往民族政策的基础上，确定了党民族政策的新方针。1938 年 11 月 6 日在六中全会的政治决议案中写入"团结中华各民族（汉、满、蒙、回、藏、苗、瑶、夷、番等）为统一的力量，共同抗日图存。"②

1939 年在《中国革命和中国共产党》中，毛泽东明确指出，"我们中国是世界上最大国家之一"，③"拥有四亿五千万人口，差不多占了全世界人口的四分之一。在这四亿五千万人口中，十分之九以上为汉人。此外，还有蒙人、回人、藏人、维吾尔人、苗人、彝人、壮人、仲家人、朝鲜人等，共有数十种少数民族，虽然文化发展的程度不同，但是都已有长久的历史。中国是一个由多数民族结合而成的拥有广大人口的国家。"④ 同时，他用马克思主义唯物史观的观点，以汉族为典型代表，指出中华民族的形成与发展，与世界上其他民族一样，是从原始社会崩溃、社会生活转入阶级生活那个时代开始的，经过奴隶社会、封建社会，一直到今天的半殖民地半封建社会。历史上，中国创造了辉煌的人类文明，所以，"中国是世界文明发达最早的国家之一，中国已有了将近四千年的有文字可考的历史"，中国"是一个伟大的民族国家"。⑤ "中华民

① 王明：《目前抗战形势与如何坚持持久战争争取最后胜利》，中共中央书记处编：《六大以来党内秘密文件》（上），人民出版社1981年版，第992页。

② 《中共扩大的六中全会政治决议案》，中共中央书记处编：《六大以来党内秘密文件》（上），人民出版社1981年版，第1004页。

③ 中共中央统战部编：《民族问题文献汇编》，中共中央党校出版社1991年版，第625页。

④ 同上书，第626页。

⑤ 中共中央统战部编：《民族问题文献汇编》，中共中央党校出版社1991年版，第626页。

族不但以刻苦耐劳著称于世，同时又是酷爱自由、富于革命传统的民族"，"中华民族的各族人民都反对外来民族的压迫，都要用反抗的手段解除这种压迫。他们赞成平等的联合，而不赞成互相压迫。""中华民族又是一个有光荣革命传统和优秀的历史遗产的民族。"① "帝国主义和中华民族的矛盾，封建主义和人民大众的矛盾，这些就是近代中国社会的主要的矛盾。……帝国主义和中华民族的矛盾，乃是各种矛盾中的最主要矛盾。"② 帝国主义的侵略，特别是日本明治维新以来对中国的持续入侵，使中国人从上到下，心理上蒙受巨大的耻辱，而这种耻辱感是超越阶级、民族、党派的，在巨大的民族灾难面前，每个人都是民族主义者。毛泽东通过与其他国家对比，强调整个中华民族的整体性，实际上已经完全用中华民族的历史辉煌和历史遗产作为激发民族斗争动力的思想资源，在认同"中华民族"这一共同的现代民族符号上与国民党形成了共识，这就进一步加速了马克思主义民族理论中国化的进程。

从此，"中华民族"成为中国共产党对各民族整体的称谓，并在抗日战争期间发展成为得到中国各民族、各种力量普遍认同的身份象征。随着新民主主义革命的胜利和中华人民共和国的建立，"中华民族"身份固定化，成为近代中国民族主义发展的最重要理论成果。中国共产党对"中华民族"观念的接纳的过程实际上与逐渐放弃"民族自决"的过程并行，"统一"与"自决"是"分"与"合"的对立，中国共产党用民族区域自治制度解决了二者之间的矛盾，从而实现了中华民族内部的整合与统一。

小　结

近代中国各种力量出于自己的需要对什么是民族以及民族如何形成提出了各自的观点，对这一问题的回答实际上反映了他们的建国范围以及建国思路的变化。另外，通过他们援引的民族构成要素的差别也预示了他们在实际社会动员中的不同前景。

"中华民族"作为国家层面的民族，既需要在政治实践中根据需要在理论上逐渐完成，也需要通过制度设计和文化宣传不断夯实。在本章中，"中华民

---

① 中共中央统战部编：《民族问题文献汇编》，中共中央党校出版社1991年版，第627页。

② 同上书，第632页。

族"概念的提出和内涵的确立以及中国共产党对"中华民族"符号的接纳，是在理论上的构建，而在制度安排上的种种论述及实际努力则在第五章"民族国家构建的理论"中具体呈现。

第五章

关于民族国家构建的理论

国家自从其诞生以来，出现了各种形态，[1] 同时也吸引了无数的研究者对其本质、形式和目的进行孜孜不倦地探求，从而产生了各种不同的国家理论。不可否认，国家自其产生一直到民族国家建立前，都是以赤裸裸的阶级统治工具的面目出现的。当民族国家出现后国家则以全民族利益代表的姿态出现在世人面前。随着资本主义生产方式的确立，民族国家成为最适合资本主义经济发展的国家形式。伴随西方国家将其势力向全世界扩展，资本主义生产关系在世界范围内建立起来，那些被西方国家侵略的国家和地区也以构建民族国家为己任。从此，"民族—国家存在于由其他民族—国家所组成的联合体之中"，[2] 民族国家因而获得了世界意义，成为到目前为止最重要的国际关系行为体。正是在西方经典民族国家理论的巨大影响下，近代中国的各种政治力量为构建民族国家提出各种不同的方案，也对少数民族作出了相应的政治安排。

一、对民族国家形成时间及扩展过程的诸多观点

笔者对民族国家问题的关注始于一个个案，即德国。学术界对德国民族国家的形成时间看法不一，较有代表性的大致有以下几种：首先，平森认为，就国家政治生活应由整个民族共同参与这一意义来说，1871 年组成的国家（德国——引者）并不是一个真正的民族国家。这个国家基本是普鲁士的扩大版，把其他所有加入的邦包括进去，普鲁士的军队和官僚机构的统治扩大到了这一

---

① 马克思根据生产方式的演变，将国家分为奴隶制国家、封建制国家、资本主义国家和社会主义国家（共产主义的初级阶段）；美国学者贾恩弗兰科·波齐从社会学的视角，将国家分为封建制、等级制、绝对主义和立宪制国家，等等。

② 安东尼·吉登斯著、胡宗泽等译：《民族—国家与暴力》，生活·读书·新知三联书店 1998 年版，第 147 页。

更大的区域。1871 年宪法却把税收、铁路和贸易等写入其中，但是对个人权利、基本保证和抽象原则却只字未提。① 这个与众不同的宪法铸就了德国后来别样的道路。其次，与这种对民族国家内部民主政治框架的追求相反，奥古斯特·温克勒却反映了学术界占主导地位的观点，他认为德国是到 19 世纪 70 年代最终成为民族国家。直到 1871 年俾斯麦武装了德意志帝国以后，德国人才获得了认同感的政治框架。② 另外，有的学者甚至把德国民族国家权利的充分享有推到 2001 年，在 "9.11" 事件后，以联邦国防军参加国际反恐战争为标志，才真正发展成为一个正常的民族国家，即拥有内政和外交完全自主权的、统一的、既在客观上也在主观上获得国际平等地位的民族国家。③ 对一国的同一问题为什么会众说纷纭呢？那么，对这一课题还有哪些观点？学者们根据自己的研究所得对民族国家的形成时间提出了不同的意见。下面，简单介绍学术界对民族国家形成时间的几种主要观点：

一种观点认为民族国家的形成始于 12 世纪和 13 世纪，甚至可以追溯到 1066 年诺曼底公爵创立君主政体。从那时起国家就有了明确的地理边界，国家的作用是对内维持社会秩序、对外抵抗他国入侵。这一时期，开始结束封建时期的地方分裂状况，出现了国家权力的集中，这样的国家以成文法以基础，容许越来越多的民众参与管理，税收为国家机器的正常运行提供了基本保障。同时，开始清理由罗马教皇统领的宗教势力的种种特权：英王 1164 年颁布了《克莱林顿宪法》，宪法宣称神职人员要受当地法律风俗的制约，禁止将国王的决定提请罗马教皇，禁止在没有得到国王同意的情况下把皇室的臣属和政府官员逐出教会，并且颁布命令要求对教会法庭证明有罪的神职人员应交由皇家法院惩罚。④ 与此同时，在文化上从 13 世纪开始出现了一种势头，由但丁等文学家发起了使用民族语言代替拉丁语的写作热潮，但丁本人就成为意大利语的开创者，从而打破了拉丁语的垄断地位，这一举动实际上为后来以民族为单位进行思考创造了条件。

第二种较有代表性的观点认为，15 世纪下半叶的欧洲国家已经开启了民族国家时代的序幕。语族的划分、罗马法的重新发现、军事上的进步以及印刷

---

① 参见科佩尔·平森著、范德一译：《德国近现代史》（上册），商务印书馆 1987 年版，第220～221 页。

② 参见李北方：《一个后经典民族国家的诞生》，《南风窗》，2006 年第 8 期（下），第 76 页。

③ 参见连玉如：《"迟到的民族国家"与"超前的民族国家"》，《德国研究》，2003 年第 1 期，第 11～12 页。

④ 安妮·弗里门特著、刘毅译：《信仰时代》，中国言实出版社 2004 年版，第 141～144 页。

术的推广等都为王权战胜封建制度和罗马教廷提供了条件。而在当时绝对君主形式是孕育民族国家的最好土壤，是民族国家构建的第一步。这个意义上的民族国家是从国家获得了独立的政治外壳和框架来讲的，"统一的集权国家的建立，只是造就了民族国家的初步状态"①。这时并没有成熟的民族国家内容，这些内容需要经过进一步的经济发展和政治变革才能最终获得。

第三种观点则把民族国家建立的时间确定在法国大革命时代。"随着拿破仑战争，开始了国家外交政策和国家战争的时期，也就是说，一国的广大公民开始关心国家权力和国家政策，而不再同帝王的利益配合一致。"②"在西欧大陆上，资产阶级民主革命时代包括的是一段相当确定的时期，大约从1789年起，到1871年止。这个时代恰恰是民族运动和民族国家建立的时代。这个时代结束后，西欧便形成了资产阶级国家体系。"③"因此，建立最能满足现在资本主义这些要求的民族国家，是一切民族运动的趋势（趋向）。"④ 在近一百年的时间里，资产阶级民主革命、民族运动和民族国家构建交织在一起。民族国家的建立是资产阶级民主革命的重要内容，这也是第一次民族主义浪潮⑤的显著特点，以民族国家为边界的民族特性给这个阶段的历史传统、语言文字等文化资源赋予了特殊的内涵，为民族国家的建立和巩固提供了精神纽带，而这些恰好满足了资产阶级的要求。正是这批最早建立的民族国家为以后的民族国家的构建提供了样板。

同样，对于民族国家在世界范围内的扩展过程也有多种看法，按照时间等因素进行划分，大致有：原生形态的欧洲民族国家；衍生形态的民族国家，主要由欧洲移民组成的民族国家；传统社会根基深厚，在摆脱殖民统治后建立起的民族国家。⑥ 宁骚教授从历时和共时两个角度来探讨民族国家的扩展过程，从历时的角度来看民族国家可分为：欧洲民族国家的形成，这批民族国家兴起

---

① 王希恩著：《民族过程与国家》，甘肃人民出版社1998年版，第177页。

② 汉斯·摩根索著、杨岐鸣等译：《国家间政治》，商务印书馆1993年版，第144页。

③ 列宁：《论民族自决权》，中国社会科学院民族研究所编：《列宁论民族问题》，民族出版社1987年版，第320页。

④ 同上书，第311页。

⑤ 到目前为止的民族主义浪潮的发展，大致分为三次，第一次是西欧民族国家的建立，始于17世纪英国和尼德兰的资产阶级革命，终于意大利和德国的统一；第二次是始于美国独立战争的民族解放运动，终于上个世纪90年代南非新政府的产生；第三次则始于冷战后，在已经获得独立的国家内部，即民族单元的自觉过程。参见王希恩著：《民族过程与国家》，甘肃人民出版社1998年版，第168~204页，第214~234页。

⑥ 贾英健著：《全球化背景下的民族国家研究》，中国社会科学出版社2005年版，第80~81页。

于 13 世纪中叶到 15 世纪下半叶的西欧，而到 17 世纪上半叶它们最终得到了巩固，并从 17 世纪中叶开始了它的第二个发展阶段；美洲民族国家的形成；三大帝国解体后的民族国家的形成；亚非民族国家的形成；欧亚民族联邦制国家的解体与民族国家的形成。① 王希恩教授则从民族建设的角度，对各国的民族建设进行了分类，分为巩固完善型、移植更新型、恢复重建型、新生构建型和国家联盟型，② 这是从另外一个角度对民族国家扩展和增生过程的理解。

研究者出于不同的研究需要对民族国家产生的时间和扩展过程得出不同的结论。民族国家的形成需要宏大的历史背景和国际环境，同时又与各个国家具体的历史进程紧密相关。另外一个更重要的问题是，民族国家形成的时间和民族国家成熟的标志并不是一回事，对两者加以区分，有利于我们对民族国家问题进行深入分析。

二、民族国家的整合③作用

民族主义自从其诞生以来即以"一个民族一个国家"为斗争口号，民族国家是近代资本主义发展的必然产物，要么一个民族争取建国，要么已经建立起来的国家努力将其国民构建为一个民族，实现民族整合（national integration）。"使民族得以被看成是统一体成为可能的关键结构性变迁，乃是现代国家的兴起。此前的政治形式既没有划定明晰的疆界，也没有促成内在的整合和同质化。"④ 可见，国家对于民族统一发挥着不可替代的作用。

当然，"民族主义意识形态关注的是民族，而不是国家"，⑤ 他们的最终目标是民族的强大，而国家只是实现这一目标的手段。于是史密斯写道："民族必须被扶植、保护、并使之发挥效力，任何能提供这种保护并赋予这种效能的

---

① 宁骚著：《民族与国家》，北京大学出版社 1995 年版，第 281~317 页。

② 参见王希恩：《论"民族建设"》，《中国社会科学院研究生院学报》，2004 年第 3 期，第 61~63 页。

③ "整合"即是国家整合：是现代化理论提出的重要概念，即在政治经济统一的基础上，在国家政治体的努力下，将社会中的不相属的群体或文化统一的过程，在这个过程中出现了共同体感、共同的命运感，建立对国家的认同。至少会如本尼迪克特·安德森所说：民族是"想象的共同体"，或者按照西方"现代主义"民族学派的说法："民族性不是原生的而是被构建出来的"，这个过程需要借助政权的力量。虽然不断出现的民族矛盾与民族冲突不断证明着现代化理论的失败，但是这一过程却是所有民族国家构建的必经阶段。

④ 邓正来、J. C. 亚历山大编：《国家与市民社会》，中央编译出版社 1999 年版，第 350 页。

⑤ 安东尼·史密斯著、龚维斌等译：《全球化时代的民族与民族主义》，中央编译出版社 2002 年版，第 131 页。

框架都被认为是合适的框架。地域性国家是扮演这种保护性角色最明显、最合适的后选对象"，"民族主义的目标是使公民的或族裔的民族成为国家的模子和尺度，使国家服从于、并且表达民族的意愿。"① 迈克尔·沃尔泽也指出，"在各种历史和文化中，民族国家并不是中立的，其政治机器乃是推动民族再生产的引擎。各个民族集体纯粹为了控制再生产的资料而建立国家的。"② 国家成为民族主义诉求得以实现的唯一工具，民族在与国家相遇后受到国家的整合与塑造，民族与国家的结合也几乎是每个民族跨越到文明社会的必由之路。

马克斯·韦伯认为国家是存在固定的行政人员，并且对暴力在既定的地域内实行垄断的组织。③ 这显然是关于国家特征的静态和纯粹政治的描述。事实上，国家在民族文化和民族认同中的作用及这种整合对政治权力的支持功能方面不亚于它的政治功能。正如科拉维迪指出："任何政治制度的最终考验乃是它的'集合血液'的能力，即从它自身和它的人民那里引出愿意杀或被杀的意图、赢得战争的一致的准备和明智的操作。特别是在民主国家里，战争和战争准备能考验一国人民的性格——它的生产高质量财富的能力，它的维持社会秩序的和做出自我牺牲的能力，家庭借以遣送自己的儿子去战斗的权威，战士以及领导者的精神力量。"④

国家主要通过两种方式来实现民族文化的塑造：一方面，国家建立后通过各种手段和途径，利用主体民族已经具备的"养料"来维护和实现主体民族的利益和目标。该民族的神话、记忆与习惯也都经过国家机器的加工，以全民族的方式表现出来，比如，通过学校教育、社团宣传、文化宣传等方式来换取全民对既存国家的认同和对以国家为界的族体一体性的认同。"民族国家同样从统治族裔那里汲取力量和养料。民族国家围绕主体族裔得以建立，但它反过来又促成了它的生长和定型。"⑤ 费希特也在《致德意志民族的演讲》中申明："合于理性的国家不是使用任何现成的质料，再经过人为的处置就可以建立起来的；它必须从培育和教化民族开始，才能达到建立此类国家的目的。民族，只有首先以切实手段解决了教育完人的问题，才能接下去解决完善国家的

① 安东尼·史密斯著、龚维斌等译，：《全球化时代的民族与民族主义》，中央编译出版社 2002 年版，第 131 页。
② 迈克尔·沃尔泽著、袁建华译：《论宽容》，上海人民出版社 2000 年版，第 24 页。
③ 参见安东尼·吉登斯著、胡宗泽等译：《民族—国家与暴力》，三联书店 1998 年版，第 19 页。
④ 安吉洛．M. 科迪维拉著、张智仁译：《国家的性格》，上海人民出版社 2001 年版，第 363 页。
⑤ 安东尼·史密斯著、龚维斌等译：《全球化时代的民族与民族主义》，中央编译出版社 2002 年版，第 132 页。

问题。"① 在国家产生之初，正是由于国家权力的介入，加快了血缘民族向地缘民族的演变，主体民族的民族文化向普同文化的转变。同时，"通衢大道只能造就共性文化，而只有隔绝的空间才能培植群体特色。"② 国家边界的设定，是构建民族认同的地域基础和前提条件，它也为民族国家的民族文化的创造提供了可能，而这些民族文化积淀是知识精英进行民族号召的有利资源。上述过程可以概括为民族构建（nation-building），即国内民族走向一体化成为单一民族的过程。

另外，国家还从其他意识形态里汲取营养，为民族凝聚提供可能的素材。据《汉语大辞典》解释："意识形态指在一定的经济基础上形成的对于世界和社会的系统的看法和见解，包括政治、法律、艺术、宗教、哲学、道德等思想观点"。③ 在《路德维希·费尔巴哈和德国古典哲学的终结》中，恩格斯讨论了两种意识形态：一种是宗教意识形态，属于"更高的"意识形态，"更高的即更远离物质经济基础的意识形态，采用哲学和宗教的形式。"更高的意识形态，包括各类宗教和宗教哲学。这个层次的意识形态不仅超越国家的范围，而且是终极性价值取向，追求终极的道德目标，或理想化的社会目标，而否定现世生活和现实利益；一种是国家意识形态，它以"法律体系"为特征；国家具有神圣性或某种宗教性色彩。④ 经过宗教改革等"世俗化"的洗礼，宗教的神秘权威让位于民族国家的世俗权威，对宗教的迷信转变为对国家的无限忠诚，国家成为一种宗教；或者把某些具有共性的地方性意识，通过国家的力量上升为民族团结的养料；或者把某些不符合要求的局部意识剔除出去。

国家只有保障人民的自由和幸福，才能使人民对民族的忠诚上升到对国家的忠诚，使个人与国家合二为一。家庭、学校和媒体等所促成的政治社会化进程，向公民展示了对国家忠诚的种种优点。国家只有提供无数的方便与服务，满足公民的社会生活要求和提高公民生活水平，才会获得公民的信赖和支持。可见，公民的忠诚和政府卓有成效地履行职责是相辅相成的。另外，个人与国家之间的密切关系还要有民族作为情感纽带，因为"民族是历史概念，指一类人拥有共同的文化；国家则是政治单位，拥有一定的人口、领土和自治政

① 陈乐民著：《中国社会科学院学者文选——陈乐民集》，中国社会科学出版社 2002 年版，第417 页；梁存秀《论费希特〈对德意志民族的演讲〉》，《哲学门》第 2 卷（2001）第 1 册，第 7 页。
② 王希恩：《民族过程与国家》，甘肃人民出版社 1998 年版，第 19 页。
③ 李慎之：《中国文化传统与现代化》，《太平洋学报》，2001 年第 3 期，第 5 页。
④ 《马克思恩格斯选集》（第 4 卷），人民出版社 1995 年版，第 253～254 页。

府。国家给予公民身份，从而奠定了政治上效忠的基础，民族则促进感情上的联系，个人通过这种联系产生同一感。民族与国家并不总是拥有共同的文化和领土疆界。因此，社会科学家们总是用民族国家一词，以便表明在一个集权的中央政府对人民实行了长期的政治统治之后，文化与政治二者之间可能逐渐融合。"① 总之，实现文化与政治的融合正是国家孜孜以求要达到的目标。

西方世界较大的国家实体最初于 13 世纪中叶到 16 世纪中叶出现在西班牙、英国和法国，这些国家是松散和统一的群体，主要凭靠君主的绝对权威来维系，因为当时的民族凝聚力十分有限。"国家是民族共同体形成的工具，只有借助于国家的推动，并在国家的强力作用下，把不同的人们共同体聚集在一起，利用国家的力量加以融合，一个稳定的民族共同体才有可能形成。"② 只有形成了国家的民族才具有更高的品格，很大程度上，一个民族的真正历史只有在它获得了自己的国家的时候才真正开始。民族不是为了产生国家而存在，民族是由国家创造的。这就说明国民的同一性（national identity）的人工性和建设性。就如意大利的一句名言所说：我们已经有了意大利，现在应该创造意大利人。国家的建立就为此提供了一个相对封闭的空间，为在内部进行文化整合创造了充分的外部条件和稳定的保证，可以说现代民族国家集终极性、现实性和功利性于一体。史密斯教授对国家在国内民族整合中的重要作用从公共教育、大众传媒以及国家的文化与社会政策三个方面进行了说明，③ 因为文化在弥合公民与族裔的关系中起到非常重要的作用。如今，政府不断加大对文化和社会政策的全面控制，从而加强国家和民族的共生关系。④ 一般来说，文化民族主义作为一种对国家效忠的思想意识，物化形态国家的出现及国家概念在人们头脑中的确立，应该是文化民族主义存在的基本前提。世界上最大的多元文化的民族国家是美国，在 19 世纪末，西奥多·罗斯福曾深有体会地说："在这个国家的没有 50％ 的美国主义（Americanism）只有 100％ 的美国主义的空间，只有美国人的空间绝没有其他。"⑤

虽然中国是一个具有悠久历史的中央集权国家，但是随着与西方国家的一

① 西奥多·A. 库隆比斯等著：《民族—国家和民族主义》，载于威廉·奥尔森等编、王沿等译：《国际关系的理论与实践》，中国社会科学出版社 1987 年版，第 17 页。

② 张敦安：《国家在民族形成中的作用探究》，《民族学研究》，民族出版社 1987 年版，第 151 页。

③ 安东尼·史密斯著、龚维斌等译：《全球化时代的民族与民族主义》，中央编译出版社 2002 年版，第 108～111 页。

④ 同上书，第 112 页。

⑤ 罗宾·克恩等著、文军等译：《全球社会学》，社会科学文献出版社 2001 年版，第 518 页。

次次较量，已有的国家政权逐渐丧失了其存在的合法性，需要根据传入的民族主义思想及其相关理念在理论上构建民族国家，重建中央权威，并通过国家的整合作用实现民族与国家的统合。近代中国是在19世纪下半叶开始逐渐被纳入到以西方国家为主导的国际政治体系中来的，中国要实现从王朝国家到民族国家的历史转变，但面临多民族国家的事实与西方民族主义理论所主张的"一族一国"的矛盾，因此，如何用经典的民族主义理论指导多民族国家进行民族国家构建，考验着近代中国各种力量的政治智慧。在他们各自的建国方案中，如何看待各少数民族及其关系以及如何在其建国方案中作出相应的政治安排，最能体现近代中国构建民族国家的基本思路，也从一个侧面充分反映近代中国民族理论的丰富性。

民族国家构建的内容十分丰富，在第四章中阐述了"中华民族"现代民族符号的提出及其内涵的逐渐确立，可以看成是从宏观的角度对民族国家理论的一种积极回应。本章的侧重点是在承认中华民族整体利益的前提下，在中华民族的范围内各种力量如何看待国内各民族关系并对其作出相应的理论与实际政治安排，实际掌握政治资源的政治力量又如何使民族地区的"地方行政机构正规化"，从而使国家权力顺利延伸到基层并完成政权建设。

三、维新派民族国家构建的思路

要实现民族国家的构建，维新派的论述主体必然经历从外向内、从大到小，即从"天下"到"国家"的过程。同时，又要与革命派的"排满"思想进行斗争。康有为对民族国家构建提出了初步设想，梁启超在他的基础上最终完成了这一理论任务。以康有为为首的维新派发动维新运动，企图通过自上而下的改革，实现挽救民族危亡和发展民族资本主义经济两大目标，这也是民族主义运动的根本目标。康有为试图通过"三世说"的"升平世"来重新构建"中国"。[①] 同

---

① 在维新派看来，当时中国所处的国际环境如同古之春秋战国时代，群雄并起，这与此前中国的处境截然不同。20世纪40年代的"战国策派"也提出了相似的观点，只是认识更加深刻：列国时代一切价值的基础，不在于"上下之别"，乃在于"内外之分"。上下之列虽不完全泯灭，但是降到次要地位了。此时社会上的意识，不注重贵贱阶级之互异，而最注重国与国间之区别。所以外战可以消除内争，攘外往往足以安内。在封建时代，甲国的贵族往往可以被迎入乙国的储统，两个敌国的统治门阀，可以彼此婚媾，而不能与本国平民婚媾。到了列国时代，则此风渐泯，而"国籍"乃成人们最基本的标志。"内外"（国内国外）两字乃成鉴别一切价值的标准了。（林同济：《民族主义与二十世纪》，《民国丛书》第1编第44册，上海书店1996年版，第50页。）

时，维新派相信中国的统一性来自历史传统的自身演化，而不是外在的压力或引导。康有为通过重新整理中国儒家历史，将孔子塑造成倡导改革的先贤，并将资产阶级进步思想贯穿于"三世说"中，提出在保持清王朝政治框架的前提下，通过重构皇权的合法性使乱世中国重新获得社会重心。[1] 康有为将中国当时所处环境看成如春秋战国之时代，正是从国际体系的角度给重构"中国"提供了契机，从而推进资产阶级性质的改革，以此使国家获得独立与富强。总之，在维新派看来，尽管中国的政治管理方式与技术完全落后于西方国家，他们还是在对中国传统文化重新诠释的基础上，认为中国传统文化可以成为中国维系其发展得以借用的力量源泉，将西方的政治制度文明成果直接嫁接到中国传统文化之上。维新运动从某种意义上讲是中国传统与西方之间又一次合作。他们将国内民族问题作为中国总政治问题的一部分，主张"满汉一家"、"不分满汉"，企图依靠清王朝这台"旧机器"直接进行民族国家构建。

（一）对少数民族（满族）的态度

既然康、梁以清王朝传统统治框架为依据，那么首先就要巩固满族统治的合法地位，消除汉族士大夫不断出现的不满情绪。康有为从久远的历史文化来论证"满汉同种"，"史记称：匈奴之先祖田淳维，夏后氏之苗裔。张晏注曰：淳维以殷时奔北边，逐水草，随畜移徙，故中国谓之匈奴。然则北方之人，皆吾同种……其实春秋之所谓夷狄，皆五帝三王之裔也。……然则满洲、蒙古皆吾同种，何从别而异之。……今四万万人中，各种几半，姓同中土，孰能辨其真为夷裔夏裔乎？"[2] 并强调"华夷之辨"本来的文化含义："中国而为夷狄则夷狄之，夷而有礼仪则中国之。"[3] 为维护清王朝统治寻找依据。面对西方列强的侵略，他主张"凡物合则大分则小，合则强分则弱"，并列举了世界上小国被侵略的例子，指出中国当前的最紧迫任务不是"内讧"而是"抗外"，并提出"合同而化"的思想，即"删除满汉名字籍贯，而正定国名，即永名

---

　　① 对于近代以来中国社会重心的缺失与重建很早就为学者们所关注，可参见罗志田：《失去重心的近代中国：清末民初思想权势与社会权势的转移及其互动关系》，《民族主义与近代中国思想》，台湾东大图书公司1998年版，第149～192页。林毓生先生在探讨五四运动时期自由主义反传统中，也提到了"心安理得的权威"的缺位问题。参见林毓生著：《中国传统的创造性转化》，生活·读书·新知三联书店1988年版，第81页。

　　② 康有为：《辨革命书》，《辛亥革命前十年间时论选集》第1卷，生活·读书·新知三联书店1960年版，第212页。

　　③ 同上书，第213页。

曰中华国，上自国书、官书莫不从同，自满、汉及蒙、回、藏既同隶一国，并当同为中华人，不得殊异，其满人别那个赐汉姓，俾合同而化，永泯猜嫌，则团合大群以强中国，莫善于此。"① 以此消除国内民族之间的界限和隔阂。

维新变法之前，梁启超借用康有为发挥了的《公羊传》中的"三世说"，特别是"以夏变夷"的观点，来说明"华夷之辨"的错误所在，并提出了"满汉融合"的观点。早在 1896 年，他就用进化论来阐述一国之内合种的必要性，"一世界中，其种族之差别愈多，则其争乱愈甚，而文明之进愈难，其种族之差别愈少，则其争乱愈息，而文明之进愈速，全世界且然。"② 并指出，世界种族因优胜劣汰而不断减少，为了避免"灭种"，只有种族"合并"。他用中国历史上大量民族融合的例子说明满汉合一的可能性，同时，他还开出了满汉合一的药方：一曰散籍贯，……注其（满族）民籍，与汉人一律，则其畛域之见自化矣；二曰通婚姻；三曰并官缺；四曰广生计，即导八旗以谋生之路，免口粮供给之例。③

在与革命派的不断论战中，梁启超指出了革命派"排满"的错误所在，"排满者以其为满人而排之乎？抑以其为恶政府而排之乎？……如以其为满人也，且使汉人为政，将腐败而亦神圣之也？如以其为恶政府也，虽骨肉之亲，有所不得私。而满不满奚择焉？"④ 从而为满族统治辩护。他根据西方民族形成观，主要是伯伦知理的观点来考察满汉之间的关系，在他看来，满汉"确不能谓为纯粹的异民族"，"民族者，同气类者也，所谓气类，条件有六：一，同血系；二，同语言文字；三，同住所；四，同习惯；五，同宗族；六，同精神体质；此六者，皆民族之要素也。……据此前提以观察汉人同满人之相互关系，其第二项同语言文字，则满洲虽有其本来之语言文字，然今殆久废不用，成为一种之僵石，凡满人皆诵汉文操汉语，其能满文满语者，百不得一，谓其非与我同语言文字不得也。……其第三项同住所，则满洲之本土，汉人入居者十而八九，而满人亦散居居北京及内地十八省，至今不能为绝对的区别，确指某地为满人所居也。其四项同习惯，则一二小节，虽或未尽同，而语其大端，

---

① 康有为：《海外亚美欧非澳五洲二百埠中华宪政会侨民公上请愿书》，汤志钧编：《康有为政论集》（上册），中华书局 1981 年版，第 611～612 页。

② 梁启超：《变法通议》，《饮冰室合集》（文集之 1），中华书局 1989 年版，第 77 页。

③ 同上书，第 81～83 页。

④ 梁启超：《政治学大家伯伦知理之学说》，《饮冰室合集》（文集之 13），中华书局 1989 年版，第 74 页。

则满人大率皆同化于北省之人，其杂居外省者，亦大略同化于其省，事实不可诬者也。其第五项同宗教，则现在汉人中大多数迷信'似而非的佛教'，满人亦然，是其极相吻合，更不待言。若夫其第六项，同精神体质……以外形论之，则满洲与我，实不见其有相异之点，即有之亦其细已甚……其第一项同血系……爱新觉罗氏一家，其自有史以来，与我族殆无血系之相属，吾亦承认之；若其最初果有关系与否，则今未得证明，不能确断。① 从民族的要素看，即使满汉是两个不同民族，也是"极近系之异族"。同时，他承认其他少数民族的存在，但并未对其他民族，如蒙古族、回族等少数民族的发展趋势作具体说明，只是在其民族史的重要著作中指出："一、中华民族为一极复杂而极巩固之民族；二、此复杂巩固之民族乃出极大之代价而构成；三、此民族在将来绝不至衰落而且有扩大之可能性。"② 这似乎可以看成是某种具有象征意义的判断。

梁启超虽然肯定了满族的统治，同时，主张通过汉族同化满族的方式，促进民族一体化，"因此，改革派名为反帝，实亦排满"③ 按照康、梁改革的发展逻辑，经过若干发展，政权会逐渐从满族手中逐步转移到汉族手中。"则此大民族必以汉人为中心点，且其组织者必成于汉人之手。"④ 由汉族同化其他民族是维新派的最终旨归，并主张通过实践消除满族贵族的种种特权，从而使国家政治制度单一化。

（二）维新派民族建国思想

1895 年，受进化论影响的严复指出中国正面临着"亡国灭种"的危险。⑤ 1898 年 4 月，康有为等维新人士在北京成立了保国会，提出"保国、保种、保教"的口号，但并未将"保种"与"保国"联系起来。"保种"具有明显的含糊性，可以理解为泛指儒家文化所能辐射到的所有区域内的人群，在这

---

① 梁启超：《申论种族革命与政治革命之得失》，《饮冰室合集》（文集之 19），中华书局 1989 年版，第 29~30 页。

② 梁启超：《中国历史上民族之研究》，《饮冰室合集》（专集之 42），中华书局 1989 年版，第 31~32 页。

③ 张玉法：《晚清的民族主义（1895~1911）：以章炳麟为中心的观察》，郑大华、邹小站主编：《中国近代史上的民族主义》，社会科学文献出版社 2007 年版，第 114 页。

④ 梁启超：《政治学大家伯伦知理之学说》，《饮冰室合集》（文集之 13），中华书局 1989 年版，第 76 页。

⑤ 严复：《论世变之亟》，王栻主编《严复集》（第 1 册）诗文（上），中华书局 1986 年版，第 1~3 页。

里，儒家文化是中国存在的根本，对儒家文化的尊崇和保持是中国存在的标志。维新派出于"平满汉之界"的出发点，甚至"直当凡我黄种人之界而悉平之"，"合国、合种、合教、一统地球"。① 对反清的革命派来说，"种"主要是用来标识满汉的，邹容根据"黄白二种"之间的竞争说，将日本划入黄种，而将满族划分到"西伯利亚人种"里。② 可见，当时民族与种族在使用上比较混乱，国家与民族观念的内涵也没有重合。保皇派和革命派各执一端，无法正确理解"种"与"民族"、"种"与"国家"、"民族"与"国家"之间的关系，都没有清晰的民族建国思路。

作为维新变法的重要人物，梁启超受过良好的中国传统教育，在青年时代开始接受西方文化，在变法之前就亲身感受到了西方列强对中国的种种伤害，因此，他在老师康有为的影响下逐步走上主张改良的道路。他在康有为"三世说"的基础上构筑了自己的民族思想，在《变法通议》中提出了"泛黄种主义"，这种提法无疑受到了西方传入的人种学说的影响，超越了持续存在的满汉之争，但并未超出"华夷之辨"的旧有模式，仍属于传统民族主义范畴。他的思想实现向近代民族主义转变，还要有待于他东渡日本。戊戌变法失败后梁启超流亡日本，"既旅日本数月，肆日本之文，读日本之书，畴昔所未见之籍，纷触于目，腾跃于脑，如幽室见光，枯腹得酒，沾沾自喜"。③

他的思想受到福泽谕吉、中江兆民等日本学者，特别是福泽谕吉的国家主义（民族主义）学说的影响。梁启超在《新民说》中指出："今日吾中国所最急者，……民族建国问题而已。"④ 他逐渐开始用"保国"概念代替"保种"，并将"保国"提升到了最高的位置。"窃以为我辈自今以往，所当努力者，惟保国而已，若种与教，非所亟亟也。何也？彼所云保种者，保黄种乎？保华种乎？其界限颇不分明。若云保黄种也，彼日本亦黄种，今且渤然兴矣，岂其待我保之！"⑤ 在他看来，中国有四万万人，占全球人口的三分之一，已经成为列强之"奴隶牛马"，但是未见其灭绝，"国能保则种自莫强，国不存，则虽保此奴隶牛马，孳生十倍于今日，亦奚益也，故保种之事即纳入于保国之范围

① 康有为：《康南海自编年谱》，刘梦溪主编：《中国现代学术经典·康有为卷》，河北教育出版社 1996 年版，第 824 页。

② 邹容著：《革命军》，中华书局 1958 年版，第 24～29 页。

③ 梁启超：《论学日本书之益》，《饮冰室合集》（专集之 4），中华书局 1989 年版，第 80 页。

④ 梁启超：《新民说》，《饮冰室合集》（专集之 4），中华书局 1989 年版，第 44 页。

⑤ 梁启超在开篇对自己此前的观点作了检讨，参见梁启超：《保教非所以尊孔论》，《饮冰室合集》（文集之 9），中华书局 1989 年版，第 50 页。

中，不能别立名号者也。"① 他主张放弃"保教"，认为："教与国不同。国者积民而成，舍民之外更无国，故国必恃人力以保之。教者不然，教也者，保人而非保于人者也。"② 他将"保种"与国家联系起来，从而将"保种"纳入到"保国"的范围之中，并逐渐将种族置换成民族，将民族与国家相对应。大一统的观念在这里出现了两种变化，一种就是抛弃大一统外在边界的模糊性和不确定性，引入国家观念并使其占据核心地位；另外一种就是依据大一统的观念导出了中华民族整体观念，从而为统一中国境内各民族于一个大民族之内提供了历史资源和思想资料，"大一统"思想所具有的凝聚力也成为近代中国民族主义历史发展过程中的不竭动力。

梁启超认为当下中国面临的是有备而来的民族帝国主义的侵略，中国必须以基于"全体之能力"、"百年弘毅之远猷"之民族主义方可抵挡。梁启超看到了中国民族主义与西方民族主义所处时代的差别，"今日之欧美，则民族主义与民族帝国主义相嬗之时代"。③ 但是，"而吾国于所谓民族主义者，犹未胚胎焉"④ 在分析西方国家帝国主义本质的前提下，如何应对这一困境，他提出中国"大民族主义"与"小民族主义"两种不同的观点。"小民族主义"是汉族对国内其他诸民族，而"大民族主义"指国内所有民族团结起来一致对外，认为在整个民族危难的情况下，"吾中国民族者，当于小民族主义之外，更提倡大民族主义"。⑤ 他将"小民族"与"大民族"置于不同的层次之上。他认为，这个大民族整体遭受西方国家的侵略，那么，大民族之内的各民族必须团结起来，共同抵御外来侵略，这就摆脱传统民族主义的束缚，从而在理论上突破了革命派的狭隘性。他的观点帮助人们摆脱外来"大亚洲主义"的欺骗，进而又避免了民族的内部分裂。梁启超的民族主义为近代中国民族国家的构建提供了清晰的外在范围。

梁启超还指出了民族国家与国民之间的密切关系。他首先分析了西方人所认为的中国人不爱国的原因，指出"我支那人，非无爱国之性质也。其不知爱国者，由不自知其为国也。中国自古一统，环列皆小蛮夷，无有文物，无有

① 梁启超：《保教非所以尊孔论》，《饮冰室合集》（文集之9），中华书局1989年版，第51页。
② 同上书，第51页。
③ 梁启超：《国家思想变迁异同论》，《饮冰室合集》（文集之6），中华书局1989年版，第19页。
④ 同上书，第22页。
⑤ 梁启超：《政治学大家伯伦知理之学说》，《饮冰室合集》（文集之13），中华书局1989年版，第75页。

政体，不成其为国，吾民亦不以平等国视之。故吾国数千年来，常处于独立之势，吾民之称禹城也，谓之为天下，而不谓之国。既无国矣，何爱之可云？……故对于他家，然后知爱吾家，对于他族，然后知爱吾族。"① 梁启超通过对中国所处的独特历史环境的分析，指出了中国自古有天下观念而无国家观念的原因。他认为，通过与他族的交往，国人能迅速产生爱国思想。当时恰逢中国国门大开，这为国家观念和爱国思想的产生提供了条件。另外，在现代国家，国民与国家之间存在密切关系，国家为其国民提供安全保障、经济的福祉，并保障其政治上的权利，而经过政治社会化过程的臣民转变为公民，实现向国家忠诚的转变。梁启超从现代国家国民的角度论证了现代民族国家的特质。"国者何？积民而成也。国政者何？民自治其事也。爱国者何？民自爱其身也，故民权兴则国权立，民权灭则国权亡。……故言爱国必自兴民权始。"② "人权者出于天授予者也，故人人皆有自主之权，人人皆平等；国家者，则人民之合意结契约而成立者，故人民当有无限之权，而政府不可不顺从民意，是则民族主义之原动力也。"③ 他认为，从民族主义产生、发展的基础来看，民族主义始于现代，并且是资本主义发展的产物，得益于自由主义的发展，作为集体民权的民族主义必然产生按照民族原则建国的强烈要求，这样为近代中国民族主义填充了现代性内容。这些思想在当时无疑具有开创性。

在他看来，现代国家的国民是"国民者，以国为人民公产之称也。国者积民而成，舍民之外，则无有国。以一国之民，治一国之事，定一国之法，谋一国之利，捍一国之患，其民不可得而侮，其国不可得而亡，是之谓国民。"④ 他认为，国家之间的竞争事实上是国民之间的竞争，也就是国民素质之间的竞争，全部国民素质的提高和整个国家的富足是一个国家在国际竞争中处于不败之地的根本，而中国受到外侮的原因恰恰就在于首先没有国家意识，其次将国家竞争与国民竞争相脱节。他说："中国国土云者，一家之私产也。国际云者，一家之私事也。国难云者，一家之私祸也。国耻云者，一家之私辱也。民不知有国，国不知有民，以之与前此国家竞争之世界相遇，或犹可以图存，今

① 梁启超：《爱国论》，《饮冰室合集》（文集之3），中华书局1989年版，第66页。
② 同上书，第73页。
③ 同上书，第19页。
④ 梁启超：《论近世国民竞争之大势及中国前途》，《饮冰室合集》（文集之4），中华书局1989年版，第56页。

也在国民竞争最烈之时，其将何以堪之?"① 为了启发民众的国民意识，在1902 年，梁启超根据资本主义价值观的要求，写出了名著《新民说》。

同时，他将民族主义与民族建国的思想结合起来，认为民族主义以其"磅礴郁积"之势，成为近代历史的中心，只有顺应其发展趋势才能繁荣昌盛，否则必然会灭国，民族主义的伟力在于它使"种族之界始生，同族则相吸集，异族则相反拨。"② 他用德意志、意大利、匈牙利等国家建国的事例来说明民族主义的巨大作用，"民族主义者，实制造近世国家之原动力也。"③ 基于这种认识，他认为，"今日欲救中国，无他术焉，亦先建设一民族主义国家而已。以地球上最大之民族，而能建设适于天演之国家，则天下第一帝国之徽号，谁能篡之? 而特不知我民族有此能力焉否也。有之则莫强；无之则竟亡。间不容发，而悉听我辈之自择。"④ 那么，在认识到民族国家构建在民族竞争中的重要性后，梁启超认为，中华民族应如何建立、建立什么样的民族国家就成为必须要解决的问题。根据他之前对民族、中华民族的理解以及中国多民族国家的事实，主张建立一个多民族的民族国家就显得顺理成章了。在与革命党的论战中，他批判了孙中山等革命派领袖所主张的单一民族的建国模式，在他看来，单一民族的建国模式与中国实际不符，倘若按此模式建国势必造成国家的分裂，并给列强瓜分中国制造机会，"其立论根于历史，案于实际，不以民族主义为建国独一无二之法门"⑤。梁启超将西方民族国家思想与中国多民族的实际结合起来，提出民族建国思想。他根据伯伦知理的政治学理论阐述了民族的基本特质，认为，一个民族若要使其基本特征长久保持下来并得到巩固，必须建立相应的民族国家来加以保证和完善，如果没有民族国家这个外在政治框架的辅助，那么民族自立就是一句空话。如前探讨民族概念时所述，在这里他显然是从"国族"层面使用民族概念的。"20 世纪民族竞争之惨剧千枝万叶，千流万湍，而悉结集此一点，然则吾人之应之者当如何，或曰今后天下既自政治界之争而移于平準界之争。则我辈欲图优胜，宜急起以競于此嘻，此又

① 梁启超：《论近世国民竞争之大势及中国前途》，《饮冰室合集》（文集之4），中华书局1989年版，第60 页。
② 梁启超：《论民族竞争之大势》，《饮冰室合集》（文集之10），中华书局1989 年版，第10 ~11页。
③ 同上书，第11 页。
④ 同上书，第35 页。
⑤ 梁启超：《政治学大家伯伦知理之学说》，《饮冰室合集》（文集之13），中华书局1989 年版，第74 页。

不知本末之言也。夫平準競爭之起，由民族之膨胀也，而民族之所以能膨胀，罔不由民族主义国家主义而来，故未有政治界不能自立之民族，而于平準能称雄者。"① 民族竞争是国家主义的本质，竞争观念强调甚至终结了虚荣的中国的世界主义。梁启超因而甚至走上了国家主义的道路，"是故国家主义也者，内之则与地方主义不相容，外之则与世界主义不相容者也。"② 在他看来，国家主义最适应当时形势。所谓的国家主义：对于外而有不羁之独立权，对于内而有最高之统治权者也。③ 因此，他把中华民族能否成功的建成相应的国家政权看作中国能否自立于竞争的世界的根本原因。

梁启超最初从中国历史发展的路径中寻找依据完善其建国思想。1899 年，他在《清议报》上发表了《论中国与欧洲国体异同》，认为中国与欧洲的历史发展轨迹是不同的："中国自秦汉至今日，可直谓为统一时代。是为中国国家与欧洲大异之一事。此种异点，其原因何自乎？凡各国之裂土而治者，大率因于宗教与种族之不同。德意志各国所以能为联邦者，种教相合也。希腊塞尔维亚诸国所以裂土耳其者，种教不相合也。中国自汉武帝表章六艺，罢黜百家，而宗教遂定于一。虽有佛教流入，而出世间法，不与世间事，故中国全境，可谓之同奉一教。……春秋战国以后，其各族之人民，早已互通婚姻，渐渐无差别之可言。故国地一经合并，国民遂为一体也。而欧洲各国，其种族皆迭起错出，风俗不同，婚姻不通，此其所以异者二也。坐此二端，故欧洲诸国常分立，而中国全域常统一之所由也。"④ 后来，他从西方思想家尤其是伯伦知理那里寻找理论依据，特别是在与革命派的论战中，梁启超认识到革命派所倡导的"一族一国"可能导致国家分裂，在游历了美国之后，又开始寻找新的理论来证明统一中国的重要性。"自千八百四十年以后，而民族建国之义乃渐昌，虽或间遇抵抗，或稍被限制，而其势力之不可侮，则因已为有识者所认同矣。虽然，或持之过偏，以谓民族为建国独一无二之源泉，推其意，一若地球上之邦国，必适从于民族之数而分立，此又暗于实际之论也。"⑤ 他赞成伯伦

---

① 梁启超：《论民族竞争之大势》，《饮冰室合集》（文集之 10），中华书局 1989 年版，第 35 页。

② 梁启超：《中国前途之希望与国民责任》，《饮冰室合集》（文集之 26），中华书局 1989 年版，第 19 页。

③ 同上书，第 21 页。

④ 梁启超：《论中国与欧洲国体异同》，《饮冰室合集》（文集之 4），中华书局 1989 年版，第 64 页。

⑤ 梁启超：《政治学大家伯伦知理之学说》，《饮冰室合集》（文集之 13），中华书局 1989 年版，第 72 页。

知理关于民族与国家之间关系的复杂性观点。在他看来，"民族者，民俗沿革所生之结果也。"① 而"国民者，人格也，据有机之国家以为其体，而能发表其意想，制定其权利者也。……国民者，法团也。生存于国家中之一法律体也。"② 两者不同，民族是"建国之阶梯"，"但当其未联合以创一国之时，则终不能为人格，为法团，故只能谓之民族，不能谓之国民。"③ 梁启超将民族作为建立民族国家的入口，这也是民族主义发展的理想形态。但是，在现实中，民族与国家的结合是各种各样的，有时多民族组成一个国家，有时一个民族分成几个国家。根据中国多民族的事实，梁启超在详细介绍伯伦知理关于国家与民族的多种结合方式后，指出"合多数之民族为一国家，其弊虽多，其利亦不少。盖世界文明，每由诸种民族互相教育，互相引进而成。一国之政务，亦往往因他民族之补助而愈良。……然此等多族混合之国，必须以一强有力之民族为中心点，以统御诸族，然后国础乃得坚。"④ 在这一论述中还提到了主体民族问题，这几乎是我国思想界对多民族国家最早的论述。

梁启超根据"民族"、"中国民族"、"大民族主义"和"中华民族"的整体思路，提出了建立多民族国家的思路，等于将西方民族主义理论的核心主张"一族一国"中的"一族"根据中国国情进行了修正，主张合汉、满、蒙、回、苗、藏国内诸族构建一个多民族国家。这一建国理念遭到了革命党人的反对，但是随着论战的深入以及对中国国情的进一步了解，特别是辛亥革命后，面临着执政任务的革命派人士中大多数人逐渐接受、认同了梁氏主张，从而使中华民族在政权转移的危机时刻没有出现大的历史偏差，从容实现了从"中华帝国"到"中华民国"的历史过渡。梁启超在其民族理论基础上提出的民族建国理念符合中国国情，将民族主义建国原则与现实结合起来了，它为中国的国家转型在理论上作了铺垫。虽然从近代中国民族主义发展的源头看，"它的产生最初主要是对外帝国主义的一种回应"⑤，但是，它还是根据中国的历史需要逐渐成熟起来，为民族国家的构建提供了理论基础。

杨度1907年1月在东京创办《中国新报》，他在该报第1至5期上连续发

---

① 梁启超：《政治学大家伯伦知理之学说》，《饮冰室合集》（文集之13），中华书局1989年版，第71页。

② 同上书，第72页。

③ 同上书，第72页。

④ 同上书，第73页。

⑤ 张灏著、崔志海等译：《梁启超与中国思想的过渡（1890～1907）》，江苏人民出版社1995年版，第117页。

表《金铁主义》一文，在国内民族问题上，用"国家主义"对抗革命派的"民族主义"。在严复翻译的《社会通诠》里，通过进化论将人类社会的发展过程分为"蛮夷社会"、"宗法社会"和"军国社会"，这三种社会形态对应于一定的意识形态："蛮夷社会"无明确的意识形态，"宗法社会"的意识形态是"民族主义"，"军国社会"的意识形态是"国家主义"。严复将这种认识应用于分析中国社会，"中国社会，宗法而兼军国者也，故其言法也，亦以种不以国。观满人得国几三百年，而满、汉种界，厘然犹在；东西人之居吾土这，则听其有治外之法权；而寄籍外国之华人，则自为风气，而不与他种相入，可以见矣。故周、孔者，宗法社会之圣人也，其经法义言，所渐渍于民者最久，其入于人心者亦最深，是以今日党派，虽有新旧之殊，至于民族主义，则不谋而皆合。今日言合群，明日言排外，甚或言排满，至于言军国主义，期人人自立者，则几无人焉。盖民族主义，乃吾人种智之所固有者，而无待于外烁，特遇事而显陡。虽然，民族主义者，将遂足以强吾种乎？愚有以决其必不能者矣。"① 杨度充分吸纳了上述观点，在他看来，"国家主义"是比"民族主义"更高一级的社会意识形态和建国主张，只有到了军国社会才能克服宗法社会的民族主义的狭隘与偏见。《社会通诠》的出版，为维新派提供了重要的理论依据。他们以此作为批判革命派民族主义狭隘性的根据。但是杨度同时认为，用此理论衡量中国，则只有汉族达到了军国社会而满、蒙、藏、回民族还处于宗法社会，那么，中国能够承担起国民责任的民族只有汉族，汉族是倡导并主持国家主义的民族，既然汉族已经超越了宗法社会时代，也就应该超越狭隘的民族主义。既然汉族较其他民族处于较高阶段，那么必须使汉族同化其他四个民族，方法就是用汉族的语言文字同化其他民族，并在君主立宪开始后，随着蒙、回、藏等地的交通与教育进一步发达和各民族之间的经济与文化联系进一步加强，民族之间的界限就会消除，"但见数千年混合万种之中华民族。"② 杨度充分肯定了汉族的先进性，实际上也就部分地承认了革命派的观点，他之所以在清末积极倡导立宪，是因为在他看来满汉同化已经完成。在1907 年，政闻社在上海成立，《政论》是其机关刊物，该刊物一方面阐述立宪之法，另一方面继续对革命派的观点进行批判。在《变法后中国立国之大政策论》一文中，阐述了其对中国各民族关系的观点，文中谈到了民众与国家

---

① 甄克思著、严复译：《社会通诠》，商务印书馆 1981 年版，第 143～144 页。

② 杨度：《金铁主义说》，刘晴波编：《杨度集》，湖南人民出版社 1986 年版，第 369 页。

及民众与民族的关系，认为民众与国家的关系大，而与民族的关系小，从民众的角度看，国家大于民族。所以，国家在实行立宪政体的情况下，赋予汉族、满族、蒙古等民族同样的政治权利，就能"建立东方一大民族之国家"，才可以与列强竞争。在面对外来侵略的情况下，之所以提出这种观点，理由有三个：其一，近代西方各国之所以兴盛，主要是国家从分到合，如德国的统一、意大利的建国等等。"今日国家之所以能存立于竞争之中，一恃其有势力而已。而势力者，分则小，合则大；分则弱，合则强。"其二，从地理形势上看，如果汉人为一国，蒙古人为一国，那么将失去东、北、西的保护，从而腹背受敌；第三，清末虽然中央权力极端虚弱，但是"统一之形骸者存"，正好可以用"精神的统一"来充实"形骸的统一"，即旧瓶注新酒。各民族在立宪的前提下实现统一，"以满汉蒙诸民族共立于立宪之下，存皇室而予国人以参政之权是也。"① 实际上，这种观点抛开民族这个文化载体，从现代民族国家赋予民众平等权利的角度，解决了两派争论不休的民族关系问题。它展现了辛亥革命之前关于在中国这个多民族国家进行国家构建的最高境界，将西方的民族国家理念应用到中国既有版图的基础上，从而为革命派在辛亥革命后提出"五族共和"奠定了基础。

因为从未真正成为权势核心，在传统统治的政治框架下，维新派所主张的开议会、立学堂、创立报馆、设译书局、发展资本主义生产、广开言路和整顿国防等促进民族国家构建的各种举措几乎都胎死腹中，仅仅停留在理论上。但是，他们应对外来压力，逐渐实现从天下到国家，特别是民族国家整体构建思想及其处理国内民族问题的思路，为古老中国从传统帝国向民族国家的转型提供了理论基础。

四、革命派民族国家构建的思路

与维新派从外向内收缩的历史过程相反，革命派的民族国家构建的范围经历了从内向外扩展的历史过程。革命派一开始主张建立十八个汉族省的中华民国，后来又主张建立包括全国各民族在内的中华民国。

由于对满清王朝专制政府腐败无能的清醒认识，首先在清政府管辖之外的

---

① 《政论》第 1 期，张枬等编：《辛亥革命前十年间时论选集》第 2 卷，读书·生活·新知三联书店 1963 年版，第 1066 页。

檀香山产生了以推翻满清政府为革命目标的革命派。革命派一开始就以"驱除鞑虏，恢复中华"为口号，将"排满"、"反满"作为革命的努力方向，并逐渐成为一种巨大的社会力量，① 随着从革命到建国角色的转变，革命派在与维新派的斗争中不断修正自己的理论观点，对满族民众的态度也作出了进一步调整，对其他少数民族的关系也作出了安排。在辛亥革命推翻清政府统治后，建立的中华民国具有民族国家的特质，革命派一度获得了实施其政治理想的政治权力，一方面根据西方国家的"三权分立"原则组建中央政府，进行相应的国家制度建设，另一方面依据西方民族主义"一族一国"理念根据形势需要对国内民族，特别是满族的态度不断调整，整体思路还是以西方民族主义的民族建国理论作为依据走向民族同化的道路，这一民族国家构建思路也被蒋介石为首的南京国民政府所继承和发展。

（一）对少数民族（满族）态度的演变

革命派所倡导的民族主义原则，主要来自中国传统思想中族类的自我体认与划分。这种古老的族类观念带有浓重的传统种族色彩，是近代中国民族主义的一个源头。章太炎曾谈到"民族主义，自大古原人之世，其根性固已潜在，远至今日，乃始发达，此生民之良知本能也。"② 孙中山也认为"盖民族思想，实吾先民所遗留，初无待于外铄者也。"③ 中国历史传统文化中"华夷之辨"、"内华夏，外夷狄"等思想为近代中国民族主义提供了较为成熟的表达方式和稳定的文化内涵。虽然经受了现代西方民族主义的洗礼，但是中国近代民族主义从基本定型到较为成熟，用来维系中国各民族的情感的纽带有别于西方民族主义，这是革命派民族主义的一大特色，它主要围绕血缘、种族来作文章。

革命派对满族的观点正是建立在这种传统种属观念之上，在反满的重要阵

---

① 这种潮流主要在留日学生中较为明显，他们创办各种刊物，反满的文章大量发表，张玉法对1903 年留学生报刊的反满文章进行了统计，现存的 8 期的《湖北学生界》有 15% 的诗文及论述与"排满"民族革命有关；共出 12 期的《游学译编》所载诗文纪事共 162 篇次，其中鼓吹民族革命的约 12 篇，介绍西方革命史实者约 10 篇次；现存 10 期的《浙江潮》，载有重要论著 188 篇次，其中鼓吹"排满"民族革命、激发民族思想的 65 篇次，占 22.6%；《江苏》杂志一共出了 12 期，载文 385 篇次，其中鼓吹"反满"民族革命、激发民族思想的 117 篇，占 30.4%。（张玉法著：《清季的革命团体》，台北"中央研究院"近代史研究所 1975 年版，转引自王春霞著：《"排满"与民族主义》，社会科学文献出版社 2005 年版，第 6 页。

② 章太炎：《驳康有为论革命书》，汤志钧编：《章太炎政论选集》（上），中华书局 1977 年版，第 194 页。

③ 孙中山：《中国革命史》，《孙中山全集》（第 7 卷），中华书局 1985 年版，第 60 页。

地《浙江潮》中，给出了这样的民族主义定义："合同种，异异种，以建一民族的国家，是曰民族主义。"① "出一完全无缺之民族的共和国，……必先合莫大之大群；而欲合大群，必有可以统一大群之主义，使临事无涣散之忧，事成有可久之势。吾向者欲觅一主义而不得，今则得一最宜于吾国人性质之主义焉，无他，即所谓民族主义是也。"② 根据民族主义的内涵，早期的革命派将建国范围仅限在十八省内。章太炎早期的观点也较有代表性："汉族之仇满洲，则当仇其全部。"③ "夫满洲种族，是曰东胡，……彼既大去华夏，永滞不毛，言语政教，饮食居处，一切自异于域内，犹得谓之同种也耶？"④ "非种不去，良种不滋，败群不除，善群不殖。"他主张满汉各自独立，"夫所谓革命者，固非溷淆清浊，而一概诛夷之也。自渝关以外，东三省者，为满洲之分地；自渝关而内，十九行省者，为汉人之分地。……今日逐满，亦犹田园居宅为他人所割据，而据旧时之契约界碑，以收复所固有而已。"⑤ 这种近乎血统论的观点将满族和汉族区别开来，在此基础上将满族作为革命的对象。邹容因其《革命军》也成为反满的旗手，"中国最不平、伤心惨目之事，莫过于戴狼子野心、游牧贱族、贼满洲人而为君。"⑥ "贼满人为我同胞之公敌，为我同胞之公仇……吾今与同胞约曰：'张九世复仇之义，作十年血战之期，磨吾刃，建吾旗，各出其九死一生之魄力，以驱除凌辱我之贼满人，压制我之贼满人，屠杀我之贼满人，奸淫我之贼满人'。"⑦ "满政府穷凶极恶，今已贯盈。义师所指，覆彼政府，还我主权。"⑧ 孙中山认为清王朝统治使国人怨言不断，他们"渴望着情况改善，把他们从现在悲惨的生活境遇中解救出来。中国现今正处在一个伟大的民族运动的前夕，只要星星之火就能在政治上造成燎原之势，将满洲鞑子从我们的国土上驱逐出去。"⑨ 从这一时期革命派主要理论家

---

① 余一：《民族主义论》，《浙江潮》第 1 期。
② 竞盦：《政体进化论》，《江苏》第 3 期。
③ 章太炎：《正仇满论》，张枬等编：《辛亥革命前十年时论选集》（第 1 卷），读书·生活·新知三联书店 1960 年版，第 94 页。
④ 章太炎：《驳康有为论革命书》，汤志钧编：《章太炎政论选集》（上），中华书局 1977 年版，第 194～195 页。
⑤ 章太炎：《正仇满论》，张枬等编：《辛亥革命前十年时论选集》（第 1 卷），读书·生活·新知三联书店 1960 年版，第 97 页。
⑥ 邹容：《革命军》，中华书局 1958 年版，第 4 页。
⑦ 同上书，第 20 页。
⑧ 孙中山：《中国同盟会革命方略》，《孙中山全集》（第 1 卷），中华书局 1981 年版，第 297 页。
⑨ 孙中山：《中国问题的真解决》，《孙中山全集》（第 1 卷），中华书局 1981 年版，第 255 页。

的观点看，在构建的未来国家中似乎没有满族的位置，"章太炎的种族主义是排他的，……章氏的民族主义（像是孙中山先生的民族主义）乃由排满而来。其引申之意便是，在中国没有变的种族应该居于主要的地位。虽然章氏认为如果汉人掌握政权，尽管种族有所不同，同化还是可能的，但依照章氏和孙中山先生的有力辩论之必然性，非汉族人民在新中国是否有其地位仍是疑问。"① 他们试图通过民族革命的形式达到政治革命的目的，这种狭隘的种族论除了作为战斗口号外，实在没有市场，需要根据实际进行修正。

章氏的谴责对象是专制君主政体，……他在使种族关系（而不是文化和政治）作为君主政体和所有政治的合法性之主要依据上，进了他的本分。唯有汉人应该统治中国。满人仔细寻求继而培养在传统上构成汉人身份的要素都无关紧要。然而在由文化主义转变到种族或民族同一性的过程中，当他亲眼看见他所真爱的文学和学术传统（曾一度受到他所厌恶的满人的保护）瓦解时，他显然陷入进退维谷的窘境。② 为了摆脱文化主义与种族主义之间的矛盾，在与维新派的论战中，革命派也不断修正自己的政治主张。章太炎在《讨满洲檄》中一改将满族驱逐出中国的思想，"若自知不直，愿归部落，以为我中华保塞，……其自返于吉林黑龙江之域"；不愿意离开的满族，则可"悉归农牧，一切与齐民等视。"③ 同时，这一政策同样适用于其他各少数民族。之后在《中华民族解》中，他进一步提出同化少数民族的思路，主张通过同化少数民族而将民族建国范围扩大，这样既满足西方民族主义的初衷，又能将更多的少数民族容纳进来，从而为推翻清王朝的政治统治提供更有力的保障。他将原来文化意义上的中国分为"中国"、"三荒服"、"二郡一司"，其中的中国是指内地十八个省，"三荒服"指西藏、回部、蒙古三地；"二郡一司"指越南、朝鲜二郡和缅甸一司，从当时的实际情况看，"二郡一司"实际上对中国来说已经没有意义。而"三荒"则原本就是中国的领土，也不为其他国家所占有，如果能顺利形势，可将其纳入自己的版图。④ 他主张采取同化少数民族的方法使中国统一起来，并从语言、文字、法律、风俗等方面分析同化少数民

① 施耐德著、梅寅生译：《顾颉刚与中国新史学》，华世出版社1984年版，第298页。
② 同上书，第299～300页。
③ 章太炎：《讨满洲檄》，张枬等编：《辛亥革命前十年间时论选集》第2卷，读书·生活·新知三联书店1963年版，第714页。
④ 章太炎：《中华民国解》，张枬等编《辛亥革命前十年间时论选集》第2卷，读书·生活·新知三联书店1963年版，第738页。

族的难易。经过一个过程，少数民族与汉族真正合一，"若三荒服而一切同化于吾，则民族主义所行益广。自兹以后，二郡一司，反手可复，则先汉之疆域始完，而中华民国真为成立。"① 同年，继《中华民族解》稍后，章太炎还提出了另外一个思路，他在写给肃亲王的信中指出："只欲复我主权，过此则无所问。……渝关以东，王家故国，积方圆五百万里，视英、德、日诸国且二、三倍，雄略之主，足以自旋。……故仆敢以二策为贤王陈之，一为清室计者，当旋轸东归，自立帝国，而以中国归我汉人。……若能大去燕京，复辽东之故国，外兼蒙古，得千四百万方里，其幅员等于中国本部，然后分置郡县，务农开矿，使朔漠不毛之地，化为上腴。二为贤王计者……吾党所持革命成功以后，惟建共和政府，二王三恪之号，虑不足以辱贤王。"② 辛亥革命后，章太炎的思想转变很大，在1911年致留日满族学生的信中，"君等满族，亦是中国人民，农商之业，任所欲为，选举之权，一切平等，悠游共和政体之中，其乐何似！……域中尚有满、蒙、回、西藏诸人，既皆等视，何独薄遇满人哉！"③ 而陈天华自始至终只主张推翻满清统治，并不认为应该驱逐和屠杀满族人，"欲使中国不亡，惟有一刀两断，代满洲执政柄而卵育之……满洲民族，许为同等之国民，以现世之文明，断无有仇杀之事。故鄙人之排满也，非如复仇论者所云，仍为政治问题也。"④

孙中山最初主张排满反满，而后主张只反对迫害汉人的满清政府。在同盟会成立后的一段时间里，孙中山以反满作为民族主义的核心，"照现在这样的政治论来，就算汉人为君主，也不能不革命。……我们推翻满洲政府，从驱除满人那一面说是民族革命；从颠覆君主政体那一面说是政治革命。"⑤ 从这一时期孙中山的言论中可以看出，他始终将反满作为动员群众的口号："中国今日何以必需乎革命？因中国今日已为满洲人所据，而满清之政治腐败已极，遂至中国之国势亦危险已极，瓜分之祸已岌岌不可终日，非革命无以救重亡，非革命无以图光复也。……不忍见神明种族与虏皆亡，都要以参见反满革命为己

① 章太炎：《中华民国解》，张枬等编《辛亥革命前十年间时论选集》第2卷，读书·生活·新知三联书店1963年版，第738页。

② 马勇编：《章太炎书信集》，河北人民出版社2003年版，第184～185页。

③ 同上书，第292页。

④ 陈天华：《绝命辞》，刘晴波等编：《陈天华集》，湖南人民出版社1958年版，第236页。

⑤ 孙中山：《在东京〈民报〉创刊周年庆祝大会的演说》，《孙中山全集》（第1卷），中华书局1981年版，第325页。

任。"① "满政府立心之狠毒，无一不欲绝汉民之生计。但吾无怪其然，凡非我族类，其心必异；况以满洲少数之民族，不能不设种种之苛法，以断绝吾人之生计。"② 但是，在思考建立现代民族国家所涉及的民权和民生问题时，孙中山完全排满的思想逐渐发生改变。他将民族革命的对象与笼统排满区分开来，强调民族革命并非"尽灭满洲民族"，"民族主义，并非是遇这不同族的人便要排斥他，是不许那不同族的人来夺我民族的政权。"他批评了当时排满的错误观点，指出："惟是兄弟曾听见人说，民族革命是要尽灭满洲民族，这话大错。民族革命的原故，是不甘心满洲人灭我们的国家，主我们的政，定要扑灭他们的政府，光复我们民族的国家。这样来看，我们并不是恨满洲人，是恨害汉人的满洲人，假如我们实行革命的，那满洲人不来阻害我们，决无寻仇之理。"③ 这样既缩小了革命对象的范围，又使民族革命向民族建国的方向迈出了一大步。

（二）"五族共和"论

民国政府建立后，继承了清政府时期的疆域，随着国家中央权力的确定和扩展，国家机构的行政力量延伸到业已确定的边界。民国政府在少数民族聚居的边疆地区建立了相应的行政机构，并将所有少数民族及其区域纳入到国家权力所管辖的范围之内。但是，革命派在革命时期曾对满族及其他少数民族的排斥态度直接影响到了其建国模式，甚至会造成民族分裂的危险，因此，中华民国建立后首先要解决的就是曾经的革命宣传与实际统治之间的矛盾。于是，革命派重新搬出中国传统"大一统"的统治理念，把清政府实际统治的疆域作为新建国家的地理基础，基于当时对少数民族的认识，将"五族共和"作为建国主张。

中华民国成立后，孙中山一改以往排满的态度，而将清政府统辖范围内的所有民族都容纳进中华民国中来，"今日满清退位，中华民国成立，民族、民权两主义俱达到，惟有民生主义尚未着手，今后吾人所当致力的即在此事。"④以往，我们据此认为孙中山的民族主义是不彻底的，这样分析并不全面，他在

---

① 孙中山：《在旧金山丽婵戏院的演讲》，《孙中山全集》（第1卷），中华书局1981年版，第442页。

② 孙中山：《在中国同盟会葛仑分会成立大会的演讲》，《孙中山全集》（第1卷），中华书局1981年版，第523页。

③ 孙中山：《在东京〈民报〉创刊周年庆祝大会的演说》，《孙中山全集》（第1卷），中华书局1981年版，第325页。

④ 孙中山：《在南京同盟会会员饯别会的演说》，《孙中山全集》（第2卷），中华书局1982年版，第319页。

此还要说明的是民族主义任务业已完成，他们革命的目标仅是满清政府，而非其他满族人，从而起到缓解满汉之间对立情绪的作用。孙中山最初提出所建立的中华民国由汉族18个省组成，以实现西方民族主义所倡导的"一族一国"的理想建国模式。但是，中国是多民族国家的现实以及核心权势的获得使他迅速调整此前的思路："国家之本，在于人民。合汉、满、蒙、回、藏诸地为一国，即合汉、满、蒙、回、藏诸族为一人。是曰民族之统一。"① 将当时的几个民族不分畛域，合成一个大的民族，即中华民族。"今中华民国已完全统一矣。中华民国之建设，专为拥护亿兆国民之自由权利，合汉、满、蒙、回、藏为一家，相与和衷共济……而今而后，务当消融意见，蠲除畛域。"② 在孙中山看来，推翻满清统治后，国内各民族之间不再存在民族问题，也不存在民族压迫与民族剥削。但是，如何实现民族融合的问题，孙中山因在中国政治权势中地位的下降而一直未作深入思考，而是试图通过《建国方略》中的《民权初步》中的具体方案，消解在解决了民族矛盾后还存在的民族差异，以个体的政治参与能力的提高和政治意识的增强来淡化民族意识，建立与西方国家相似的个人——国家的单一结构。著名法国作家托克维尔早在19世纪30年代已经从这种二元结构中观察到个人（美国人）"身处幸福之中而焦虑不安"时，③ 作为后发国家的精英却在为建立这种结构不懈地努力着。

如前所述，孙中山为首的革命势力以典型的西方民族国家为榜样，试图在推翻清政府后建立民族国家。而民族国家要求有明确的领土、人口和政府，这是一个掌握权力核心并试图将自己的权力扩展到全国的政党必须要解决的问题。因为继承清政府遗产必然继承其已有的领土和人口，否则政权会失去合法性，边疆形势会进一步恶化，所以，孙中山在《临时大总统宣言》中首倡"五族共和"④，承认汉族之外还有蒙古、藏族、回族、满族四个民族。从这个意义上说，倡导"五族共和"是出于对保持国家领土主权完整的实际需要，

① 孙中山：《临时大总统宣言书》，《孙中山全集》（第2卷），中华书局1982年版，第2页。
② 孙中山：《布告国民消融意见蠲除畛域文》，《孙中山全集》（第2卷），中华书局1982年版，第105页。
③ 参见托克维尔著、朱尾声译：《论美国民主》，中国社会科学出版社2007年版。
④ 松本真澄引证片井一忠的观点认为，在辛亥革命前，"五族共和"在社会中已经成为一种风潮，从国外匆匆赶回来的孙中山必须要以某种方式表达这一观点，因而孙文的谈论未必是他的本意。（参见松本真澄著、鲁忠慧译：《中国民族政策之研究》，民族出版社2003年版，第142页。）另一位日本学者也提供了与上述观点相似的论述，参见村田雄二郎：《孙中山与辛亥革命时期的"五族共和"论》，《广东社会科学》，2005年第5期。

"五族共和"并不表明作为执政党对少数民族的真正态度，也未必真正代表其对国内民族状况的认识水平。松本真澄持类似的看法，认为这只是大声宣布新生中华民国就是原清朝领域和主权的正统的继承者。① "五族共和"论的短命恰好说明的这一点。

虽然民国政府提出"五族共和"的政治口号，但是根据宣言可以看出，在未来的实际政治制度安排上，民族聚居地区只是作为一般的行省对待，"国家幅员辽阔，各省自有其风气所宜。前此清廷强以中央集权之法行之，遂其伪立宪之术。今者各省联合，互谋自治，此后行政期于中央政府与各省之关系，调剂得宜，大纲既契，条目自举。是曰内政之统一。"② 所以，"五族共和"的提法并没有得到周边少数民族的积极响应，而外蒙古以独立回报孙中山建国的满腔热忱，内蒙古、新疆、东北三省也因外在势力的插手在分裂的边缘徘徊。这也可以理解为后来民国政府时期注重边疆，轻视民族的源头，当然也与其秉持的民族同化理念有直接关系。

孙中山所要实现的真正目标是"合……诸族为一人"，各民族不分畛域，成为一个大的中华民族。根据民族国家构建的逻辑，需要将各民族民众对民族的忠诚通过与汉族的同化直接转变成对民族国家的忠诚，从而实现民族整合。但是，由于辞去大总统职务而远离了权势中心以及各边疆民族强烈的反抗情绪，孙中山的民族同化计划被搁浅。

（三）民族同化论

虽然孙中山的民族同化计划因为其政治权势的丧失无法实施，但是他并没有放弃其民族同化论，曾多次强调汉族对少数民族进行同化的基本观点。1912年9月，在五族国民合进会上，他指出"五族国民，固同一血统，同一支派，同是父子兄弟之俦"，"合汉、满、蒙、回、藏五族国民，合一炉以冶之，成为一大民族；即合汉、满、蒙、回、藏五族豪杰之才识知能，成为一大政党"，"五族国民果能终成一大民族、一大政党，并此汉、满、蒙、回、藏之名词且将消弭而浑化之。"③ 可见，他并没有因为边疆民族的自决意识的发展主张"民族自治"而真正放弃同化这些民族的决心。根据他的计划，以汉族

---

① 松本真澄著、鲁忠慧译：《中国民族政策之研究》，民族出版社2003年版，第76页。

② 孙中山：《临时大总统宣言书》，《孙中山全集》（第2卷），中华书局1982年版，第2页。

③ 孙中山：《五族国民合进会启》，转引自松本真澄著、鲁忠慧译：《中国民族政策之研究》，民族出版社2003年版，第80~81页。

同化少数民族,从而化解以民族界限而划定的集体政治权利,并根据公民个体的发展状况,集合民族精英实行一党政治,以党治国,实现直接统治。孙中山计划在五六年的时间内完成这一目标,实际上否定了其他民族试图脱离民国,要求民族自治或建立独立政权的各种要求。

北洋政府时期,民族政策回归传统,设置了专门管理民族事务的机构并恢复这些民族贵族的特权,通过贵族以实现对蒙、藏、回等民族地区的间接管理。淡出政治权力核心的孙中山一直对北洋政府的民族政策进行批判。1919年在写《三民主义》时,孙中山才继续对国内民族问题进行进一步思考,重拾民族主义,"夫汉族光复,满清倾覆,不过只达到民族主义之一消极目的而已,从此当努力猛进,以达民族主义之积极目的也。积极目的为何?即汉族当牺牲其血统、历史与夫自尊自大之名称,而与满、蒙、回、藏之人民相见于诚,合为一炉而冶之,以成一中华民族之新主义……斯为积极之目的也。五族云乎哉。夫以世界最古、最大、最富于同化力之民族,加以世界之新主义,而为积极之行动,以发扬光大中华民族,吾决不久必能驾美迭欧而为世界之冠,此故理有当然,势所必至也。"① 他继续将民族同化作为消除民族界限的办法。1921年3月,他又指出"本党尚须在民族主义上做功夫,务使满、蒙、回、藏同化于我汉族,成一大民族主义的国家。……今日我们讲民族主义,不能笼统讲五族,应该讲汉族底民族主义。……彼满洲之附日,蒙古之附俄,西藏之附英,即无自卫能力之表征。然提斯振拔他们,仍赖我们汉族。兄弟现在想得一个调和的方法,即拿汉族来做个中心,使之同化于我,并且为其他民族加入我们组织建国的机会,仿美利坚民族的规模,将汉族改为中华民族,组成一个完全的民族国家。"② 并主张"所谓五族共和者,直欺人之语!盖藏、蒙、回、满皆无自卫能力。发扬光大民族主义,而使蒙、藏、回、满同化于我汉族,建设一最大之民族国家者,是在汉人之自决。"③ 因此,在教育上"励行教育普及,增进全民族之文化"。④ 他这时已经改变了"五族共和论"旗帜下的民族平等、团结的提法,不再遮遮掩掩,而将民族同化作为其构建统一民族国家的必要步骤。主张通过教育、经济、政治社会化等方式使汉族同化其他少数民

---

① 孙中山:《三民主义》,《孙中山全集》(第5卷),中华书局1985年版,第187~188页。

② 孙中山:《在中国国民党本部特设驻粤办事处的演讲》,《孙中山全集》(第5卷),中华书局1985年版,第473~474页。

③ 孙中山:《孙中山全集》(第6卷),中华书局1985年版,第24页。

④ 孙中山:《中国国民党宣言》,《孙中山全集》(第7卷),中华书局1985年版,第3页。

族，使汉族文化作为主体民族文化上升为国家层面的文化，"以本国现有民族构成大中华民族，实现民族的国家，"① 这就是他的最终目的。

1924 年《中国国民党第一次全国代表大会宣言》称"中国之革命，发轫于甲午以后，盛于庚子，而成于辛亥，卒颠复君政。夫革命非能突然发生也。自满洲入据中国以来，民族间不平之气，抑郁已久。海禁既开，列强之帝国主义，如怒潮骤至，武力的掠夺与经济的压迫，使中国丧失独立，陷于半殖民地之地位。满洲政府既无力以御外侮，而钳制家奴之政策，且行之益厉，适足以侧媚列强。吾党之士，追随本党总理孙先生之后，知非颠复满洲，无由改造中国，乃奋然而起，为革命前驱；激进不已，以至于辛亥，然后颠复满洲之举，始告阙成。故知革命之目的，非仅仅在于颠复满洲而已，乃在于满洲颠复以后，得从事业于改造中国。依当时之趋向，民族方面，由一民族之专横宰制，过渡于诸民族之平等结合。"② 这段宣言概括了革命派的对国内民族关系态度问题的转变。革命派从反对满族贵族的统治，到主张用汉族同化其他少数民族，再到主张国内各民族一律平等，几个阶段的变化展示了革命派随着革命形势的变化，不断调整国内民族关系的主张。根据日本学者松本真澄的研究，孙中山实际上将威尔逊和列宁的民族观点根据自己的需要进行了取舍，但是以汉族同化其他民族，则是其处理国内民族关系的最终目标。③

北洋政府时期，孙中山所领导的力量处于国家权力外围，对于如何实现汉族对其他民族的同化也仅限于理论说明，并无实际操作。一直到作为其"遗志继承者"的南京国民政府统治时期，他所倡导的民族同化政策才付诸实施。

五、南京国民政府民族国家构建的理论与实践

1928 年，国民党在形式上统一全国，以蒋介石为首国民政府将孙中山关于民族国家构建的理论加以实施。1928 年 2 月二届四中全会通过的《中华民

---

① 孙中山：《中国国民党党纲》，《孙中山全集》（第 7 卷），中华书局 1985 年版，第 4 页。

② 孙中山：《中国国民党第一次全国代表大会宣言》，《孙中山全集》（第 9 卷），中华书局 1986 年版，第 114 页。

③ 松本真澄著、鲁忠慧译：《中国民族政策之研究》，民族出版社 2003 年版，第 97～112 页。

国国民政府组织法》规定在国民政府内设立专门处理民族事务的蒙藏委员会，① 在二届五中全会通过的政治问题决议案中规定行政院下设蒙藏委员会，② 将蒙藏委员会的设置更为具体化，并于 1929 年 2 月正式成立蒙藏委员会。

1929 年 3 月，国民党第三次代表大会通过的决议案指出：本党致力于国民革命，即以实现三民主义为唯一目的，则吾人对于蒙古、西藏及新疆边省，舍实行三民主义外实无第二要求。③ 根据孙中山生前对民族主义的诠释，从主张五族共和过渡到了主张"大中华民族"，即实现汉族对其他少数民族的同化。上述决议实际上已经表明了南京国民政府对少数民族的态度，即要将三民主义政策扩展到少数民族边疆地区。决议接着指出：虽此数地人民之方言习俗与他省不同，在国家行政上稍呈特殊之形式，然在历史上地理上及国民经济上则固同为中华民族之一部。④ 实际上又一次重申了中华民国对这些地区的主权。辛亥革命后，边疆少数民族地区仍遭到军阀及列强的压迫，经济、社会发展落后。要真正消除帝国主义的影响，只有"中国境内之民族，应以互相亲爱、一致团结于三民主义之下，为达到完全排除外来帝国主义目的之唯一途径。诚以本党之三民主义，于民族主义上，乃求汉、满、蒙、回、藏人民密切的团结，成一强固有力之国族，对外争国际平等之地位。""于民权主义上，乃求增进国内诸民族自治之能力与幸福。"⑤ 因此，国民党提出以后的努力方向是，根据国家生存上共同之利益，努力实现汉、满、蒙、回、藏诸族有组织的密切团结，共谋经济上、政治上、教育上之建设。这些高亢的宣言实际上为国民党以"国家生存"为借口，对"无自卫、自治能力"民族实施"训政"，即通过同化培养他们的政治参与能力和自治能力提供了潜台词，当然其目标是建立同质性的"自由统一的中华民国。"与此同时，在少数民族的行政建制上也进行了调整，撤销了北洋军阀统治时期的特别行政区，将民族地区改成与其他地区相同的省县建制。从 1928 年 8 月开始，逐步对少数民族地区进行调整：西藏、青海、宁夏设省，察哈尔、热河和绥远三个特别行政区改为省，到1939 年西康建省，并对各省的管辖地区进行调整，不仅一个少数民族划分到

---

① 荣孟源主编：《中国国民党历次代表大会及中央全会资料》（上），光明日报出版社 1985 年版，第 520 页。

② 同上书，第 536 页。

③ 同上书，第 646 页。

④ 同上书，第 646 页。

⑤ 同上书，第 646 页。

不同的省份之中，而且将大量的汉族居民划入这些少数民族聚居的省份，实际上根本否定了民族自治诉求存在的可能性，也充分利用汉族已有的政治资源牵制这些向心力差的少数民族。南京国民政府在国家行政区划单一化下加强了中央政府的权力，对少数民族地区进行直接管理，加快实现边疆的政治整合目标并加速了民族国家构建的步伐。

另外，国民党还在教育文化上促进各民族对中华民国的认同。1929 年 6 月召开的三届二中全会通过了"关于蒙藏之决议案"，开始通过具体的方案加强对少数民族地区的管理。主要内容有：1. 举行蒙藏会议。蒙古由各盟、旗长官及人民各推出代表若干人，西藏由西藏人民各推出代表若干人，同来中央参加会议；并由中央派定若干人一律出席。会议之任务为报告蒙、藏之实际情况，讨论关于推行训政及蒙藏地方之一切改革事宜，呈请中央核定实施之。并对会议召开时间进行了规定。2. 派员宣慰蒙、藏，由中央特派对党国有重要资望之专员十人至二十人，分赴内蒙古、西藏，宣传中央扶植蒙藏民族之政策与决心，慰问并调查蒙藏人民之疾苦。3. 于首都设立蒙藏学校，为储备蒙藏训政人员及建设人才之机关。由蒙藏各地选送优秀青年应试入学。并附设蒙藏研究班，指导促进关于蒙藏事情之专门研究。4. 关于蒙古、西藏经济与文化之振兴，应以实行发展教育为入手办法，其要点如下：通令各盟旗及西藏西康等地主管官厅，迅速创办各级学校，编译各种书籍及本党党义之宣传品；实行普及国民教育，厉行识字运动，改善礼俗，使其人民能受三民主义之训育，具备自治之能力；确定蒙藏教育经费；在教育部内特设专管蒙藏教育之司科；在首都及其他适宜之地点，设立收容蒙藏青年之预备学校。特定国立及省立之学校，优遇蒙、藏、新疆、西康等地学生之办法。规定由行政院负责制定详细计划，迅速实行。5. 蒙藏委员会应根据实施纲领及实施程序，积极筹划实施。在第一期内，应特别注重于调查蒙藏情况，革新行政制度，兴办教育及筹备自治诸项。6. 加紧对于蒙藏之宣传，撰制各种浅显之宣传品，译成蒙藏文字，包括下列各要点：阐明蒙藏民族为整个中华民族之一部，并释明三民主义为蒙藏民族唯一之救星。说明蒙藏民族所处地位之危险，帝国主义由侵略阴谋之恶毒，及第三国际曲解民族自决之煽动宣传；说明对于蒙藏各地教育、经济之设施与交通实业之建设，应由中央政府协助其地方政府依据本党主义、纲领尽力进行。惟军事、外交及国家行政，必须统一于中央，以整个的国家力量谋蒙藏民族之解放；说明本党训政之意义，督促蒙藏人民积极培养自治之能力，完成自治之组织。并鼓励蒙藏人民参加地方行政，并奖励蒙藏优秀分子来中央党政机关服务。① 国民政府试图以对民族地区实际情况的了解为前提，通过具体的教育、宣传、交通和发展经济等手段，并通过国家机器将国民党的三民主义作为意识形态对少数民族进行灌输，以加强民族一体化构建。人为剥夺各民族人民的集体权利，直接将这种感情转变为对中华民国民族国家的感情，在当时列强步步紧逼的情况下，从理论上是可以理解的，但是历史证明这种无视民族要求的做法渐渐抽去了国民政府的社会基础。正如爱尔特所说："政治民族的概念总是一条漫长的收敛过程，此收敛发生在较大的国家机关架构中，且有时是由追寻特定形态政策（例如引进语言或司法的统一）之国家提供惊人的动力的。"②

随着国民党内部矛盾的不断发展，边疆危机日益严重，特别是日本侵略步伐的加快，蒋介石加快了制定宪法的步伐。1931 年 5 月第三届中央第一次临时全会通过了《中华民国训政时期约法草案》规定：国民政府本革命之三民主义，五权宪法，以建设中华民国。既由军政时期入于训政时期……中华民国领土为各省及蒙古、西藏。中华民国之主权属于国民全体；中华民国国民无男、女、种族、宗教、阶级之区别，在法律上一律平等；蒙古、西藏之地方制度，得就地方情形，另以法律定之。③ 在第三届中央第二次临时全会上，还确定了外蒙古参加第四次全国代表大会的代表。④

1931 年 11 月，中国国民党第四次全国代表大会上通过的《依据训政时期约法关于国民生计之规定，确定其实施方针案》指出：边地开发屯垦与移民实边，为发展国民经济之重要方针，必须订立方针，积极进行；并予以财政及其他必要之援助。而对于边地土著人民生计之筹划，尤为重要。故开发边地，必须特别注重边地土著人民之生计。⑤ 将开发边疆和动员边疆生产作为增强国家实力和社会动员的重要力量。会议还通过《确定边区建设方针建设并切实进行案》，边远省区，与腹地各省，地理不同，历史不同，风俗不同，人民习惯思想亦不同。是以边远省区之实业建设，及文化建设，有特定方针之必要。

---

① 荣孟源主编：《中国国民党历次代表大会及中央全会资料》（上），光明日报出版社 1985 年版，第 765～767 页。

② Alter, Peter. *Nationalism*, London: Edward Armold, 1994, p. 10.

③ 荣孟源主编：《中国国民党历次代表大会及中央全会资料》（上），光明日报出版社 1985 年版，第 945～951 页。

④ 荣孟源主编：《中国国民党历次代表大会及中央全会资料》（下），光明日报出版社 1985 年版，第 4 页。

⑤ 同上书，第 48 页。

兹特详查现状，根据事实，确定边远省区实业与文化建设之方针：在人口稀少地方，须以不损害当地人民之利益；对于各该地人民之信仰，须尊重之；尽力开发边疆人民之教育等。① 国民政府对边疆的重视可见一斑。

第四届第二次全会在 1932 年 3 月召开，会议通过白云梯提交的《关于蒙藏政治、教育等问题案》；1932 年 12 月，四届三中全会召开，通过《慰勉蒙藏来京各员并团结国族以固国基案》，对于远来与会之班禅、章嘉两大师及各盟旗领袖，表示欢迎；宣告汉、满、蒙、回、藏各地同胞一致团结，以御外辱而奠国基；关于开发边疆地方之一切政教施设，应以尽先为各该地方土著人民谋福利为原则；以后中央各机关于可能范围内，应多任用边地各族人员，以为训练其政治能力之机会，并增加国族团结之实力；令行政院赶速于首都地方为蒙藏僧俗来京供职人员设备适宜之住所，并参酌旧制。制定各项办法。② 会议还同过了白云梯、克兴额提的《请在中央设立蒙古党政人员训练班，俾资训练蒙古优秀青年，造成各盟旗党政基干人材案》。③ 这些决议和议案所主张的方法为中国共产党的民族政策提供了很好的借鉴。

1935 年 11 月的国民党第五次全国代表大会宣言第八条为"重边政，弘教化，以固国族而成统一"：因应国家当前之环境，必须扶助国内各民族文化经济之发展，培养其社会及家族个人自治之能力，尊重其宗教信仰与社会组织之优点，以期巩固国家之统一，增进国族之团结。具体的实施纲领主要有一曰，对于边疆各地与间在西南各省间之民族，其一切施政纲领，以尽先为当地土著人民谋利益为前提。二曰，自后国内蒙古族、藏族、新疆回族，以及散住内地各小族，选举代表，必须在当地有确实籍贯者，期能充分表达各族人民之情意。三曰，对于上列各地民族之教育，中央应切实制定妥善方案，而努力与谋其发展；国家对于各族之教育，必须宽筹经费，确立预算。四曰，关于上列各地之经济建设，应取保育政策，于其原有之产业与技能，应尽量设法使之逐渐改良，俾人民能直接获益。五曰，政府应培养边地人才，俾中央各机关得充分任用边地出身之人员，以收集思广益之效，而厚真正统一之力。④ 为了在对外

---

① 《中国国民党第四次全国代表大会重要决议案》，中国第二历史档案馆编：《中华民国史档案资料汇编》第五辑第一编政治（2），江苏古籍出版社 1991 年版，第 335～336 页。

② 荣孟源主编：《中国国民党历次代表大会及中央全会资料》（下），光明日报出版社 1985 年版，第 183 页。

③ 同上书，第 212 页。

④ 同上书，第 298～299 页。

抗战和缴共中获得尽量多的社会力量，国民党发挥国家机器的集体动员能力，这一点在抗日持续阶段体现出来。大会通过的决议案的第八部分指出：吾党三民主义之第一义，所谓民族运动，绝非单纯的对外运动。盖民族运动应有内外两面，对外运动仅为民族运动之一部份（分），决不足以概民族运动之全。换言之，对外应向国际为吾民族求独立平等，对内应向民族为吾国家求自立自强。恭按总理遗教实早已昭示吾人，总理对外固主张为吾民族求自由平等，固主张废除一切不平等条约，但同时对内极力主张精神建设、物质建设。……尤应了解民族运动之两面，必须同时平衡进展，方有成功之望，若仅着力于一面之突出，必遭意外之挫折。① 并认为"后者（自立自强）实为前者（独立平等）所由达到之必然的努力。"② 国民政府注意到民族自强与民族独立之间的密切关系，试图使两者相互促进。

五届一中全会在通过的决议案的第三部分"关于民众训练者"中，涉及到边区民众训练，指出边区人民因生活阶段、文化程度，信仰关系之不尽相同，故训练工作应注意因地制宜，并以实际事业如教育、救济、卫生等事业之举办，寓最忠诚之辅导。至民族关系之增进，尤须特别注意，民族间如有互欠了解及互欠亲睦之处，本党呕应尽精诚调和之责，生活文化各方面，更应切实辅助其改进与增善。③

第五届中央执行委员会第二次全体会议 1936 年 7 月召开，宣言中出现了"近代国家"这一提法，并将建立和巩固"近代国家"作为核心要旨，"至若完成'近代国家'之组织，原为今日救国之第一要义。由此组织，方足以建立巩固之国防，保障民族之独立。半载以来，中央不特在物质方面力谋国民经济之建设，及自卫能力之充实，而对于恢复民族固有道德，唤起民族意识，尤努力培养，各地之民众训练与学生训练，凡足以统一救国意志，振起卫国精神者，无不积极进行。同时对国民教育求普遍之发展，为失业青年谋服务之机会，其主旨亦莫不在于民德民力之增进，无形中为国防增厚其基础，亦即为完成'近代国家'组织致其不绝之努力。……抑所谓'近代国家'之组织，其精神尤在于力量之统一与纪律之严明。"④ 并认为国家真正统一是实现对外奋

---

① 荣孟源主编：《中国国民党历次代表大会及中央全会资料》（下），光明日报出版社 1985 年版，第 319 页。

② 同上书，第 301 页。

③ 同上书，第 382 页。

④ 同上书，第 409 页。

斗所需的坚固不拔的基础，是顺利进行民族建设的必要步骤，也是实现国家整合目标的前提。这也是国民党所一度坚持的"攘外必先安内"政策的依据所在。

随着日本侵略步伐的加快，特别是卢沟桥事变后，日本侵略势力迅速蔓延，国民政府也被迫迁往重庆。1938 年 3 月国民党在武汉召开了中国国民党临时全国代表大会。调整了此前的"攘外必先安内"政策，此次大会宣言指出：盖非抗战，则民族之生存独立且不可保，自无以遂建国大业之进行；而非建国，则自力不能充实，将何以捍御外侮，以求得最后胜利。[①] 宣言强调御辱的首要性，"吾同胞必当深切认识，惟抗战乃能获得胜利，乃能组织自由统一的即各民族自由联合的中华民国。"[②] "第一次全国代表大会宣言中，关于民族主义，有两个方面之意义：一则中国民族自求解放。二则中国境内各民族一律平等。今先就第一方面言之，抗战之目的，在于求民族之生存独立，必民族争回生存独立，然后此民族所建立之国家，始有自由平等之可望。"[③] 宣言更加强调民族主义中御外的一面，认为民族主义在此时能唤起民族自信力及中华民族固有道德，"再没有比共同抵御外侮，更能使处于焦虑不安状态下的人群团结起来。"[④] 民族独立能为民族建设及相应的国家建设提供稳定的环境，这一说法恰恰为当时的国民党大会上对民族主义的强调作了注脚。大会充分肯定了国民党一大中"于反对帝国主义及军阀之革命获得胜利以后，当组织自由统一的（各民族自由联合的）中华民国"，认为这是对"诸少数民族最大之诺言"，各民族"本已融合而成整个的国家"，但是却同处于日本压迫之下，日本的"民族自决"论调只是"语其作用，诱惑而已，煽动而已；语其结果，领土之零星分割而已，民众之零星拐骗而已。"[⑤] 国民党一方面揭露日本的侵略阴谋，担心"从而失去单一中华民族的民族国家（nation-state）的体裁和面目，"[⑥] 同时，为了动员全民族的力量参加抗战，又不得不回到国民党一大宣言的平台上来。在国民党第三次全国代表大会中曾以《五权宪法》和《地方

---

① 荣孟源主编：《中国国民党历次代表大会及中央全会资料》（下），光明日报出版社 1985 年版，第 466 页。

② 同上书，第 467～468 页。

③ 同上书，第 466～467 页。

④ 霍布斯鲍姆著、李金梅译：《民族与民族主义》，上海人民出版社 2000 年版，第 107 页。

⑤ 荣孟源主编：《中国国民党历次代表大会及中央全会资料》（下），光明日报出版社 1985 年版，第 467 页。

⑥ 松本真澄著、鲁忠慧译：《中国民族政策之研究》，民族出版社 2003 年版，第 139 页。

自治开始实行法》代替《中国国民党第一次全国代表大会宣言》，在民族危亡的关键时刻，国民党将团结各民族共同抗日的口号建立在国民党一大宣言的基础之上，以各民族平等自由作为号召抗战的旗帜，从而扩大了其社会基础。民族主义作为一种号召力量再次发挥了巨大的作用，并通过抗战增强了民众对中华民族和国家的认同。

从此，国民党开始了动员少数民族参加抗战的历程，更加重视对边疆政治、边疆交通、边疆经济的开发，加强了对边疆的宣传力度，邀请德高望重的少数民族上层人士参加国民参政院，移民实边等等。国民党在五届八中全会上对民族政策进行了总结，通过了《关于加强国内各民族及宗教间之融合团结，以达成抗战胜利建国成功目的之施政纲领案》。《施政纲领》主要包括四个部分：关于一般原则者、关于政治者、关于经济者以及关于边疆问题研究者。随着学术界大规模的民族调查，以及对迁入内地少数民族的接触的增多，国民政府对少数民族的认识更加深入，其施政的对象从蒙回藏等民族扩展到边疆各民族。在政治方面，规定实行民族自治，任用各民族地方人士；经济方面，规定帮助发展地方经济，改善人民生活，开辟交通，增设金融机构；教育方面，规定发展边疆教育，培养边疆人才，增设学校，编译民族语文；文化方面，规定扶持各民族文化，建立国族统一之文化；对宗教信仰、各族社会风俗，要予以尊重；设立边疆研究机构，为制定政策提供参考。[①]

1942 年太平洋战争爆发，特别是中美、中英新约的签订，国民党的抗战压力得到缓解。蒋介石在《中国之命运》中重新提出解决国内民族问题的思路和方案。他将各民族看成是"宗支"，实际上是国民党此前民族同化思想的一个延续，只是此前被外在的民族矛盾所掩盖。这也可以看作蒋介石在外在民族矛盾解决有望的情况下，增强民族凝聚力、维系多民族国家统一的一种努力。总之，这又是西方民族国家理论在多民族国家的重新现身。

在抗日战争胜利在即的 1945 年 5 月，国民党召开了第六次全国代表大会，在宣言中又重申了一大关于民族主义的两个目标，认为平等新约签订后，抗日战争的胜利指日可待，这一任务"即可底于完成"。对"于革命胜利后，当组织自由统一的中华民国"这一目的，则"必以全力解除边疆各民族所受日寇劫持之痛苦，亦必以全力辅助边疆各族经济、文化之发展，尊重其固有语言、

---

① 参见李国栋著：《民国时期的民族问题与民国政府的民族政策研究》，民族出版社 2007 年版，第 160 页。

宗教与习惯，并赋予外蒙、西藏以高度自治之权。"① 在通过的 "本党政纲政策案" 中对民族主义在现阶段的中心要求作了进一步规定：在于加速胜利，巩固国基，辅助边疆民族，以造成独立自由统一国家，加强国际合作，而分担维护世界和平之责任。……所以对民族问题的基本主张是：实现蒙藏各民族之高度自治，并扶助边疆各族经济文化之平衡发展，以奠定自由统一中华民国之基础。② 吴鼎昌在大会上作的政治总报告中关于地方自治提到 "蒙古与西藏" 问题，"其地理环境与社会文化，均有其特殊性，凡所设施，与内地各省自有不同。政府处理蒙藏事务，一以三民主义为最高原则，以各宗族一律平等为基点，进求融洽其文化风俗，消弭狭隘之部落界限。一面培养各宗族之自治能力。惟日寇对于蒙藏，实施挑拨离间之诡计，故政府以 '团结蒙古'、'安定西藏' 为战时治边方针。七年以来，对蒙古则派员协助盟旗政务，加强联系，迁移成吉思汗灵榇，处理扎萨克事变。对西藏则选派大员宣慰，蒙藏委员长吴忠信，二十九年入藏主持第十四辈达赖坐床典礼，随即在藏设立办事处，各种悬案，均迎刃而解。一俟抗战结束，地方自治工作展开，边政方面，亦不难一新耳目。"③ "政治报告之决议" 认为尚须努力的地方 "惟于国内边疆各族之融合联系工作，尚鲜致力，对其政治经济文化之发展，与自治能力之增进，未能尽扶植之功，是民族主义中 '中国民族自求解放' 与 '中国境内各民族一律平等' 之两种意义，尚未能同时贯彻。有待于今后之继续努力，以期彻底实现自由统一之中华民国。"④ 会议还通过了《根据三民主义政纲明确承认各民族之民族地位予以应得之权利案》。之后召开的六届二中、三中以及1946年通过的《中华民国宪法》都对少数民族问题做出了相应的规定，基本上保持此前的基调，表述也保持一致。自1947年之后，国民党基本上不再将民族边疆问题列入讨论议程。国民政府虽然通过行政区的频繁变动努力实施对边疆的整合，但是在其所有的重要会议上，讨论民族时还是以各民族族称进行讨论，可见行政区划的变动并没有取得实际的效果，而是流于形式。

南京国民政府民族国家构建逻辑在民族地区的延伸和实践存在许多不足，

---

① 荣孟源主编：《中国国民党历次代表大会及中央全会资料》（下），光明日报出版社1985年版，第911页。

② 《中国国民党第六次全国代表大会通过重要决议案》，中国第二历史档案馆编：《中华民国史档案资料汇编》第五辑第二编政治（1），江苏古籍出版社1991年版，第813页。

③ 《吴鼎昌在中国国民党第六次全国代表大会上做政治总报告》，同上书，第764页。

④ 《中国国民党第六次全国代表大会通过重要决议案》，同上书，第829页。

但是为中国共产党民族政策的制定和实施提供了经验和教训，从中可以体会到制度安排的历史继承性和连续性。

六、中国共产党民族国家构建的思路

虽然中国共产党在建党之初就将解放全人类作为最终目标，但是在一个主要由民族国家构成的国际政治体系中，特别是在一个受到西方国家压迫和剥削的国家，无产阶级的首要任务是要团结尽量多的力量实现民族独立，而后建立无产阶级专政的国家政权，并在此基础上实现民族国家的构建。中国共产党在领导中国革命的过程中，逐渐明晰了这一原则，在国内民族政策上从民族自决转变为民族自治，从联邦制转变为民族区域自治，实现了国家统一和各民族平等权利的恰当结合。

（一）中国共产党民族国家利益观念的明晰

在《共产党宣言》中，马克思提出"工人没有祖国"和"全世界无产者，联合起来"的口号，并一步指出"在各国无产者的斗争中，共产党人强调和坚持整个无产阶级的不分民族的共同利益，"[1] 无产阶级应打破民族国家的界限以在世界范围内实现共产主义为己任。同时，马克思主义坚持爱国主义与国际主义的统一，"如果不就内容而就形式来说，无产阶级反对资产阶级的斗争，首先是一国范围内的斗争。每一个国家里的无产阶级当然首先应该打倒本国的资产阶级。"[2] 因此，一个民族"只有真正成为国家的民族时，才更能成为国际的民族。"[3] 并且，"无产阶级的国际运动，无论如何只有在独立民族的范围内才有可能。"[4] 列宁也在批判两种西欧社会党人的极端观点后也指出"祖国这个政治的、文化的和社会的环境，是无产阶级阶级斗争中最强有力的因素。"[5] 首先无产阶级斗争的舞台是在国内，民族是培养工人阶级成长、壮大的重要形式，只有推翻本国资产阶级的统治才能建立无产阶级专政，从而成为"民族的阶级"。推翻本国资产阶级的统治就是打击了世界资本主义的某个部分，也就为在世界范围内推翻资产阶级统治作出了贡献。因此，无产阶级既

---

[1]　《马克思恩格斯选集》（第1卷），人民出版社1995版，第285页。

[2]　同上书，第283~284页。

[3]　《马克思恩格斯全集》（第35卷），人民出版社1971年版，第261~262页。

[4]　同上书，第261~262页。

[5]　中国社会科学院民族研究所编：《列宁论民族问题》（上），民族出版社1987年版，第108页。

要优先考虑本民族的利益，也要考虑全世界无产阶级的利益。但是，正确处理和平衡两者之间的关系需要一定的政治智慧，也需要一个学习的过程。

随着俄国十月革命的胜利，俄共（布）主要领导人认为应该结成由西方国家无产阶级、革命的俄国和东方被压迫民族组成的反对帝国主义的阵营，因此，需要对殖民地半殖民地进行革命动员，并确定了对殖民地半殖民地民族解放运动的指导方针和原则。列宁指出，要利用帝国主义统治松动这个时机，乘"帝国主义大战把居于从属地位的人民推上了世界舞台"，全力促使占世界70%的被压迫民族和人民参加到反帝斗争中来，并为各个非资本主义国家内的苏维埃运动奠定基石。这样，世界政治中的一切事变都必然围绕着一个中心点，这个中心点就是世界资产阶级反对俄罗斯苏维埃共和国的斗争，而俄罗斯苏维埃共和国必须既要团结各国先进工人的苏维埃运动又要团结殖民地和被压迫民族的一切民族解放运动，才能巩固自己的政权。共产国际"必须实行使一切民族解放运动和一切殖民地解放运动同苏维埃俄国建立最密切的联盟的政策，"① "使各民族和各国的无产者和劳动群众彼此接近起来，共同进行革命斗争去打倒地主和资产阶级。"② 列宁在批判共产国际各政党的小资产阶级民族利己主义时，强调指出，共产国际各政党必须坚持无产阶级国际主义原则，即为世界无产阶级的利益和推翻国际资本去承担最大的民族牺牲。③ 列宁认为应该支持殖民地半殖民地国家的资产阶级民族解放运动，因为这些民族解放运动是世界无产阶级革命的同盟军。

要实现民族国家的构建，首先要使国家利益观念明确起来，这对一个资产阶级政党来说也许是不言自明的，而对建党之初深受共产国际影响的一个马克思主义政党——中国共产党来说则需要一个过程。

中国共产党虽然很早就确立了"反帝反封建，实现中华民族完全独立"的最低革命纲领，但是在一些党员心里马克思主义就是国际主义就是社会主义，这种社会主义"绝不要带有地域的民族的色彩"，"不应该带有民族的色彩"而应该只带有"万国一致的阶级色彩"。④ 在共产国际的号召下，虽然走

---

① 中国社会科学院民族研究所编：《列宁论民族问题》（下），民族出版社1987年版，第816页。

② 同上书，第816页。

③ 同上书，第816页。

④ 和森：《马克思学说与中国无产阶级》，《新青年》第9卷，第4号，1921年2月11日；《李大钊选集》，第114～115页，第121页，转引自杨奎松著：《马克思主义中国化的历史进程》，河南人民出版社1994年版，第365页。

上了与民族资产阶级合作一道推翻国内军阀和反对帝国主义的道路，但是年轻的中国共产党还不能正确处理好自己的民族解放事业与坚持无产阶级国际主义原则的关系。

1929 年 7 月国民党政府争夺中东铁路的事件刚一爆发，他们就毫不犹豫地站在苏联一边，公开号召"变反苏联的战争为拥护苏联的战争"，"实行号召广大群众的直接革命运动，以破坏国民党的统治，以减弱帝国主义进攻苏联的力量。"① 日本发动入侵东北的"九·一八"事变后，认为"日本帝国主义实行占领中国东北三省，不过帝国主义进攻苏联计划之更进一步的实现。全中国劳苦民众必须在拥护苏联的根本任务下，一致动员武装起来，给日本强盗与一切帝国主义以严重的回答。"② 1931 年 11 月 7 日中华苏维埃共和国成立，在临时中央政府对外宣言中，它正式宣布它是世界上唯一的无产阶级的祖国——苏联的最好的朋友与同盟者。③

经过长征到达陕北的中国共产党逐渐失去了共产国际组织上的领导，因而获得了明确阐述国家利益的机会和可能。随着长征途中对少数民族的了解以及与西北少数民族的近距离接触，中国共产党逐步将少数民族的利益和诉求纳入民族国家构建之中。共产国际解散后，国内反动势力叫嚣：中国共产党失去了共产国际这个靠山，就应该解散。周恩来驳斥了这种观点，指出，马克思主义与中国实际相结合产生的中国共产党已经领导中国民族解放运动取得了巨大成就，"中国共产党是失掉了靠山么？不错，中国共产党的产生及其发展，是得到了共产国际不少的指导和帮助的，但是中国共产党的靠山却不是共产国际，而是中国人民。"④ 毛泽东进一步指出，"每个国家革命成功以后，都有它本身的莫斯科"。⑤ 这些观点是中国共产党开始独立自主的标志，也更加明确了将中华民族的利益作为思考问题的出发点和归宿。摩根索曾这样描述说，"这种从忠于本国向忠于他国的转变虽是一场世界性政治运动的起源，到头来却不过是一个短短的插曲，这也证明了民族团结的力量。因为，我们正看到，在共产

---

① 杨奎松著：《马克思主义中国化的历史进程》，河南人民出版社 1994 年版，第 337 页。

② 《中国共产党为日本帝国主义强暴占领东北三省宣言》，转引自杨奎松著：《马克思主义中国化的历史进程》，河南人民出版社 1994 年版，第 340 页。

③ 《中华苏维埃共和国临时政府对外宣言》，中共中央书记处编：《六大以来党内秘密文件》（上），人民出版社 1981 年版，第 168 页。

④ 周恩来：《在延安欢迎会上的演说》，中共中央统战部编：《民族问题文献汇编》，中共中央党校出版社 1991 年版，第 721～722 页。

⑤ 杨奎松著：《马克思主义中国化的历史进程》，河南人民出版社 1994 年版，第 343 页。

党政府和共产主义运动中正在恢复民族团结；它们已经开始在不同程度上将本国利益摆在苏联利益的前面。铁板一块的世界共产主义运动，原是由苏联指挥并听苏联摆布的，如今已被'多中心论'所代替，按照这种理论，民族忠诚和民族利益要重于政治哲学的一致。"①

（二）中国共产党民族国家构建理论的确立过程

我国是一个多民族国家，如何把这些发展相差悬殊、文化各异的众多民族包容在一个统一的国家制度框架之内，成为历代统治者的历史难题。中国共产党从民族民主革命的实践中合理地处理了少数民族的平等权利与统一的民族国家构建之间的关系，在国家结构上采取了单一制下的民族区域自治制度。实践证明民族区域自治制度具有强大的生命力。

中国共产党建党之初处于地下状态，由于自身力量的弱小以及对中国民族问题认识的肤浅，对中国民族问题的思路直接受到共产国际特别是苏联处理民族问题方法的影响。中国共产党的民族政策最早见于第二次全国代表大会的宣言和决议中。宣言认为，资本主义国家所倡导的作为战后制度安排的民族平等、民族自决是欺骗性的，只有首先打倒帝国主义才能实现真正的"平等和自决"，因此，在未来的中国，"联邦的原则在中国各省是不能采用的。至于蒙古、西藏、新疆等处则不然；这些地方在历史上为各个民族久远聚居的区域，而且在经济上与中国本部各省有根本不同；因为中国本部的经济生活，已由小农业、手工业渐进于资本主义幼稚时代，而蒙古、西藏、新疆等地则还处于游牧的原始状态之中，以这些不同的经济生活的异种民族，统一于中国本部统一在武人政治之下，结果只有扩大军阀的地盘，阻碍蒙古等民族自决自治的进步，并且于本部人民是没有丝毫利益。所以中国人民应当反对割据式的联省自治和大一统的武力统一，首先推翻一切军阀，由人民统一中国本部，建立一个真正的民主共和国；同时依经济不同的原则，一方面免除军阀势力的膨胀，一方面又应尊重边境人民的自主，促成蒙古、西藏、回疆三自治邦，再联合成为中华联邦共和国，才是真正民主主义的统一。"② 基于对当时中国民族情况的认识，中国共产党最初对国家统一的构想是，在几个少数民族地区建立自治邦，而在汉族集中的十八个省建立"民主共和国"，而后共同组成一个"中华联邦共和国"。中国共产党主张自治基础上的联邦，实际上为后来联邦向自治

---

① 汉斯·摩根索著、杨岐鸣等译：《国家间政治》，商务印书馆 1993 年版，第 145～146 页。

② 中共中央统战部编：《民族问题文献汇编》，中共中央党校出版社 1991 年版，第 17 页。

的转变提供了可能、预留了空间，因为绝对的统一主义始终未纳入到中国共产党的视野。

1924 年，处于非法状态的国共两党实现了合作，《国民党第一次全国代表大会宣言》称："国民党敢郑重宣言，承认中国以内各民族之自决权，于反对帝国主义及军阀之革命获得胜利以后，当组织统一的（各民族自由联合）中华民国。"① 这个文件既体现了中国共产党在第二次全国代表大会宣言中关于处理民族问题的思想，又暗示了孙中山建立单一中华民族的理想，因此它是国共合作在民族问题上的集中阐述。然而，随着国共之间矛盾的不断显现，两党在国家构建方式上也严重对立，在民族政策特别是在少数民族制度安排上也几乎处于对立状态。

在国共第一次合作破裂后，随着以"农村包围城市"思想指导下的革命不断深入，中国共产党逐渐认识到，在中国除了蒙古族、藏族、回族、满族等几个较大的少数民族外，还有黎、苗和朝鲜等少数民族。共产国际执行委员会1930 年 6 月通过《关于中国问题的决议》，将民族工作作为最中国共产党最主要的任务之一，要求党应当加强自己的少数民族工作，"党应当同中国北方的回民运动、内蒙的民族革命斗争、满洲的朝鲜工农斗争，以及中国南方苗瑶族的斗争，建立牢固的联系，并加以领导。"② 结合这一指示，"中国苏维埃政权承认中国境内少数民族的自决权，一直承认到各弱小民族有同中国脱离，自己成立独立的国家的权利。蒙、回、藏、苗、黎、高丽人等，凡是居住在中国地域内的，他们有完全自决权：加入或脱离中国苏维埃联邦，或建立自己的自治区域。中国苏维埃政权在现在要努力帮助这些弱小民族脱离多国主义、国民党、军阀、王公、喇嘛、土司等的压迫统治，而得到完全的自由自主。苏维埃政权更要在这些民族中发展他们自己的民族文化和民族语言。"③ 另外，中华苏维埃共和国在承认各少数民族自决权利的同时，也赋予少数民族群众平等的政治权利。"在苏维埃政权领域内的工人、农民、红军士兵及一切劳苦民众和他们的家属，不分男女种族（汉、满、蒙、回、藏、苗、黎和在汇总过程中

---

① 孙中山：《中国国民党第一次全国代表大会宣言》，《孙中山全集》（第 9 卷），中华书局 1986年版，第 118 页。

② 中国社会科学院近代史研究所翻译室编译：《共产国际有关中国革命的文献资料（1929 ~ 1936）》第二辑，中国社会科学出版社 1982 年版，第 97 页。

③ 《中华苏维埃共和国宪法大纲》，中共中央书记处编：《六大以来党内秘密文件》（上），人民出版社 1981 年版，第 172 页。

的台湾、高丽、安南人等）宗教，在苏维埃法律前一律平等，皆为苏维埃共和国的公民。"①

　　蒙古族是当时居住比较集中并且民族意识较强的少数民族。国民政府对蒙古族采取分而治之的方法，设置行省代替盟旗制度，遭到了蒙古族人民特别是上层的强烈反对，1934 年成立以德王为首的"蒙古地方自治政务委员会"，并多次组团去南京请愿，提出包括要求管理区域内部事务在内的各项政治要求。与国民党将蒙古族地区划分成几个不同的省份不同，中国共产党将蒙古族的居住地作为蒙古族人民管理内部事务的区域，这成为民族区域自治制度的基础。中国共产党在 1935 年发表的《中华苏维埃中央政府对内蒙古人民宣言》称："认为原来内蒙六盟，二十四部，四十九旗，察哈尔土默特二部，及宁夏三特旗之全城，无论是已改县治或为草地，均应归还内蒙人民，作为内蒙古民族之领土，取消热、察、绥三行省之名称与实际行政组织，其他任何民族不得占领或借辞剥夺内蒙古民族之土地。"②"内蒙古人民自己才有权利解决自己内部的一切问题，谁也没有权利用暴力去干涉内蒙古人民的生活习惯、宗教道德以及其他的一切权利。同时，内蒙古人民可以从心所欲的组织起来，它有权按自主的原则，组织自己的生活，建立自己的政府，有权与其他的民族结成联邦的关系，也有权完全分立起来。总之，民族是自尊的，同时，一切民族都是平等的。凡在内蒙古区域的汉、回、藏、满等民族，应根据民族平等的原则，发展民主主义，使这些民族与蒙古人民受同等的待遇，并有应用自己的言语文字及信仰与居住等的自由。"③ 中国共产党按照自治原则允许少数民族在其居住区域内自治。

　　随着抗日民族统一战线形成、国共合作的实现，中华苏维埃共和国这个全国性的政权组织改为中华民国陕甘宁边区政府。为了团结全民族的力量积极抗战，1937 年 8 月 15 日，党在《抗日救国十大纲领》中提出"动员蒙民回民及其他一切少数民族，在民族自决民族自治的原则下，共同抗日"④ 的方针。因此，"民族自决民族自治"在抗日战争时期成为动员少数民族积极抗战的基本内容。1938 年召开的第六届中央委员会扩大的第六次全体会议上，毛泽东指

　　① 《中华苏维埃共和国宪法大纲》，中共中央书记处编：《六大以来党内秘密文件》（上），人民出版社 1981 年版，第 170 页。
　　② 中共中央统战部编：《民族问题文献汇编》，中共中央党校出版社 1991 年版，第 323 页。
　　③ 同上书，第 323 页。
　　④ 同上书，第 553 页。

出"允许蒙、回、藏、苗、瑶、彝、番各民族与汉族有平等权利，在共同对日原则之下，有自己管理自己事务之权，同时与汉族联合建立统一的国家；各少数民族与汉族杂居的地方，当地政府须设置由当地少数民族的人员组成的委员会，作为省县政府的一部门，管理和他们有关的事务，调节各族间的关系，在省县政府委员中应有他们的位置；尊重各少数民族的文化、宗教、习惯，不但不应强迫他们学汉文汉语，而且应赞助他们发展用各族自己言语文字的文化教育。"① 1941 年 5 月《陕甘宁边区施政纲领》规定，"依据民族平等原则，实行蒙回民族与汉族在政治、经济、文化上的平等权利，建立蒙回民族自治区，尊重蒙回民族的宗教信仰与风俗习惯。"② 毛泽东在 1945 年又讲到"要求改善国内少数民族的待遇，允许各少数民族有民族自治的权利。"③

　　经历了抗日战争，中国共产党壮大并成熟起来，主张建立联合政府，争取与国民党分享中央权力。中国共产党思考问题的角度出现了变化，开始从执政党的角度考虑民族问题。1946 年 1 月，中共代表团在和平建国纲领草案中提出："在少数民族区域，应承认各民族的平等地位及其自治权。"④ 4 月初，这个提法更加具体化为"建立少数民族自治区"。⑤ 4 月 23 日通过的《陕甘宁边区宪法原则》规定："边区各少数民族，在居住集中地区，得划成民族区，组织民族自治政权，在不与省宪抵触原则下，得订立自治法规。"⑥ 11 月 26 日，《中共中央关于考虑成立内蒙自治政府的指示》提出："现在既可联合东蒙西蒙成立一地方性的高度自治政府，发布施政纲领，但对蒙汉杂居地区仍容纳汉人合作，并避免采取独立国形式。"⑦ 这样，中国共产党将统一国家的构建从少数民族联邦基础上的"自由联合"转变为"区域自治"基础上的统一，实际上在向单一制国家结构靠拢。1947 年成立内蒙古自治政府，为以后民族问题的制度安排提供了样板。

　　经过解放战争，中国共产党取得了革命的胜利成为权力核心，建立了全国性的政权，开始将民族区域自治纳入到国家整合的过程。1949 年 9 月 29 日，

---

　　① 中国社会科学院民族研究所民族问题研究室编：《我国民族区域自治文献资料汇编》（第 1 辑）内部资料，第 1 页。

　　② 中共中央统战部编：《民族问题文献汇编》，中共中央党校出版社 1991 年版，第 678 页。

　　③ 同上书，第 742 页。

　　④ 同上书，第 991 页。

　　⑤ 同上书，第 1037 页。

　　⑥ 同上书，第 1047 页。

　　⑦ 同上书，第 1083 页。

《共同纲领》对民族政策进行了专门的规定："各少数民族聚居的地区，应实行民族的区域自治，按照民族聚居的人口多少和区域的大小，分别建立各种民族自治机关。凡各民族杂居的地方级民族自治区内，各民族在当地政权机关中均应有相当名额的代表。"① 这样，"新宪法有意识地区别于苏联宪法的另一个方面是，中国抛弃了少数民族区域可以自觉脱离国家的假设性条款。"② 而事实上，在没有建立全国性政权之前，中国共产党已经在事实上消除了民族自决的可能。③ 从民族国家构建的角度讲，从清王朝到中华民国再到中华人民共和国，都试图实现国家整合的目标，只是实现的途径不同而已。而中国共产党一改中华民国政府建立行省的模式，转而建立民族区域自治制度以达到整合国家的目标，并通过法律和各项政策将这些地区限制在主权国家的范围内，从而实现了国家统一和各民族的平等。

吉登斯（Anthony Giddens）在谈到暴力、民族与国家的关系时，认为："民族、国家与暴力之间有密切的关联。民族国家包含着可以巩固政治支配的各项制度，在这些制度下，这个社会的统治者可以有效地垄断控制各项暴力的工具（如军队、警察），从而这项控制可以提供主要的保障，使统治者能够在一个明确划定的疆界范围中施行其行政管理。所谓民族国家就是把'民族'与'国家'这两个概念，加上主权的因素结合而成。任何地域若未能确立国家主权，则必将受到其他主权国家之介入而沦入从属、依赖的地位。因此，只要是国家，无不努力于在其领域内形成民族共同体。也就是说是国家需要'民族'这个概念，否则国家将丧失合法性而无法存续。只有当国家对其宣称的主权范围内之领土实施统一的行政控制时，民族才得以存在。因此，民族国家是'拥有国界的权力集装器'（abordered power-container）。"④ 新民主主义革命时期，中国共产党民族国家构建的过程基本就在暴力、民族与国家之间展

---

① 中共中央统战部编：《民族问题文献汇编》，中共中央党校出版社 1991 年版，第 1290 页。

② 弗雷德里克·戴维斯：《新政权的建立和巩固》，费正清等主编、王建朗等译：《剑桥中华人民共和国史（1949～1965）》，上海人民出版社 1990 年版，第 111 页。

③ 学者陈扬勇认为，我国的民族区域自治政策，既不是在抗日战争期间，也不是在解放战争期间形成，而是在《中国人民政治协商会议共同纲领》中确立起来的。笔者更倾向认为于在抗日战争后期，这一制度的雏形基本形成，内蒙古自治区的建立实际上有明显的实验意味，而《共同纲领》则以法律的形式将这一制度一般化和制度化。可参见陈扬勇：《〈共同纲领〉与民族区域自治制度的确立》，《中共党史研究》，2009 年第 8 期。

④ Schwarzmantel. John *Socialism and the Idea of the Nation*. New York：Harvester Wheatheaf，1991，p. 26.

开，最终获得了进行民族国家构建的权力，从而实现了从理论设计到政治实践运作的顺利转变，并在尊重少数民族民族认同的前提下，把中华民族这个更高层的民族作为认同对象，为中华人民共和国的建立提供了文化条件和合法基础。

小　结

国家构建是每一个近代政治力量政治方案的重要组成部分。近代中国的几个主要政治力量的政治过程都始于民族独立的诉求，止于民族国家的构建。无论是维新派还是革命派以及其"继承者"南京国民政府，他们在进行民族国家构建的过程中将对民族的忠诚与对国家的忠诚混成一谈，忽略各少数民族对本民族情感，直接将其民族情感置换成并嫁接到对国家的忠诚，并将主体民族——汉族装扮成少数民族皈依的对象，甚至直接将汉族视为国家的代表。以孙中山为首的革命党及其"继承者"南京国民政府还直接将这种情感解释成对家族的忠诚的扩大。他们把中国传统儒家思想作为粘合剂将传统中国与现代中国勾连起来，从而使传统儒家思想获得了在现代民族国家构建中的合法地位。但是，儒家经典的秩序性特征并没有给国民党的政治统治带来好运，尽管传统儒家思想可以作为发动民族主义运动援引的素材，却不能作为民族国家构建的全部内容。成功的民族主义运动并不等同于成功的民族国家建设，民族国家的建立和发展不仅仅需要民族热情，还需要各种主客观条件。

从中华民国成立开始，中国社会正式进入民族国家构建阶段。国民政府试图以西方国家为榜样建立"一族一国"的"近代国家"，并试图将国家权力的触角深入到社会的基层，试图通过一系列政策将国内的各少数民族同化于汉族，但是这一现代化理论却在现实中走向了反面。而中国共产党还是在局部政权构建时期就在少数民族聚居区域进行了一些政治安排，如在陕甘宁边区进行"民族参议会议员选举"，聚居的民族获得"民族区域自治"等等，随着其管辖范围的扩大，民族区域自治框架初现雏形。中华人民共和国的建立为在全国范围内进行政治制度设计和国家结构安排提供了政治前提。中华人民共和国采取单一制的国家结构形式，结合我国多民族的实际，在少数民族聚居地区选择了民族区域自治制度。

第六章

"大同"与"融合"的理论设想

民族作为人类存在的一种载体，其最初的发展是奠定在一定的血缘基础之上，而经过漫长的历史过程，凝聚民族的力量已经不仅仅限于血缘，文化、经济和政治也都成为民族延续的重要力量。摩尔根对民族过程的考察从一个侧面展示了人类社会演进的曲折历程，他认为，在国家产生前，"构成民族（polulus）的有氏族、胞族、部落以及部落联盟，它们是顺序相承的几个阶段"[①]，氏族、胞族、部落和部落联盟是民族的不同历史形态。在这一历史阶段，民族的社会过程与族体的发展过程合二为一，并没有因为管理的特殊性而出现特权。尽管国家的形成加速了从部落联盟向民族的合并与整合过程，但即使在国家出现后形成的民族也并非对以往人类共同体存在状态的否定，公共权力的出现不过是对已经存在的经济现象的认定和巩固。刚刚诞生的国家还没有能力对民族进行整合，还要利用以氏族为基本核心的部落或部落联盟形成的组织进行统治。"联盟是趋向民族形成过程中的一个阶段，因为就在这种氏族组织下产生了民族性。这个过程的最后一个阶段是合并阶段。四个雅典部落就在阿提卡合并成为一个民族，其所以能合并，是由于这四个部落杂居于同一地域，它们彼此之间的地域界限已逐渐消失。部落的名称和组织仍如以往一样地富有生命力，但独立领土的基础已不复存在。当政治社会一旦在乡区的基础上建立起来以后，乡区所有的居民便成为一个政治团体，不拘其属于哪个氏族或部落，合并过程至此遂臻于完成。"[②]

国家形成后开始逐渐剥夺民族管理职能，从此民族在与国家的较量中处于附属地位。随着剩余产品的出现，私人占有成为可能，财产的可继承性及血缘

---

① 路易斯·亨利·摩尔根著、杨东莼等译：《古代社会》（上），商务印书馆1977年版，第6页。
② 同上书，第131~132页。

的巨大作用，财产的私人占有成为必然。① 同时物质财富的可分割、可度量又为社会成员的分化提供了标尺，阶级分化就在人们有意无意的私欲中形成。国家这种暴力工具就成为有产者维持自己私产的副产品，成为有产者维持自己既得利益和扩大实力的有力工具，随之出现的是由前国家社会各族体全体成员掌控的管理权开始上移，国家因为以地域进行统治和管理，逐渐把民族族体内部的管理权剥离出来。集体参与的权利从此慢慢淡出了普通人的生活，原来的民族管理权也迅速蜕变成国家政治统治权，民族的社会过程也开始与民族族体发展过程相分离。

丧失了管理权的人类共同体——民族从此基本上演变成非政治性概念，受到国家这个越来越强有力的机器的整合和塑造，国家通过制定各种民族政策规定着民族的走向。当然，在这个过程中，各民族的自然演进也在一定程度上使民族的发展出现了常态化的发展趋势。但是无论怎样，因为强大的文化纽带的韧性和顽强的生命力，与国家成为并列的历史内容的民族不会因与国家的分离而更早地消失。

近代以来民族成为构建国家的重要指标，民族从历史的幕后走到了历史的前台，成为政界和学术界瞩目的对象，翻开两个世纪以来的社会科学学术著作，几乎没有思想家不关注民族及民族国家。对于如此备受关注的人类社会现象，对其发展的归宿过早作出预测总显得不合时宜。但是对理想社会的向往和追求却是思想家们乐此不疲的事情，从古到今，中外思想家们构思了美好的理想世界，如柏拉图的《理想国》、莫尔的《乌托邦》、培根的《新大西洋国》、康帕内拉的《太阳城》……康有为的《大同书》等等。这些对人类未来的期许产生于对现实的不满，也是鼓舞人心的动力。那么，民族在未来的世界中会有怎样的发展态势，它的命运如何，就成为民族理论研究不可或缺的组成部分。

实现人类"大同"是中国传统知识分子追求的目标，"天下一家"的社会理想随着中国统治范围的扩大不断在理论上演绎和扩展，成为知识分子经世致用思想的最终归宿。近代中国是国家转型时期，面临着国家现代化的历史任

---

① 对财产的继承的发展也经历了一个财产从少到多的发展过程。在原始阶段，氏族成员死后，其遗产由本氏族成员继承（低级野蛮社会和整个蒙昧阶段）；后来改为由死者的同宗亲属继承（萌芽于低级野蛮阶段，大致到中级野蛮阶段建立起来）；最后转变为由其子女继承（高级野蛮阶段才形成规则）。这些改变看上去无关紧要，实际上却蕴涵着社会关系的重大变化，同时也表现了长足的进步。可参见上书，第63、73～74页。

务，面对来自西方国家构筑的近代国际政治体系的种种外在压力，民族主义从理论到实践逐渐在清末民初成熟起来，成为近代中国各种力量高扬的旗帜。那么在中国传统儒家文化熏陶下成长起来的知识分子如何看待民族的未来，正是本章所要讨论的问题。

一、从民族主义到世界主义——近代中国资产阶级知识分子的大同思想

近代中国知识分子面对"千年未有之巨变"时，对改变近代中国的历史境遇提出了不同的政治主张，尽管政见不同，但是维新派和革命派对大同世界的向往却是相同的。早期具有改良思想的"条约港知识分子"，如王韬的"六合将合为一"以及郑观应的"维新之治为大一统之端倪"，谙熟西方资产阶级思想的严复提出"理道无异"，康有为在《大同书》里提出破九界而实现大同，以及谭嗣同展示的"世界观"等等。革命派以推翻清政府统治、建立民族国家为旨归，但也同样将"大同世界"作为其归宿，如章太炎的"虚无主义"，刘师培的"无政府主义"等等，这些思想的无不充满大同色彩。[①] 从中日甲午战争到中华民国建立这种国家制度的历史性跨越并没有改变民族主义情绪与世界主义意识并存的状况。张灏也指出，"20世纪的中国思想界，并未因民族主义的高涨而缺少世界意识。从谭嗣同所处的转型时代开始，世界意识与民族主义杂糅混合是每一个时代思想潮流的特色。"[②] 由于篇幅所限，笔者仅讨论康有为、梁启超和孙中山三位资产阶级思想家的大同思想。

（一）康有为的《大同书》

康有为首先展示了他民族主义关怀下的大同世界的胜景。康有为受到中国传统儒家文化的熏陶，并以恪守古礼而著名，曾一度将儒家传统作为与保守势力作斗争的武器。因此，儒家传统成为康有为思想最为重要的组成部分，即使在其充满资产阶级改革内容的政治谏言中也托古言志，他所设想的大同世界是中国传统儒家思想中大同世界的某种意义上的放大。一方面康有为是一个热衷

---

① 汪荣祖著：《晚清变法思想论丛》，联经出版事业公司1984年版，第180～181页；张灏著：《晚清思想发展试论——几个基本论点的提出与检讨》，张灏等著：《近代中国思想人物论——晚清思想》，台湾时报文化出版社1985年版，第32页。

② 张灏著：《烈士精神与批判意识—谭嗣同思想的分析》，联经出版事业公司1988年版，第136页。

于社会事务的改革家，具有中国传统知识分子的入世精神，另一方面他又在思想层面构想着另外一个远超现实的愿景，可以说他同时是"实际的改革家与向往乌托邦的思想家"。①

在将传统文化作为其立论基础使其政治设想获得正当性的同时，康有为受到来自西方思想的明显影响，这一点在他的理想世界里得到呈现，其中较为明显的一点就是对家庭的态度，家庭是社会的细胞，儒家整个政治思想建立在家庭道德伦理基础之上，所以，"儒家的'仁'的实现也不要求抛弃家庭之爱，而是要求扩大家庭之爱。"② 家庭是儒家政治思想和伦理思想的基础。按照康有为所接受的教育以及他在日常的表现，他应该积极肯定家庭在社会发展中的重要意义。但"康氏最惊人之见在于全书（《大同书》）最长的第六部，论及家庭此一社会制度的罪恶。"③ 在这一部分，康有为预言家庭将在大同世界里消失，家庭的消失将成为整个经济社会转变所必须的基础性环节。由此可以推断，康有为的大同思想除了中国传统儒家思想外还有西方思想的明显痕迹，正如张灏所言，其"形式上是儒家的，但是实质却是综合的。"④ "《礼运》虽重要，但非康氏乌托邦的唯一渊源。公羊'三世说'帮助他建立大同于未来，而非过去。另外，西方思想诸如进步、民主、社会主义也影响了他的思维。是则大同并非全由改造儒家传统而来，它是由许多不同来源的母题所拼凑而成的。"⑤

康有为揭露了人类面临的各种苦难：人生之苦、天灾之苦、人道之苦、人治之苦、人情之苦和人所尊尚之苦等等，他认为，"诸苦之根源，皆因九界"。他因此提出"破九界"，即国界、级界、种界、形界、家界、产界、"乱"界、"类"界和"苦"界。因此，康有为的大同是"一个在民主政府领导下的世界国，一个没有亲属、民族或阶级分别的社会，一个没有资本主义弊病而以机器发达来谋最大利益的经济。简言之，经由人类的团结和平等，将出现完全的快乐。到快乐之路，须经过人与社会四方面的转变——政治、社会、经济以及民

---

① 萧公权著、汪荣祖译：《康有为思想研究》，新星出版社 2005 年版，第 279 页。
② 张灏著、崔志海等译：《梁启超与中国思想的过渡（1890~1907）》，江苏人民出版社 1995 年版，第 40 页。
③ 萧公权著、汪荣祖译：《康有为思想研究》，新星出版社 2005 年版，第 305 页。
④ 张灏著、崔志海等译：《梁启超与中国思想的过渡（1890~1907）》，江苏人民出版社 1995 年版，第 41 页。
⑤ 萧公权著、汪荣祖译：《康有为思想研究》，新星出版社 2005 年版，第 338 页。

族。"① 在他设想的大同世界里,主要通过"迁地之法"、"杂婚之法"、"改食之法"与"沙汰之法"消除"种界"。具体做法是:由政府的力量将居住在赤道及其附近的深色人种迁移到温度较低的地区,如加拿大、黑海、波罗的海以及南美三四十度之间;鼓励不同种族的人通婚,"凡有男子能与棕、黑人女子交,女子能与棕、黑男子交者,予以仁人徽章",这样逐渐使种族肤色变淡;在饮食上也能逐渐改变劣等民族的口味;在棕、黑人种中,如有性情恶劣、容貌丑陋或者有疾病者,就禁止其继续生育后代。② 康有为认为通过上述方法就能消除种族或民族之间的界限。他将民族在未来的发展寄托在政府的政治整合基础之上,而非通过民族融合等自然过程完成。另外,康有为并没有等视各个民族,而是给他所谓的劣等民族提供了能够转化成优等民族的通道,至于优等民族之间以及劣等民族之间的种界如何消除,他并没有给出答案。在康有为所设想的大同世界里,还提出使用万国语代替各种民族语言的设想,民族语言是民族存在的重要标志和民族情感得以交流的基础性工具,废除民族语言也可以看成是康有为"破种界"的重要步骤之一。

同样,康有为所设想的大同世界也不是一蹴而就的,"今欲至大同,先自弭兵倡之,次以联盟国纬之,继以公议会导之,次第以赴,盖有必至大同之一日焉。"③ 他将世界政府作为实现大同的重要工具和手段。另外,在考察了欧美主要国家的工业中心后,他写了《物质救国论》,认为在通往大同的路上,中国还有很长的路要走,而首先就要实现工业化。由于康有为深受传统文化影响,因而从未对传统的君主制度产生过怀疑,在理想与现实之间不断转化,尤其到后来更倾向于构建他的理想王国,因此他没有清晰的民族国家观念,也就不能像孙中山与梁启超那样能够在民族主义目标与大同世界之间划出边界。

(二)梁启超的大同畅想

梁启超生活的时代是一个群雄并起、"种界"鲜明的时代,他根据对时局的判断以"吾不敢知"作为对大同世界能否到来与何时到来的看法。"历史生于人群,而人之所以能群,必其于内焉有所结,于外焉有所排,是即种界之所由起也。故始焉自结其家族以排他家族,继焉自结其乡族以排他乡族,继焉自结其部族以排他部族,终焉自结其国族以排他国族。此实数千年世界历史经过

---

① 萧公权著、汪荣祖译:《康有为思想研究》,新星出版社 2005 年版,第 310 页。
② 康有为著:《大同书》,上海书店 1991 年版,第 188 页。
③ 同上书,第 105 页。

之阶级。而今日则国族相结相排之时代也，夫群与群之互有所排也，非大同太平之象也。而无如排于外者不剧，则结于内者不牢。结于内者不牢，则其群终不可得合，而不能占一名誉之位置于历史上。以故世界日益进步，而种族之论亦日益昌明，呜呼，后乎此者，其有种界尽破万国大同至郅治乎？吾不敢知。若在今日，则虽谓人种问题为全世界独一无二之问题，非过言也！"① 在《新民说》中梁启超表达了类似的观点，"所谓对于世界而知有国家者何也？宗教家之论，动言天国，言大同，言一切众生。所谓博爱主义，世界主义，抑岂不至德而深仁也哉！虽然，此等主义，其脱离理想界而入于现实界也，果可期乎？此其事或待至万数千年后，吾不敢知。若今日将安取之？"② 因此，他认为大同"为心界之美，而非历史上之美"，国家才是个人"私爱之本位，而博爱之极点，不及焉者野蛮也，过焉者亦野蛮也。"③ 因此，与孙中山一样，梁启超也认为在当时首先要谈的是国家主义和民族主义，待中国获得独立和富强之后，再为实现世界大同而努力。

在梁启超的文章中，我们经常见到他一方面强调构建民族国家的重要性，另一方面又畅想着大同世界的美景。流亡日本后，虽然他的思想发生了重要变化，在理论上完善了对民族主义的理论构建，但实际上他还是给大同世界留下了余地。正如张灏所指出"梁的期望超越了民族国家，向往某种天下大同成为他政治效忠的最高目标。"④ 至于大同的状态："如一人群之初立，其统治者与被统治者之差别殆无有，故君主对于人民之强权，亦几于无有，是为第一界，亦谓之据乱世。其后差别日积日显，而其强权亦次第发达，贵族之对于平民亦然，男子之对于妇人亦然，是为第二世界，亦谓之升平世。至世运愈进步，人智愈发达，而被治者与平民与妇人，昔之所谓弱者亦渐有其强权与昔之强者抗，而至于平等，使猛大之强权，变为温和之强权，是为强权发达之极则，是为第三界，亦谓之太平世。"⑤ 梁启超最初是在一国之内讨论这三种境界的，根据这一标准，他对世界作出判断，认为西方国家内部在当时也并未达到"太平世"，要达到这种境界需要经过经济革命和女权革命。"虽然，此就

① 梁启超：《新史学》，《饮冰室合集》（文集之9），中华书局1989年版，第11～12页。
② 梁启超：《新民说》，《饮冰室合集》（专集之4），中华书局1989年版，第17～18页。
③ 同上书，第18页。
④ 张灏著、崔志海等译：《梁启超与中国思想的过渡（1890～1907）》，江苏人民出版社1995年版，第78页。
⑤ 梁启超：《自由书》，《饮冰室合集》（专集之2），中华书局1989年版，第32页。

一群之中言之耳，若此群对于他群，而所施之强权之大小，又必视两群之强权以为差，必待群群之强相等，然后群群之权相等，夫是谓太平之太平。"① 那么将视野放到世界范围内，则"太平世"如果在世界范围内实现，就是"太平之太平"之世界，即梁启超所设想的大同世界，在这个理想世界里，各个国家"群群之权相等"。

在第一次世界大战后，主要资本主义国家除日本、美国外，都遭遇重创，资产阶级价值观受到质疑。当时在中国学术界除了全面否定传统文化的全盘西化派和主张全面回归传统的保守派外，出现了以协调东西文化在稳健中求文化建设的文化调和派，他们与此前的康有为、青年梁启超和孙中山对西方思想无意的接纳不同，他们以论证东西方文化在中国协调发展为己任，晚年梁启超就是其中的重要代表。他一改之前对人类团结的最高团体——民族国家——的笃信，将希望放在一战后建立的国际联盟上，"我们须知大同世界，为期尚早，国家一时段不能消灭，而且各国战后所耗元气，都要取价于外。环宇之内，就剩中国一块大肥肉，自然远客近邻，都在那里打我们的主意，若是我们自己站不起来，单想靠国际联盟当保镖，可是做梦哩！虽然如此，我们却不能将国际联盟这件事看得毫无价值，还要尽自己的力量，促他的进步，这回国际联盟，总算世界主义和国家主义调和的发轫，把国家相互的观念，深入人心，知道国家意志，并不是绝对无限，还须受外部多大节制，质而言之，国家与国家相互之间，从此加一层密度了。"② 梁启超主张在国际联盟的基础上建立能兼顾个人、国家与世界关系的"世界主义的国家"。

梁启超曾坚持认为，19世纪是国家主义的时代，国家是人类最高的团体。但是在一战之后，梁启超改变了这一看法，他将德国统一前后和美国建国前后的例子作比较来说明这种情况，"可见人类组织团体的本能，是个有弹力性常常扩充的，不是个一成不变甘于保守的。没有小团的时候，努力经营他的小团，小团既已巩固，又进一步经营大团，一步两步三步的前进，非将人类全体合成一个大团，究竟不能满足。这种人类天性，就是国家联盟可以成立的根本要素。"③ 他认为，中国人较早就提倡"全人类大团体"，并提出了"修身齐家治国平天下"的道德理想，这里个人是基本单位，天下或世界是最高的单

---

① 梁启超：《自由书》，《饮冰室合集》（专集之2），中华书局1989年版，第33页。
② 梁启超：《欧游心影录节录》，《饮冰室合集》（专集之23），中华书局1989年版，第20~21页。
③ 同上书，第126页。

位，而家族和国家不过是从个人到天下或世界的中间环节和过程。他说，中国与欧洲大陆面积相当，却能合成一国，这是"天下一家"的"大一统"思想动机的结果，既然占世界人口四分之一的中国已经凝结为一个国家，这就为世界大同奠定了坚实的基础。"人类进化大势，皆由分而趋合，我国民已将全人类四分之一合为一体，为将来大同世界预筑一极强之基础，其价值一也。凡大事业必由大国民创造，……我国民植基既广厚，将来发擢必洪大，其价值二也。夫豫章之木，生七年而后可识，及其参天蔽日，则大厦须梁栋，舍是无择矣。我国民在世界人类史上之地位，正此类也。"① 他认为中国几千年历史的发展为"形成国民"提供了思想基础，同时这些思想"在人类全体上有莫大之价值"，在"发展国民"时期同样具有同等的价值。因此，"世界大同之理想，在过去为成功，在将来亦为成功，不必以目前只失败介意，我国民宜长保持此'超国界'的精神，力求贯澈。""人类平等之具体实现，为我国民对全人类之一人责任，以本无阶级之国，宜一面设法永杜阶级之发生，一面于阶级斗争以外，为世界人类开辟一'和平的平等'之途径。""个性不发展，则所谓世界大同，人类平等之诸理想皆末由实现，而思想自由一被限制，即足为个性发展之障，故思想宜勿求统一，经一番混杂，自有一番光明。"② 通过努力，世界大同终究得以实现，那么在列国之上建立一个世界政府就成为他最终的理想，梁启超则自称为"世界公民"，至于"天下一家"如何实现，梁启超认为要通过"破国界"才能达到。

梁启超关于大同世界的设想，是从国家内部构建着手的，以此为基础进一步构建世界太平的盛世，而太平世界的到来又是一个循序渐进的历史过程，它经历了一个过程，即从追求"最少数"人的幸福，到"次少数"人的幸福，再到"次多数"，"大多数"人的幸福，最后"最大多数"人的幸福，世界大同也是按照这种逻辑发展而来的。另外，梁启超不断强调中国人的特殊性，认为"中华国民"担负着实现世界大同的历史责任。

（三）孙中山的大同世界

孙中山在《民族主义》演讲中讲到："世界上的国家，那帝国主义把人征服了，要想保全他的特殊地位，总想站在万国之上，做全世界的主人翁，便提

---

① 梁启超：《历史上中华国民事业之成败及今后改进之机运》，《饮冰室合集》（文集之36），中华书局1989年版，第27～28页。

② 同上书，第33～34页。

倡世界主义，要全世界都服从。"① 他告诫大家，这些国家所提倡的"世界主义"是虚假的，具有极大的欺骗性，其实质是变相的帝国主义和变相的侵略主义，比如处于鼎盛时期英国倡导的自由贸易，他所主张的世界主义是以民族主义为基础和出发点。要先打倒西方国家的侵略强权，使中国获得民族独立与富强，在此基础上通过"济弱扶倾"在全世界实现大同。

孙中山认为一个遭遇严重外来压迫的民族，即使已经建立新的政府，都不适合提倡世界主义，要先完成民族主义的任务才能为世界主义奠定基础。在中华民国建立后的种种遭遇使他继续号召国人发扬民族主义精神，针对当时一些年轻人受西方世界主义影响而对民族主义产生抵触情绪的情况，孙中山认为："不知世界主义，我中国实不适用！因中国积弱，主权丧失已久，宜先求富强，使世界各国皆不敢轻视中国，贱待汉族，方配提倡世界主义，否则汉族神明裔胄之资格，必随世界主义埋设以去。……故兄弟既说中国欲倡世界主义，必先恢复主权与列强平等。"② 孙中山将民族主义作为世界主义的基础。"我们要知道世界主义是从什么地方发出来的呢？是从民族主义发出来的。我们要发达世界主义，先要民族主义巩固才行，如果民族主义不能巩固，世界主义也就不能发达。"③ "欲平天下者先治其国"，"所以以后我们要讲世界主义，一定要先讲民族主义，所谓欲平天下者先治其国。把从前失去了的民族主义从新恢复起来，更要从而发扬光大之，然后再去谈世界主义，乃有实际。"④ 在各民族平等的基础上联合起来，才能促进世界大同的实现。孙中山的论述与霍布斯不谋而合，霍布斯曾指出"个人主义为民族社会主义必要条件，犹如民族主义是国际主义的必要条件。"⑤

中国首先要利用民族主义以废除不平等条约，恢复中国国家主权，从而获得与其他国家的平等地位，再"推己及人，再把各弱小民族都联合，……共同用公理去打破强权，强权打破以后，世界上没有野心家，到了那个时候，我们便可以讲世界主义。"⑥ 孙中山将未来中国外交的基础奠定在民族地位恢复

---

① 孙中山：《民族主义》，《孙中山全集》（第9卷），中华书局1986年版，第216页。

② 孙中山：《求学在立志救国——民国十年在广东省教育会召集学界学行宣传大会演讲》，中国国民党党史委员会、中央委员会党史委员会编订：《国父全集》第2册，中国国民党党史委员会、中央委员会党史委员会出版1973年版，第445页。

③ 孙中山：《民族主义》，《孙中山全集》（第9卷），中华书局1986年版，第226页。

④ 同上书，第231页。

⑤ 周世辅著：《三民主义要义》，五南图书出版公司1986年第12版，第45页。

⑥ 孙中山：《民族主义》，《孙中山全集》（第9卷），中华书局1986年版，第220页。

之上，在此基础上，"还要对于世界负一个大责任"，要扶持弱小民族，要抵抗列强的侵略，"而用固有之道德和平为基础，以统一世界，成大同之治。依此济弱扶倾之精神，本党之根本外交政策之原则，应确定从民族平等之基础上，谋世界永久之和平。若世界之民族，事实上均能造成平等之独立，使未平等者归于平等，使已平等者互相尊重其平等之地位，则世界和平必能期诸永久，而人类从来为战争所消耗之一切精神上物质上之力量，均可用之于和平的文化发展之途矣。"① 他认为以后要讲世界主义，首先得讲民族主义，这样的世界主义才是实际的和可以实现的，世界主义是民族主义的最终目标。可见，孙中山实际上将民族主义设置为一个点，起点在推翻清政府，复兴中华民族；接着则是中国民族自求解放，打倒帝国主义，取消不平等条约，同时通过民族同化，形成"一个伟大的中华民族"；接下来是全世界被压迫的民族都获得解放，打破各民族之间的不平等，从而求得各民族国际地位的平等，实现世界大同。

在孙中山那里，大同世界的实现是一个层层扩展的过程，具有复合性特征。它主要通过民权和民生首先在国内实现，对于"民生主义"，孙中山进行了解释，他指出："我们三民主义的意思，就是民有、民治、民享，这个民有、民治、民享的意思，就是国家是人民所共有，政治是人民所共管，利益是人民所共用。照这样的说法，人民对于国家，不只是共产，一切事权都是要共的，这才是真正的民生主义，就是孔子所希望之大同世界。"② 孙中山民生主义的核心是平均地权，克服西方国家在发展资本主义中出现的贫富不均的弊端，从而实现耕者有其田，这就是大同世界的经济内容；他在谈及民权主义时说："所以对国内的专制打不平，便要应用民权主义，提倡人民的权利。提倡人民的权利，便是公天下的道理。公天下和家天下的道理，是相反的。天下为公，人人的权利都是很平的。到了家天下，人人的权利便有不平。这种不平的专制，和外族来专制是一样。所以对外族的打不平，便要提倡民族主义。对国内的打不平，便要提倡民权主义。"③ 大同世界在国际层面的实现则通过民族主义来完成，民族主义成为实现"天下为公"的手段及步骤，从而抛弃了在反满期间对民族主义在国内运用的种族主义含义，其核心就是世界上各民族平

① 荣孟源主编：《中国国民党历次代表大会及中央全会资料》（上），光明日报出版社1985年版，第653页。

② 孙中山：《民生主义》，《孙中山全集》（第9卷），中华书局1986年版，第394页。

③ 孙中山：《对驻广州湘军的演说》，《孙中山全集》（第9卷），中华书局1986年版，第502页。

等相处。

孙中山将实现大同的理想首先锁定在中国范围内。他认为，只有在中国才能真正实现人人权利平等，实现民有、民治和民享，进而实现大同。如果中国实现了"幼有所教，壮有所用，老有所养"的目标，从而实现孔子所谓的大同世界，那么中华民族就能凌驾欧美之上；仅仅这样还不够，中国人还担负着在世界范围内"济弱扶倾"的历史任务，要在世界范围内实现大同，实现"最伟大之理想"，这时民族主义就要发挥作用，"对于世界诸民族，务保持吾民族之独立地位，发扬吾固有之文化，且吸收世界之文化而光大之，以期与诸民族并驱于世界，以驯致于大同。此为以民族主义对世界之诸民族也。"[①] 在谈到中国民族主义的发展方向时，孙中山认为，首先要实现"恢复民族主义和民族地位"，这实际上将民权主义与民生主义作为在世界范围内实现民族主义目标的基础，其次，要以传统道德如四维八德等为基础，实现统一世界，完成大同之治。他对大同世界的发展过程进行了逻辑推演："原夫国之所由成，成于团体。自有人类，即有团体，随世运之变迁，小团体渐并而为大团体。蒙昧之世，小国林立，以千万计，今则世界强国大国仅六七耳。由此更进，安知此六七大国不更进一世界唯一大国，即所谓大同之世是也。"[②] "大同之世"就是世界各民族地位平等、和平相处。

与梁启超一样，孙中山同样将实现世界大同的责任交给中国人，他认为中国人有追求和平的传统，这种"不讲打的好道德"恰恰是世界主义的"真精神"。辛亥革命后，孙中山对前途充满信心，"是故以前之中国，为悲观失望之中国，以后之中国，为乐观有望之中国。但愿五大民族相爱相亲，如兄如弟，以同赴国家之事，主张和平，主张大同，是地球上人类最大之幸福，由中国人保障之；最光荣之伟绩，由中国人建树之。不止维持一族一国之利益，并维持全世界全人类之利益焉。"[③] 只是他在"天下为公"的传统外衣下，填入了大量的现代政治内容，将民权、民生、民族三民主义思想放入其中。对进化论及科学推动作用的信仰使孙中山相信，大同世界很快就会到来，"近代文明进步，以日加速，最后之百年已胜于以前之千年，而最后之十年又胜以往之百

---

① 孙中山：《中国革命史》，《孙中山全集》（第7卷），中华书局1985年版，第60页。

② 孙中山：《五族协力以谋全世界人类之利益——民国元年九月三日在北京五族共和进会西北协进会演讲》，中国国民党党史委员会、中央委员会党史委员会编订：《国父全集》第2册，中国国民党党史委员会、中央委员会党史委员会出版1973年版，第259页。

③ 同上书，第259~260页。

年。如此递推，太平之世当在不远。"①

孙中山和梁启超生活在一个民族国家力量不断伸张的时代，又深受中国传统文化的影响，因此他们都坚持将中国传统思想中的大同世界国家化，并认为中国将在实现世界大同的过程中起核心作用。他们强调民族独立和富强的重要性，肯定了民族主义在实现民族独立和富强中的作用，并且将中国传统文化中的某些道德原则作为民族主义援引的资源，以民族主义作为实现世界大同的阶梯。他们放眼世界，对世界未来提出了各自的设想。基于对当时现实世界的看法，他们对民族国家在世界范围内的影响力深信不疑，所以并未对民族将来的发展趋势作出明确预测，而是用中国传统思想中"天下为公"与"天下一家"这些抽象的、模糊的概念作为未来社会的理想状态。大同思想的持续存在不断修正着民族主义的发展航向，使近代中国总体上并没有出现极端狭隘的民族主义。通过对孙中山与梁启超关于人类未来图景实现途径的分析，可以看出他们将大同世界的实现建立在中国通过民族主义首先实现独立富强的基础之上，同时，又以实现大同世界为己任，超越狭隘的民族主义，这才是中国的未来，也是世界的未来。

民族主义由于受到社会达尔文主义的深刻影响，因此在产生时具有积极意义，然而随着国家实力不断膨胀，其狭隘性就逐渐显现出来，成为侵略扩张的重要动力，如第一、第二次世界大战都不能不说是民族主义狭隘性的表现。中国传统文化中的"种属观念"也是一种狭隘的民族观念，但它受到占主导地位的文化主义的影响。在中国近代化过程中，文化主义克服了狭隘的民族观念，民族主义也不断克服文化主义所造成的世界主义趋势，因此，近代中国形成了较为积极的民族主义观念。中国民族主义秉承了中国传统文化中的世界主义和大同主义思想，各种政治势力虽然都根据自己的政治利益提出了不同的民族主义观点，但是他们对民族未来的发展归宿并无多大差别，基本上都勾勒出一幅平等、团结的世界和平图景，从而在一定程度上克服了狭隘民族主义。

二、马克思主义经典作家对民族"融合"的论断

如果将宁骚教授在《民族与国家》一书中谈到民族国家首要的和基本的

---

① 孙中山：《复湖南林修梅论人类生存问题及对和议意见书》，中国国民党党史委员会、中央委员会党史委员会编订：《国父全集》第3册，中国国民党党史委员会、中央委员会党史委员会出版1973年版，第633页。

特征——民族的独立和民族的统一；中央集权制；主权人民化；国民文化的同质性；统一的民族市场①——作为衡量目前世界上的民族国家的标准，第一次民族主义浪潮后的所建立的国家是不是民族国家还值得商榷，而在第二次民族主义浪潮中获得独立的民族，他们所建立的国家"虚构"的成分就更大，要"缝合"初建的民族国家与成熟的民族国家之间的巨大"空隙"需要十几代人甚至几十代人的智慧。成熟的民族国家特征应该是所有民族国家建设的终点和努力的方向，到目前为止，我们也很难说我们已经到达了终点，但是不能否认民族国家从其建设之初就以上述目标为己任。通过对第五章中对民族形成时间的分析，到19世纪中期，欧洲主要国家已经建立了稳定的民族国家体系，并不断地巩固和完善这一制度，其他地区的民族建国运动也在逐渐展开，马克思恩格斯恰恰生活在资本主义方兴未艾的时代。他们目睹了资本主义制度的种种弊端后，从经济上根本否定资本主义制度存在的长期性，并提出了从根本否定资本主义制度的社会制度——共产主义社会。这一制度构想首先就要突破民族国家的界限，实现世界无产阶级的联合，并解放全人类。在马克思主义看来，"民族"淡出了核心地位，取而代之的是"阶级"，民族问题成为阶级问题的一部分。在纪念1830年波兰民族起义时，马克思指出："要使各民族真正团结、具有共同的利益，就必须进行消灭现存所有制关系的革命；而无产阶级对资产阶级的胜利，就是一切被压迫民族解放的信号。"② 同时，他们还对爱尔兰、印度、中国、匈牙利及中欧各国的情况进行了初步分析后发表看法，认为这些国家要获得民族独立需要西方压迫国家的无产阶级协同努力，而在民族独立后需建立民主制度。按此思路推演下去，世界上所有被压迫民族先获得民族的解放并建立民主国家，在已建立社会主义制度的先进国家的帮助下过渡到社会主义制度，这样全世界的国家都建立起了社会主义制度。在社会主义社会，国家的阶级职能会逐渐消失，社会管理职能凸显，直到全世界人类的大联合，国家就退出历史舞台。

随着国家的消失，民族问题的根源也就消失了，民族消亡的问题提到日程上来。列宁指出，"祖国、民族——这是历史的范畴。"③ 斯大林也认为，"民族也和任何历史现象一样，是受变化法则支配的，它有自己的历史，有自己的

---

① 宁骚著：《民族与国家》，北京大学出版社1995年版，第270~281页。

② 中国社会科学院民族研究所编：《马克思恩格斯论民族问题》（上），民族出版社1987年版，第116页。

③ 中国社会科学院民族研究所编：《列宁论民族问题》（下），民族出版社1987年版，第659页。

始末。"① 由于民族问题的复杂性、广泛性，它消亡所需要的时间可能更为长久。民族消亡与民族融合密不可分的。马克思、恩格斯没有对民族的归宿做出明确回答，列宁、斯大林则给出了答案。

列宁认为民族产生于资本主义上升时代，斯大林将其称为"资产阶级民族"，如法兰西、英吉利和美利坚等等，斯大林认为"这种民族的命运是和资本主义的命运联系在一起的，随着资本主义的灭亡，这种民族势必退出舞台。"但是资产阶级民族的消灭并不意味着所有民族的消灭，当资产阶级民族消失后，还有"新式民族即苏维埃民族，这种民族是在俄国资本主义被推翻以后，在资产阶级及其民族主义政党消灭以后，在苏维埃制度确立以后，在旧式民族即资产阶级民族的基础上发展和形成的。"斯大林称其为"社会主义民族"，从资产阶级民族到社会主义民族的转变要经历"社会主义精神根本改造"，社会主义民族因为消灭了民族内部的阶级矛盾，所以更加团结、更具全民性。但是，即使在一个取得社会主义革命胜利的无产阶级专政的国家，阶级压迫的消失不等于民族差别、民族语言的消失，也不是民族融合的开始，而是为"解放出来的各民族的复兴和繁荣造成有利的条件。"② 此前被压迫的民族及其文化将迎来发展和繁荣时期，各民族获得平等权利，各民族之间的隔阂与矛盾也逐步消失。因此，社会主义革命在一个国家取得胜利并不能使民族消亡。

列宁将民族最终消亡的时间定在无产阶级专政在全世界范围内实现以后，"社会主义的目的不只是要消灭人类分为许多小国家的现象和各民族间的任何隔离状态，不只是要使各民族互相亲近，而且要使各民族融为一体……正如人类只有经过被压迫阶级专政的过渡时期才能达到阶级的消灭一样，人类只有经过一切被压迫民族完全解放即他们有分离自由的过渡时期，才能达到各民族必然的融合。"③ 但是，"只要各个民族之间、各个国家之间的民族差别和国家差别还存在（这些差别就是在无产阶级专政在全世界范围内实现以后，也还要保持很久很久），各国共产主义工人运动国际策略的统一，就不是要求消灭多样性，消灭民族差别（这在目前是荒唐的幻想），而是要求运用共产主义的基本原则（实行苏维埃政权和无产阶级专政）时，把这些原则在细节上正确地

---

① 中国社会科学院民族研究所编：《斯大林论民族问题》，民族出版社1990年，第29页。
② 同上书，第397~402页。
③ 中国社会科学院民族研究所编：《列宁论民族问题》（下），民族出版社1987年版，第503页。

加以改变，使之正确地适应于民族的和民族国家的差别，针对这些差别正确地加以利用。"[1] 斯大林也指出"无产阶级专政在全世界范围内获得胜利以后，甚至在这以后，民族差别和国家差别还会存在很久，"[2] 并进一步将列宁的观点具体化，将全世界无产阶级专政分为两个阶段，第一个阶段是民族压迫彻底消失的阶段，这个阶段是此前被压迫的民族发展和繁荣阶段，各个民族获得了平等的权利，民族实现平等，民族之间交往密切。在第二个阶段，统一的世界性社会主义经济逐步形成，为了经济和文化交往的方便，会创造出一种共同语言，这一阶段是民族语言与共同语言并存的阶段，随着社会主义经济体系的巩固、政治优越性的发挥，"各民族已经在实践中深信共同语言优越于民族语言的时候，民族差别和民族语言才开始消失而让位于一切人们共同的世界语言，"[3] 民族才能逐渐消亡。斯大林所描绘的未来民族融合的图景就是这样。

可见，列宁、斯大林将未来民族融合的希望依托于共产主义在全世界的实现。

民族融合是民族发展的必然逻辑，但在新民主主义革命时期，中国共产党处于激烈的斗争环境中，专注于具体民族问题的解决，并没有对民族未来的归宿做出明确的回答。在实践中不断地探索，以民族区域自治实现民族平等与国家统一，各个民族获得了充分的自治，迎来了各民族的发展与繁荣时期，到目前为止，他们正享受着"被压迫民族完全解放即他们有分离自由的过渡时期"的权利，从历史发展的必然性角度讲，当今中国各民族正走在通往民族融合的大道上。

小　结

近代中国正处于梁启超所说的"民族主义与民族帝国主义相嬗之时代"，但是中国的"民族主义者，犹未胚胎焉"。面对恶劣的国际环境，在对民族、民族特征不断作出论证的基础上，建构民族国家，增强民族认同，恢复民族主义和民族精神就成为彼时中国思想家关注的焦点，同时他们还对民族的未来提出了自己的看法。从一般乌托邦思想的特点看，这个被置于与世隔绝状态的虚

---

[1]　中国社会科学院民族研究所编：《列宁论民族问题》（下），民族出版社1987年版，第806页。

[2]　中国社会科学院民族研究所编：《斯大林论民族问题》，民族出版社1990年版，第388页。

[3]　同上书，第405页。

构社会，不仅涉及政治生活、经济生活和文化活动，甚至涉及到个人生活。与此相比，孙中山和梁启超在讨论大同世界的时候显得不够完美，他们将大同世界作为民族主义发展的终点，大同世界里各个民族以国家为边界平等共存。康有为的确进行了详细的构思，认为可以通过破"种界"实现民族同化。

马克思和恩格斯在吸收了空想社会主义理论合理成分的基础上，提出了科学社会主义理论。列宁和斯大林在革命实践的基础上对民族发展的未来进行了预测，认为只有到了无产阶级在全世界取得胜利之后，才能逐渐具备民族融合的基本条件。中国共产党将科学社会主义理论变成政治实践，在取得新民主主义革命胜利之后，建立了社会主义国家，并确立了民族平等、民族团结和各民族共同繁荣的社会主义民族原则。

结　语

近代中国受到以民族主义为核心的民族国家增生和扩展逻辑的深刻影响，从帝国体系向民族国家转变，开始了民族国家的构建过程。同时，由于近代中国所处的复杂国内环境，以及中国传统文化的过滤作用，西方民族主义理论在中国经历了明显的修正，不断适应中国多民族的国情。

从近代中国国家转型的角度看，民族自强与民族振兴，民族解放与民族独立不能构成一个独立的主题，只能算是民族国家构建的副标题，却是民族主义的应有之意，也是近代中国民族理论的重要内容。各种进步力量为民族解放和民族独立殚精竭虑，在通过民族自强实现民族解放、民族独立和民族振兴的道路上，没有个人赛，只有团体赛。

正是出于民族国家构建的需要，近代各种力量在对民族形成问题明确作出回答的基础上，建构出现代民族符号"中华民族"，解决了西方经典民族主义理论与中国多民族国家现实之间的矛盾，用一个更高层次的概念将多个民族容纳进来，为现代国家构建提供理论基础，同时形成与西方国家对抗的力量，"中华民族"的内涵逐渐确立。在民族国家构建的过程中，各种力量对少数民族有着不同的安排，总体看来，无论是维新派还是革命派以及南京国民政府，出于对西方经典民族主义理论的笃信，他们基本上持民族同化观点，有明显的大汉族民族主义倾向。而中国共产党从民主革命的实践中合理地处理了少数民族的平等权利和统一的民族国家构建的关系，实现了民族主义原则与中国多民族国家国情的正确结合，在国家结构上采取了单一制下的民族区域自治制度，将国家整合建立在尊重各民族自治权利的基础之上。

梁启超的民族思想在近代中国历史上具有明显的进步性，在澄清民族与种族的区别，民族国家观念的明晰，中华民族的确立，增强民族团结等方面都作出了贡献。但是他没有将反对帝国主义的斗争直接与解决中国的国内民族问题结合起来，无法动员起巨大的群众力量。孙中山及其"继承者"蒋介石的民族思想主要是从中国传统文化中寻找养料，将西方的民族主义理论照搬到一个多民族国家，忽视少数民族的应有地位，少数民族也当然不会成为其社会基础。中国共产党将解决国内民族问题与民主革命联系起来，既为中国民族独立和解放提供了巨大的社会力量，也为中国民族问题的解决和民族国家构建创造了条件。

在关注现实问题的同时，民族精英们也将民族在大同世界的位置进行了种种设想，虽然不够翔实，但是同样引人注目，也成为近代中国民族理论的重要组成部分。

由此，近代中国民族理论主要理论来源有两个部分：一部分是以近代西方的民族主义及相关的民族国家理论为核心的民族理论，一部分是马克思主义民族理论。在近代中国历史的演进中，两种民族理论不断交锋，第一种民族理论成为中国民族理论的珍贵遗产，中国共产党在理论上和实践中不断批判和克服这种理论本身的狭隘性，中国化的马克思主义民族理论体系最终形成。

参考文献

（按出版时间顺序排列）

一、近代期刊

《浙江潮》；《湖北学生界》；《东方杂志》；《再生》；《禹贡》半月刊；《边政公论》；《战国策》

二、文献资料

1. 张枬等编：《辛亥革命前十年间时论选集》（三卷），生活·读书·新知三联书店，1960~1977 年版。

2. 中央委员会党史委员会编订：《国父全集》，中国国民党党史委员会、中央委员会党史委员会出版，1973 年版。

3. 民族问题研究会编：《回回民族问题》，民族出版社，1980 年版。

4. 中共中央书记处编：《六大以前党的历史材料》，人民出版社，1980 年版。

6. 中共中央书记处编：《六大以来党内秘密文件》（上、下），人民出版社，1981 年版。

7. 曾业英编：《蔡松坡集》，上海人民出版社，1984 年版。

8. 钟叔河主编：《郭嵩焘：伦敦与巴黎日记》，岳麓书社，1984 年版。

9. 荣孟源主编：《中国国民党历次代表大会及中央全会资料》（上、下），光明日报出版社，1985 年版。

10. 王栻编：《严复集》，中华书局，1986 年版。

11. 孙中山著：《孙中山全集》，中华书局，1981~1986 年版。

12. 刘晴波编：《杨度集》，湖南人民出版社，1986 年版。

13. 中国社会科学院民族研究所编：《马克思恩格斯论民族问题（上下）》，民族出版社，1987 年版。

14. 中国社会科学院民族研究所编：《列宁论民族问题（上下）》，民族出版社，1987 年版。

15. 梁启超著：《饮冰室合集》，中华书局，1989 年版。

16. 中国社会科学院民族研究所编：《斯大林论民族问题》，民族出版社，1990 年版。

17. 毛泽东著：《毛泽东选集》，人民出版社，1991 年版。

18. 中共中央统战部编：《民族问题文献汇编（1921～1949）》，中共中央党校出版社，1991 年版。

19. 中国第二历史档案馆编：《中华民国史档案资料汇编》，江苏古籍出版社，1991～2000 年版。

20. 民族问题研究会编：《蒙古民族问题》，民族出版社，1993 年版。

21. 《民国丛书》，上海书店，1996 年版。

22. 潘光旦著：《潘光旦文集》，北京大学出版社，2000 年版。

三、中文著作

23. 顾颉刚著：《古史辨（第一册）》，朴社，1930 年版。

24. 张君劢著：《民族复兴之学术基础》，再生杂志社，1935 年版。

25. 傅乐诗等著：《保守主义——近代中国思想人物论》，时报文化出版事业有限公司，1980 年版。

26. 林毓生著：《中国传统的创造性转化》，三联书店，1988 年版。

27. 唐文权著：《觉醒与迷误——中国近代民族主义思潮研究》，上海人民出版社，1993 年版。

28. 杨奎松著：《马克思主义中国化的历史进程》，河南人民出版社，1994 年版。

29. 熊月之著：《西学东渐与晚清社会》，上海人民出版社，1994 年版。

30. 陶绪著：《晚清民族主义思想》，人民出版社，1995 年版。

31. 宁骚著：《民族与国家》，北京大学出版社，1995 年版。

32. 李宏图著：《西欧近代民族主义思潮研究》，上海社会科学院出版社，1997 年版。

33. 罗志田著：《民族主义与近代中国思想》，台湾东大图书公司，1998 年版。

34. 王希恩著：《民族过程与国家》，甘肃人民出版社，1998 年版。

35. 黄克武著：《自由的所以然——严复对约翰弥尔自由思想的认识与批判》，上海书店出版社，2000 年版。

36. 顾颉刚、史念海著：《中国疆域沿革史》，商务印书馆，2000 年版。

37. 李世涛主编：《知识分子立场——民族主义与转型期中国的命运》，时代文艺出版社，2000 年版。

38. 李信成：《中共少数民族政策与国家整合》，台湾政治大学（博士论文），2001 年版。

39. 李大钊著：《平民主义》，华夏出版社，2002 年版。

40. 郑大华、邹小站主编：《中国近代史上的民族主义》，中国社会科学出版社，2002 年版。

41. 王尔敏著：《中国近代思想史论》，社会科学文献出版社，2003 年版。

42. 杨思信著：《文化民族主义与近代中国》，人民出版社，2003 年版。

43. 凌纯声、林耀华等著：《20 世纪中国人类学民族学研究方法与方法论》，民族出版社，2003 年版。

44. 郑匡民著：《梁启超的启蒙思想东学背景》，上海书店出版社，2003 年版。

45. 徐迅著：《民族主义》（修订版），中国社会科学出版社，2005 年版。

46. 叶启政著：《期待黎明》，世纪出版集团，上海人民出版社，2005 年版。

47. 王春霞著：《"排满"与民族主义》，社会科学文献出版社，2005 年版。

48. 黄金麟著：《历史、身体、国家——近代中国的身体形成（1895～1937）》，新星出版社，2006 年版。

49. 王明珂著：《华夏边缘——历史记忆与族群认同》，社会科学文献出版社，2006 年版。

50. 金炳镐著：《民族理论通论》（修订版），中央民族大学出版社，2007 年版。

51. 李国栋著：《民国时期的民族问题与民国政府的民族政策研究》，民族出版社，2007 年版。

52. 俞可平、李慎明、王伟光主编：《民族和民族问题理论》，中央编译出版社，2008 年版。

53. 王希恩著：《全球化中的民族过程》，社会科学文献出版社，2009 年版。

四、中文译著

54. ［美］路易斯·摩尔根著、杨东莼等译：《古代社会》（上下），商务印书馆，1977 年版。

55. ［德］施耐德著、梅寅生译：《顾颉刚与中国新史学—民族主义与取代中国传统方案的探索》，华世出版社，1984 年版。

56. ［美］勒文森（列文森）著、刘伟等译：《梁启超与中国近代思想》，四川人民出版社，1986 年版。

57. ［美］威廉·奥尔森等编，王沿等译：《国际关系的理论与实践》，中国社会科学出版社，1987 年版。

58. ［美］科佩尔·S·平森著、范德一译：《德国近现代史——它的历史和文化》（上册），商务印书馆 1987 年版。

59. ［英］柯林武德著、何兆武等译：《历史的观念》，商务印书馆，1988 年版。

60. ［美］塞缪尔·亨廷顿著、李盛平等译：《变革社会中的政治秩序》，华夏出版社，1988 年版。

61. ［美］史华慈著、叶凤美译：《寻求富强：严复与西方》，南京人民出版社，1989 年版。

62. ［美］艾恺著：《世界范围内的反现代化思潮——论文化守成主义》，贵州人民出版，1991年版。

63. ［美］斯塔夫里阿诺斯著、吴象婴等译：《全球通史——1500年以后的世界》，上海科学院出版社，1992年版。

64. ［美］汉斯·摩根索著、杨岐鸣等译：《国家间政治——为权力与和平而斗争》，商务印书馆，1993年版。

65. ［美］张灏著、崔志海等译：《梁启超与中国思想的过渡（1890～1907）》，江苏人民出版社，1995年版。

66. ［美］列文森著、郑大华等译：《儒教中国及其现代命运》，中国社会科学出版社，2000年版。

67. ［英］霍布斯鲍姆著、李金梅译：《民族与民族主义》，上海人民出版社，2000年版。

68. ［英］埃里·凯杜里著、张明明译：《民族主义》，中央编译出版社，2002年版。

69. ［英］厄内斯特·盖尔纳、著韩红译：《民族与民族主义》，中央编译出版，2002年版。

70. ［伊朗］拉明·贾汉贝格鲁著、杨祯钦译：《伯林谈话录》，译林出版社，2002年版。

71. ［法］贡斯当著、阎克文等译：《古代人的自由与现代人的自由》，上海人民出版社，2003年版。

72. ［美］杜赞奇著、王宪明译：《从民族国家拯救历史：民族主义话语与中国现代史研究》，社会科学文献出版社，2003年版。

73. ［美］惠顿著、丁韪良译：《万国公法》，中国政法大学出版社，2003年版。

74. ［日］松本真澄著、鲁忠慧译：《中国民族政策之研究——以清末至1945年的"民族论"为中心》，民族出版社，2003年版。

75. ［美］本尼迪克特·安德森著、吴叡人译：《想象的共同体—民族主义的起源与散布》，上海人民出版社，2003年版。

76. ［英］以塞亚·伯林著、潘荣荣等译：《现实感》，译林出版社，2004年版。

77. ［美］海斯著、帕米尔等译：《现代民族主义演进史》，华东师范大学出版社，2005年版。

78. ［英］以塞亚·伯林著、赵国新译：《自由及其背叛》，凤凰出版传媒集团、译林出版社，2005年版。

79. ［日］佐藤慎一著、刘岳兵译：《近代中国的知识分子与文明》，凤凰出版传媒集团、江苏人民出版社，2006年版。

80. ［英］安东尼·史密斯著、叶江译：《民族主义：理论，意识形态，历史》，上海世纪出版集团，2006年版。

五、外文著作

81. Carlton J. H. Hayes. *Essays on Nationalism*. The Macmillan Company，1928.

82. Hans kohn. *The Idea of Nationalism-A Study in Its Origins and Backgound*. The Macmillan Company，1945.

83. Michael Gasster. *Chinese Intellectuals and the Revolution of 1911：The Birth of Modern Chinese Radicalism*，Seattle，University of Washington Press，1969.

84. Conner. Walker. *The National Question in Marxist-Leninist Theory and Stratety*，Princeton University Press，1984.

六、论文

85. 汪精卫：《民族的国民》，《民报》，1905，1、2号。

86. 吴文藻：《民族与国家》，《留美学生季报》，1926年4月，（11）卷第3号。

87. 张君劢：《我们所要说的话》，《再生》第1卷。

88. 齐思和：《民族与种族》，《禹贡半月刊》第七卷，第1、2、3期。

89. 时殷弘：《民族主义与国家增生的类型及伦理道德思考》，《战略与管理》，1994年第5期。

90. 巴斯蒂：《中国近代国家观念溯源——关于伯伦知理国家论的翻译》，《近代史研究》，1997年第4期。

91. 沈松侨：《振大汉之天声——民族英雄系谱与晚清国族想象》，《中央研究院近代史研究所集刊》，2000年第33期。

92. 黄兴涛：《现代"中华民族"观念形成的历史考察》，《浙江社会科学》，2002年第1期。

93. 以塞亚·伯林：《论民族主义》，《战略与管理》，2001第4期。

94. 郝时远：《重读斯大林民族定义——读书笔记之一、二、三》，《世界民族》2003年第4、5、6期。

95. 王希恩：《论"民族建设"》，《中国社会科学院研究生院学报》，2004年第3期。

96. 黄兴涛、王峰：《民国时期"中华民族复兴"观念之历史考察》，《中国人民大学学报》，2006年第3期。

97. 王希恩：《批判、借助和吸纳——对马克思主义经典作家关于民族主义论述的再认识》，《民族研究》，2007年第5期。

98. 王希恩：《当前世界民族主义思潮的基本态势》，《中国民族报》，2008年5月30日。

后　记

　　书稿是我博士论文，对文档作了最后一遍校对，在"后记"里写下三年的回忆和感激。

　　记忆中最多的是王希恩先生不倦的教诲，从入学不久的"博士必读书目"到每次课程作业中意味深长的批语，从毕业论文的选题到开题报告和毕业论文的多次修改，从每次电邮中的叮咛到办公室的长谈……学生的每一点进步都凝聚着先生的心血。每每感慨学生已时代匆匆结束时，总是庆幸自己的幸运，有幸师从品格高尚、治学严谨、学识渊博的王先生。无论先生有多忙，他总是放下手头的工作第一时间修改我的作业、论文，正是先生的认真和宽容"纵容"了一向拖沓、懒惰的我，有时竟把没有经过推敲的论文交给先生，先生总是"一针见血"地指出问题所在，并提出修改建议。

　　与先生在学习上的严格要求不同，师母在生活上给予我慈母般的关爱，我入学后不久就患了眼疾，师母亲自帮助联系医院和医生进行复查，并多次询问，同时给予我生活上多方面的关心和帮助。

　　在此，感谢社科院民族学与人类学研究所的陈建樾、周竞红、龙远蔚、方素梅、冯卫民等老师，他们在我的开题报告中，肯定了我的选题，并鉴于选题难度，根据我的具体情况，提出了许多宝贵的修改意见，提示了许多进一步阅读的材料与线索。他们的指点让我受益匪浅。青觉、何俊芳、金炳镐、熊坤新、何星亮、郑信哲和王建娥等老师在论文评审和答辩时，都针对论文存在的问题提出进一步修改的意见，为论文的进一步修改提供了方向。

　　感谢中国社会科学院民族学与人类学研究所及研究生院给我提供了一个良好的学习环境，让我能够有机会聆听各个领域专家的教诲，能够借阅大量珍贵的书籍与资料，并能够与许多青年才俊探讨人生与学问，使三年的学习生活紧张而充满活力。另外，也感谢我所在工作单位辽宁工程技术大学为我提供宽松研究环境，特别是石阔教授，他给予我多方面的支持，在专业上也提出了许多宝贵的建议，同时感谢我的同事潘宏歌、李殿英、郭阳、刘玉新和郭丽丽等，她们在生活和工作上都给予我诸多帮助。

学习生活是琐碎而平淡的，但是陪伴我一起度过这三年的朝夕相处的朋友却使枯燥的日子变得有滋有味，她们是王小梅、王毅、汪梦和那明等，与她们一起学习的快乐时光是我一生的美好回忆。另外，也感谢我的师兄董世举，他兄长般的关照让我倍感温暖。

正如王先生"序"中所言，近代中国民族理论是一个庞大的课题，需要一代代学人的不懈努力。拙作仅仅是一种尝试，难免有谬误不妥之处，希望各位专家、同行、读者批评指正，不吝赐教，以便进一步充实和丰富本研究。

张淑娟
2010 年 9 月 19 日